N
NW
NO
W
O
SW
SO
S
ISMEER
NORD-
AMERIKA
NORD-
ATLANTISCHER
OZEAN
PAZIFISCHER
Hawaii
Marshall-
inseln
OZEAN
uguinea
Marquesasinseln
SÜD-
AMERIKA
Tonga-
inseln
Tahiti
Okt.
1774
Oktober
1773
Oster-
insel
Rio de
Janeiro
Valparaíso
elbourne
Neusee-
land
Wellington
Juli 1773
Buenos Aires
smanien
Falkland-
inseln
November
1774
Kap
Hoorn
Süd-
georgien
Dezember
1773

Abenteurer, Grenzgänger
und Entdecker

Rainer Aschemeier

Abenteurer, Grenzgänger und Entdecker

Reisen wagemutiger Männer und Frauen

MEYERS HORIZONTE

Bibliografische Information der Deutschen Nationalbibliothek
Die Deutsche Nationalbibliothek verzeichnet diese Publikation in der Deutschen Nationalbibliografie; detaillierte bibliografische Daten sind im Internet über http://dnb.ddb.de abrufbar.

Das Wort Meyers ist für den Verlag Bibliographisches Institut GmbH als Marke geschützt.

Das Werk einschließlich aller seiner Teile ist urheberrechtlich geschützt. Jede Verwertung außerhalb der engen Grenzen des Urheberrechtsgesetzes ist ohne Zustimmung des Verlags unzulässig und strafbar. Das gilt insbesondere für Vervielfältigungen, Übersetzungen, Mikroverfilmungen und die Einspeicherung und Verarbeitung in elektronischen Systemen.

Alle Rechte vorbehalten. Nachdruck, auch auszugsweise, verboten.

© 2011 Bibliographisches Institut GmbH, Mannheim

Printed in Germany

ISBN 978-3-411-08389-3

Umschlagabbildungen Fotolia/Jim Barber: Sextant
Satz Bibliographisches Institut GmbH, Mannheim
Druck und Bindung Druckerei C. H. Beck, Nördlingen

Editorial

Was treibt Menschen dazu, Freunde und Familie, den gewohnten Alltag hinter sich zu lassen, um in die unbekannte Ferne aufzubrechen? Eine allgemein gültige, nüchterne Antwort auf diese Frage findet sich nicht.

Da gibt es zum einen die Abenteurer und Glücksritter – tollkühne Gestalten, die sich immer dort am wohlsten zu fühlen scheinen, wo »die Luft brennt«, wo sie vielleicht den Eindruck haben, sich selbst am besten beweisen zu können. Aber wir kennen auch gänzlich andere Entdeckertypen: schüchterne, fast weltfremde Menschen, die eigentlich nie von zu Hause weg wollten, doch durch einen plötzlichen Umstand mitten in die Wirren einer großen Reise gestürzt werden. Und wir treffen auf Frauen, die jahrzehntelang nur in Gedanken oder in Atlanten »reisen« konnten, und plötzlich ergibt sich die Gelegenheit und sie stechen nach Westafrika in See oder reiten auf einem Kamel dem »heiligen Land« entgegen.

Welches Kapitel man in diesem Buch auch aufschlägt, überall wird man auf spannende und bemerkenswerte Geschichten treffen. Von Abenteurern, Grenzgängern und Entdeckern selbst erzählt – mal mit dem Verständnis für fremde Kulturen, mal mit der Überheblichkeit des »weißen Mannes«. Gemeinsam ist ihnen, dass das Überstehen ungeahnter Bewährungsproben und die Konfrontation mit dem Fremden so mitreißend auf den Punkt bringt, was das menschliche Leben ausmacht.

Die einleitenden Biografien skizzieren die Lebenswege und erzählen vom sozialen und geschichtlichen Umfeld.

Ein spannendes Buch über Menschen und ein spannendes Buch über frühere Zeiten. Und über den Menschheitstraum des Aufbrechens und Unterwegsseins.

Inhalt

Mary Kingsley
1862–1900

Mit Krinoline auf dem Kongo

»Für die eigentliche Erdkunde kam nicht viel heraus«, stellt ein renommiertes Entdeckerlexikon über die Reisen von Mary Kingsley lapidar fest. Doch für Tausende ihrer Leserinnen, die sie sich zum Vorbild nahmen, war die Britin eine Heldin.

Mary Henrietta Kingsley wird am 13. Oktober 1862 als Tochter eines Arztes in Islington, London geboren – und danach passiert 30 Jahre lang so gut wie gar nichts.
Welche Zukunft würden wir wohl heute einer jungen Frau prognostizieren, die bis zu ihrem 30. Geburtstag buchstäblich noch nie verreist ist und für deren Ausbildung, außer einem geringen Obolus für Deutschunterricht, niemals Geld ausgegeben wurde? Darauf mag sich jeder selbst seinen Reim machen. Jedenfalls verbringt das Mädchen Mary eben auf diese Weise viele friedliche Jahre im Haus ihrer Eltern. 1886 zieht die Familie nach Cambridge um – während der Vater rastlos um die halbe Erdkugel reist. George Henry Kingsley ist das, was man heutzutage wohl einen »Promi-Arzt« nennen könnte: Er arbeitet u.a. für George Herbert, den 13. Earl von Pembroke. Kein Land ist ihm zu fremd, zu weit entfernt oder zu exotisch. Seit Jahren arbeitet er an einer »wissenschaftlichen Abhandlung«, einer ziemlich kruden Studie, in der er sich die vergleichende Betrachtung von

Opferriten unter Eingeborenenstämmen in aller Welt zum Gegenstand gewählt hat. Als George Kingsley im Februar 1892 stirbt, hat die dreißigjährige Mary bereits die gesamte Familienbibliothek studiert und war auch daran gewöhnt, dem Vater beim Abfassen seiner Aufsätze zur Hand zu gehen. Sechs Wochen nach dem Vater verstirbt überraschend auch die Mutter, und die junge, unverheiratete »Miss Mary« wird ihrem älteren Bruder unterstellt, der in London ein recht kapriziöses Leben führt. Deswegen hat er nun wirklich gar keine Ambitionen, für seine Schwester den Aufpasser zu spielen. Er macht ihr klar, dass sie seinetwegen tun und lassen könne, wozu sie Lust habe, und bricht selbst erst einmal zu einer langen China-Reise auf.

Mary Kingsley muss nicht lange überlegen, was sie will. Sie hat sich fest vorgenommen, die Studien ihres Vaters weiterzuführen. Und sie hat sich vorgenommen, dass sie ihr Vorhaben mit größter Akribie angehen wird. Schließlich gilt es, einen Ruf zu wahren: Das Literarische liegt nämlich bei den Kingsleys in der Familie. Marys Onkel, der Universitätsprofessor und Schriftsteller Charles Kingsley, war ein zu seiner Zeit berühmter Novellist, und auch dessen Bruder Henry hatte eine erfolgreiche Karriere als Dichter eingeschlagen. Beide waren in den 1870er-Jahren gestorben, und seitdem wartete die Familie auf einen adäquaten Nachfolger. Doch der, den man für diesen »Job« im Auge hatte, Marys Vater George, war nun tot.

Um herauszufinden, ob sie es in tropischem Klima aushalten kann, unternimmt Miss Kingsley die erste Reise ihres Lebens: Ziel sind die Kanarischen Inseln. Dort kommt sie gut mit der Hitze zurecht, und der Trip macht ihr Mut. Also befragt sie jemanden, der sieben Jahre lang an der Küste Westafrikas gelebt hat, ob es denn nicht auch möglich sei, das Landesinnere der Kongoregion zu bereisen. Der Mann

Auch auf ihren Forschungsreisen war Mary Kingsley stets viktorianisch korrekt gekleidet (Foto um 1896).

antwortet: »*When you have made up your mind to go to West Africa the very best thing you can do is get it unmade again, and go to Scotland instead.*« [»Wenn Sie sich in den Kopf gesetzt haben, nach Afrika zu reisen, schlagen Sie es sich besser wieder aus demselben und fahren stattdessen nach Schottland.«] Für den Fall, dass die resolute Frau aber nicht »*intelligent enough*« sei, um diesen Rat zu beherzigen, und deshalb womöglich doch noch in Afrika lande, so solle sie sich nur nicht zu lange in der Sonne aufhalten und täglich vier Chinintabletten zu sich nehmen, um dem Tropenfieber – der Malaria – zu entgehen.

Trotz aller Warnungen bricht Kingsley schließlich nach Westafrika auf. Sie finanziert ihr Unterfangen, indem sie britische Wollwaren gegen Elfenbein und Gummi tauscht und sich auf diese Weise ein kleines Sümmchen erwirtschaftet; genug, um mit Sonnenschirm bewaffnet, im bodenlangen schwarzen Krinolinen-Rock, mit hochgeschnürtem Mieder und Pelzmützchen die lange Reise in die Kongoregion anzutreten. Unterwegs studiert sie noch einmal die Aufzeichnungen ihres Vaters und beschließt, tief im Innersten des »Schwarzen Kontinents« nach bisher unerforschten Ureinwohnerstämmen zu suchen.

1893 geht sie nach einigen Zwischenstopps im Hafen von Matadi, am Rande des mächtigen Kongo-Ästuars, an Land. Die Landung ist unruhig, denn kurz vor der Küste trifft die *Lagos*, das Schiff, auf dem sie unterwegs ist, auf gefährliche Strömungen, die unter Seeleuten als »*Hell's Cauldron*« [Höllenkessel] bekannt sind. Doch schließlich erreicht sie ihr Ziel. Kaum angekommen, besteigt sie die *Congo Free State Railway*, die der belgische König Leopold II. zum Abtransport von Elfenbein und Gummi hatte bauen lassen. Bereits diese erste Fahrt empfindet sie als großes Abenteuer und schreibt nach Hause, Eisenbahnfahren sei »*mit das Riskan-*

teste, was man in Afrika tun kann. – Die Strecke verläuft hin und wieder entlang höchst ungeheurer Landschaften und das Ganze wurde offensichtlich von leichtherzigen Verrückten konstruiert.« In Luanda, der Hauptstadt des heutigen Angola, lässt sie sich nieder und informiert sich bei Einheimischen über die Risiken, die ihr im Dschungel begegnen könnten. Auch wagt sie erste Ausflüge allein in die Wildnis – und alles geht gut.

Nach kurzer Rückkehr in die englische Heimat folgt 1895 eine zweite Reise. Nun macht Kingsley ernst: Sie besorgt sich ein Boot und einen einheimischen Führer und macht sich kongoaufwärts auf den Weg. Um für das Schlimmste gewappnet zu sein, hat sie diesmal ein Wörterbuch dabei, das Sätze wie »*Hilfe, ich ertrinke!*« oder »*Warum ist dieser Mann hier nicht begraben worden?*« in westafrikanischen Dialekten enthält.

Unterwegs gibt es jede Menge Ärger: Ein Nilpferd will das Kanu der Forscherin nicht freigeben. Kingsley setzt auf Deeskalationstaktik und kratzt das Tier mit ihrem Sonnenschirm so lange hinter dem Ohr, bis der Koloss friedlich von dannen zieht. Sie fällt in eine Erdgrube, die Jäger mit spitzen Pfählen gespickt haben – doch die vielen Unterröcke, die sie trägt, wirken wie ein undurchdringlicher Schutzschild und retten ihr das Leben. Ein aufdringliches Krokodil bekommt die hochhackigen Damenstiefeletten einer britischen Lady zu spüren, und einer Raubkatze wird durch das gezielte Werfen von Kochtöpfen klargemacht, wer die Stärkere ist.

Im heutigen Kamerun wird die Reisende durch einen Tornado ziemlich empfindlich in ihrem Fortkommen gebremst. Doch dann ist endlich der große Moment gekommen: Buschmenschen tauchen auf. Sind es etwa Kannibalen, vor denen Mary im Vorfeld immer wieder gewarnt worden war? Sie sind es! Zwei Welten prallen aufeinander. Mary lebt

wochenlang bei den Ureinwohnern und wird Zeugin von magischen Ritualen, die im folgenden Auszug aus ihrem Reisebericht authentisch beschrieben sind. Auch sammelt sie Proben der Tier- und Pflanzenwelt und notiert akribisch korrekt, wie diese Gegend im tiefsten Dschungel Afrikas aussieht. Darüber hinaus macht sie sich Gedanken über sozialpolitische Fragestellungen: zum Beispiel über den Sinn von Missionierung und Kolonisation. Dabei kommt sie zu der Erkenntnis, dass es ein Fehler sei, den Naturvölkern einen für sie fremden Glauben aufzuzwingen. Sie wird zu einer entschiedenen Gegnerin der kolonialen Beeinflussung und Ausbeutung Afrikas durch europäische Nationen und ist nach ihrer Rückkehr nach England mutig genug, diese Meinung auch energisch zu vertreten.
Dort, in der alten Heimat, sichtet sie ihre Aufzeichnungen und arbeitet sie zu einem Buch um: »*Travels in West Africa*« erscheint 1897 und wird eine Sensation. Das Werk hat zwar im eigentlichen Sinne tatsächlich keine großen geografischen Entdeckungen zu bieten, doch es ist für die englische High Society vollständig unerhört, dass eine junge, unauffällige Frau des britischen Mittelstands all diese Gefahren durchlebt und mit »Wilden« wochenlang zusammen unter einem Dach gelebt haben soll. Mary Kingsley wird berühmt und schreibt wenig später ein zweites Buch: »*West African Studies*« erscheint 1899. Noch im selben Jahr geht sie wieder auf Reisen. Diesmal ist der Süden Afrikas das Ziel, dort hofft sie, ein Exemplar eines bestimmten Süßwasserfisches aufzustöbern, um ihn für die Forschung zu konservieren. Doch kaum angekommen, wird sie Zeugin des gerade ausgebrochenen Burenkriegs. Sie meldet sich als Krankenschwester und bekommt einen undankbaren Posten in einem Gefangenenlager zugewiesen, in dem Typhus grassiert. Man sagt ihr, dass man sich nicht anstecken könne,

wenn man Tabak konsumiere und Alkohol trinke – und sie fängt an, Tabak zu rauchen und Wein zu trinken. Doch das nützt natürlich nichts. Am 3. Juni 1900, im Alter von nur 37 Jahren, erliegt Mary Kingsley dem Fieber. Sie erhält – ihren Wünschen entsprechend – eine Seebestattung mit militärischen Ehren.

[1893, Cambridge. Der Beginn eines Abenteuers]
Es war 1893, als ich mich – zum ersten Mal überhaupt in meinem Leben – einer Zeitspanne von fünf oder sechs Monaten gegenübersah, die nicht schon bis ins Detail vorgeplant erschienen. Und wie ein Junge, der ein zerbrochenes Spielzeug geschenkt bekommt, schweifte ich durch meine Gedanken (wie Mr. Bunyan sagen würde), was ich wohl damit anfangen könnte. »Geh hin und lern deine Tropen kennen!«, sagte die Wissenschaft. Doch wohin auf Erden sollte ich reisen? Ich dachte nach, denn Tropen sind Tropen, egal, wo man sie findet. Also nahm ich mir einen Atlas zur Hand und sah, dass entweder Südamerika oder Westafrika mein Ziel sein müssten, denn die malayische Region war zu weit entfernt und zu teuer. [...]

Meine Unwissenheit über Westafrika wurde bald behoben. Und obwohl die unermessliche Leere, die meinen Geist besetzt hielt, noch immer nicht einmal halb aufgefüllt ist, trat doch eine ganze Menge sehr sonderbarer Informationen an ihre Stelle. Ich nutze das Wort »sonderbar« ganz bewusst, denn ich glaube, viele schienen meine Anfrage um praktische Tipps und Anweisungen so zu verstehen, dass sie hier »ihren Müll loswerden« konnten. Diese besagten Informationen sind noch immer in einem Zustand großer Unordnung, doch ich habe große Fortschritte darin gemacht, sie zu sortieren. Ich denke, man kann das alles unter ein paar Überschriften fassen, welche da sind:

Die Gefahren Westafrikas
Die Widerwärtigkeiten Westafrikas
Die Krankheiten Westafrikas
Sachen, die du mitnehmen solltest nach Westafrika
Dinge, die du in Westafrika sehr praktisch finden wirst
Die schlimmsten Dinge, die du in Westafrika tun kannst

Ich fragte alle meine Freunde zuallererst danach, was sie über Westafrika wussten. Die meisten wussten nichts. Ein Teil sagte: »Oh, da können Sie nicht hinreisen. Da ist Sierra Leone, das Grab des weißen Mannes, wie Sie doch wissen.« Auf weiteres Nachhaken hin gab einer zu, er habe gewisse Beziehungen gehabt, die sich nach »traurigen Gerichtsverhandlungen« dorthin verlagert hätten, mittlerweile aber, nachdem sie nicht nur Westafrika, sondern auch unsere Welt verlassen hätten, sei das alles vergeben und vergessen.

Als nächste Anlaufstelle konsultierte ich Ärzte. »Tödlichster Fleck auf Erden«, teilten sie mir aufgekratzt mit und zeigten mir Landkarten mit den Verbreitungsgebieten von Krankheiten. Nun kann ich nicht sagen, dass ein Land einladend wirkt, wenn es in scheelesches Grün oder biliöses Gelb getunkt wird, doch diese Farben mögen auch der fehlenden künstlerischen Empfindsamkeit des Kartografen entspringen. Es gibt allerdings wohl keinen Zweifel, was er mit der Farbe Schwarz aussagen will, und schwarz, so kann man sehen, färben sie Westafrika von oberhalb Sierra Leone bis hinab zum Kongo. »Wenn ich Sie wäre, würde ich da nicht hingehen«, sagten meine Medizinerfreunde, »doch wenn Sie müssen und Sie so dickköpfig sind wie ein Maultier, bringen Sie mir doch bitte Folgendes mit: ---.« An dieser Stelle folgte eine Aufzählung von Bestellungen von hier bis New York [...].

All meine Informanten empfahlen mich weiter an Missionare. »Viele von jenen«, sagten sie mir in vagem Tonfall, »waren dort unten, und das oft viele Jahre.« Also widmete ich mich mit Feuereifer der missionarischen Literatur. [...]

Immerhin bekam ich von den Missionaren eine erste Idee über die sozialen Zustände in Westafrika. Ich schnappte auf, dass vor allem eines existierte: die einheimische Bevölkerung – das Rohmaterial gewissermaßen – und dass diese Menschen mit den Attributen gut oder schlecht belegt wurden entsprechend den Anschauungen entweder des Missionars oder des Geschäftsmanns. Es gab außerdem die Regierungsrepräsentanten, deren Hauptanliegen es war, die Missionarsarbeit zu konsolidieren und zu stärken; eine Funktion, der sie stets nachgingen, jedoch unterschiedlich gut. Und diese Geschäftsleute! Nun, ich würde sie mit unter die Gefahren Westafrikas einordnen. Einmal hörte ich das gute, alte Seemannsgarn von dem Händler, der, nachdem er verschieden war, dort landete, wo man es sich schon denken kann. Und der gefallene Engel bot ihm ohne einen Moment des Zögerns den infernalischen Thron (Milton) an. Dies, so möchte ich anmerken, ist die maritime Form der Legende. Es gibt auch eine terrestrische Fassung, in der der Händler am Ende zum FC Liverpool-Fan wird. Doch wie man es auch dreht, man muss es nicht glauben – es ist ja keine Missionarsgeschichte!

[1897, Kongo. Zeugin magischer Rituale] [...] Der Glaube daran, dass die Mehrzahl der Todesfälle durch Hexerei verursacht werde, entspricht, wie ich glaube, ziemlich der Wahrheit – sofern man Hexerei als Gift begreift. In einer tumben Art und Weise ist dies auch das Verständnis des schwarzen Mannes, was durch die landläufige Ansicht, das beste Heilmittel gegen Hexerei sei ein schnell wirkendes Brech- oder Abführmittel, selbstverständlich begleitet durch angemessene Zeremonien, belegt wird.

Der Glaube an Hexerei ist die Ursache von mehr afrikanischen Todesfällen als alles andere. Er hat bereits mehr Männer und Frauen getötet als der Sklavenhandel und tötet auch weiterhin. Seine vielleicht einzigen Rivalen hierbei sind die Blattern, das große Kraw-Kraw, wie sie die Krumen bildhaft nennen.

Bei nahezu jedem Tod kommt der Verdacht der Hexerei auf. Der Medizinmann wird gerufen und fährt damit fort, die schuldige Person zu finden. [...] Dann wehe den unbeliebten Männern, den gebrechlichen Frauen und den Sklaven; denn einer unter ihnen wird angeklagt werden, was ein Gottesurteil durch Gift oder Feuer nach sich zieht, das, falls es auf Schuldigkeit hindeutet – was üblicherweise in der Natur der Sache liegt –, einen schrecklichen Tod nach sich zieht: langsames Rösten bei lebendigem Leibe, allmähliche Verstümmelung, bevor zum Schluss gnädig die Kehle durchschnitten wird, das Binden an Pfähle bei Ebbe, sodass die Flut den Schuldigen ertränkt, sowie jeder weitere Tod, den menschlicher Einfallsreichtum und Hass hervorbringen können.

Die Angstherrschaft, die rund um die Hexerei aufrechterhalten wird, ist trotz all ihrer Schrecknisse interessant. Durch sie habe ich milde, freundliche Männer und Frauen gesehen, die innerhalb eines Augenblicks zu leibhaftigen Furien wurden, bereit, jene, die ihnen noch eine Sekunde zuvor lieb und teuer waren, zu zerfleischen und zu zerstören. Schrecklich ist die Furcht, die wie ein Bann ein Dorf überfällt, wenn bekannt wird, dass soeben ein wichtiger Mann oder eine wichtige Frau gestorben ist. Die Besagten tun ihren letzten Atemzug und werden grau um die Lippen, und dann beginnen die Anwesenden – vor allem diejenigen, die zum Haushalt des Verstorbenen gehören – mit der möglichst demonstrativen Zurschaustellung von Kummer. In die erste Stille schleichen sich lang gezogene, tiefe Heullaute, unendlich melancholisch und klagend, die einem das Blut in den Adern gerinnen lassen und die ich nie mehr vergessen werde.

Die Männer reißen sich ihre Kleider vom Leib und tragen nur die schmutzigsten Lumpen; Frauen – ganz besonders die Witwen – legen ihren Schmuck und fast all ihre Kleidung ab; ihre Gesichter sind mit Kreide weiß bemalt, ihre Köpfe sind kahl geschoren, und sie sitzen in Demutshaltung auf der Erde, hockend im Haus, die Hände ruhen mit den Handflächen abwärts auf ihren Schultern, nicht vor der Brust verschränkt, außer wenn sie auf die Straße gehen.

Zwischenzeitlich wird nach dem Medizinmann geschickt, wenn dieser nicht schon anwesend ist, und er beginnt auf verschiedene Wege herauszufinden, wer die für den Tod schuldigen Personen sind. Ob die Methoden zwischen den Stämmen oder den einzelnen Medizinmännern variieren, kann ich nicht mit Bestimmtheit sagen, doch ich vermute größtenteils Letzteres.

Bei den Benga sah ich einen Medizinmann, der mit einer kleinen Glocke durch das Dorf ging, die vor der Hütte des Schuldigen aufhören sollte zu klingeln. Bei den Cabindas (Fjort) sah ich zu verschiedenen Zeiten, wie zwei Medizinmänner Hexen zu entlarven versuchten, einer, indem er die Klappe eines kleinen Korbes öffnete und wieder zufallen ließ, während er die Namen aller Dorfbewohner wiederholte. Wenn die Klappe beim Namen einer Person nicht herunterfiel, so war diese Person verdammt. Der andere Cabinda-Arzt versuchte es zunächst damit, Nüsse auf den Boden zu werfen, wobei er ebenfalls Namen wiederholte. Diese Methode war anscheinend erfolglos. Er griff dann auf eine andere zurück, bei der er seine ausgestreckten Handflächen gegeneinanderrieb. Wenn ein Name genannt wurde und die Handflächen sich weigerten zusammenzubleiben und stattdessen seine Hände wild herumflatterten, hatte er den Richtigen gefunden.

Wenn der Angeklagte seine Schuld bestreitet und ein Gottesurteil ablehnt, wird er so lange gefoltert, bis er nicht nur seine Schuld anerkennt, sondern auch seine Mordkomplizen nennt, denn man muss bedenken, dass diese Hexerei in afrikanischen Augen mit Mord gleichgesetzt wird. Sie ist nicht zu vergleichen mit den Taschenspielertricks der modernen Spiritualisten.

Wenn der Beschuldigte das Gottesurteil fordert, was meistens der Fall ist, muss er in der Regel einen Gifttrunk zu sich nehmen. Bei allen Bantu-Stämmen wird dieser aus Sass-Holz hergestellt (sass = schlecht; Sass-Wasser = unruhiges Wasser; Sass-Brandung = stürmische Brandung usw.) und ist ein Sud aus der frisch geschälten Rinde eines großen Hartholz-Waldbaums mit einem hochgewachsenen, astlosen Stamm, der in einer Baumkrone mit kleinen Blättern endet. Bei den Calabar-Stämmen gibt es zwei Tränke: einen, der aus der Calabar-Bohne gewonnen wird, und den anderen, den großen Ju-Ju-Trunk Mbiam, der auch beim Ablegen des Eides Gebrauch findet.

Bei beiden, dem Sass-Holz- und dem Calabar-Bohnen-Trunk, besteht die einzige Chance des Beschuldigten darin, den Medizinmann zu überreden, dass ihm im Falle des Sass-Holz-Trunks erlaubt wird, sich vor der Einnahme hinzulegen, im Falle des Bohnentranks, dass man eine sehr starke Dosis bekommt – beides begünstigt den sofortigen Brechreiz erregenden Effekt, welcher die Unschuld anzeigt. Wenn diese Wirkung nicht schnell eintritt, stirbt man – sobald entschieden wurde, dass die Schuldigkeit durch das Ausbleiben schwerer Übelkeit bewiesen ist – einen erbärmlichen Tod durch die Wirkungen des Giftes, unterbrochen durch zusätzliche tötungswirksame Maßnahmen.

Das Mbiam hingegen ist ungiftig, und sein Gebrauch ist – im Gegensatz zur [Calabar-]Bohne – nicht auf das Hexenpalaver beschränkt, aber es ist das am meisten respektierte und gefürchtete Mittel zum Ablegen des Eids. Will man sich darauf nicht einlassen, bleibt nur noch eine Möglichkeit – eine Bitte, die allen Verurteilten offensteht, aber nur selten vorgebracht wird: der Antrag auf das lange Ju-Ju. Dieses lange Ju-Ju bedeutet den nahezu sicheren Tod und vorher eine heftige Ängstigung, die für ein Neger-Gemüt schlimmer zu ertragen ist als bloße physische Tortur.

In den hochgelegenen Distrikten der Calabar ist es mir gelungen, den Mbiam-Eid aufzuzeichnen. Eine seiner Varianten lautet wie folgt und wird rezitiert, bevor der aus Unrat und Blut angerührte Trank geschluckt wird:

»Wenn ich dieses Verbrechen begangen habe,
wenn ich dem Kranken Schmerzen zufügen wollte,
wenn ich jemand anderen geschickt habe, um dem Kranken Schmerzen zuzufügen,
wenn ich jemanden eingesetzt habe, um [ihn] zu reizen
oder falsches Spiel zu treiben
oder [ihm] etwas in den Weg zu stellen
oder seine Kleider zu berühren
oder sein Garn zu berühren
oder seine Ziegen zu berühren
oder seine Hühner zu berühren
oder seine Kinder zu berühren,
wenn ich um seinen Schaden gebetet habe,
wenn ich ihn in Gedanken in meinem Herzen verletzt habe, wenn ich irgendwelche Absichten habe, ihm zu schaden,
wenn ich jemals, egal zu welcher Zeit, eines der folgenden Dinge tue (vollständiges Rezitieren [dieser Dinge]),
oder andere einsetze, um eines der folgenden Dinge zu tun (vollständiges Rezitieren [dieser Dinge]),
dann Mbiam! Verfahre mit mir.«

[Mary Kingsley (1897): Travels in West Africa: Congo Français, Corisco and Cameroons. MacMillan & Co., London, New York. Übersetzt aus dem Englischen von Rainer Aschemeier.]

Hernán Cortés
1485 – 1547

Der Eroberer Mexikos

Der spanische Konquistador Cortés ist eine ambivalente Erscheinung. Einerseits wurde seine strategische Begabung immer wieder gerühmt, andererseits strotzen die Berichte über seine Person nur so vor Verrat, Egozentrik und äußerster Brutalität.

Hernán Cortés wird 1485 als Angehöriger des niederen spanischen Adels in Medellín in der Region Extremadura im spanischen Südwesten geboren. Er scheint eine Frühbegabung gewesen zu sein, denn bereits mit 14 Jahren studiert er Jura an der Universität von Salamanca. Er lebt in aufregenden Zeiten: Die Kunde von den Fahrten des Christoph Kolumbus verbreitet sich durch die alte Welt, und durch solcherlei Geschichten motiviert, lässt sich Cortés 1504 in die Karibik einschiffen. In Diensten des kubanischen Statthalters Diego Velázquez bewährt er sich und wird dessen Sekretär. Mit diesem angesehenen Amt in der Hinterhand nutzt Cortés seine neuen Privilegien: Er lässt sich ein Stück Land zuteilen, dort nach Gold graben und wird tatsächlich fündig. Schon bald ist er ein wohlhabender Mann. Doch das reicht ihm nicht, und so beginnt er damit, auch als Notar, Viehzüchter und Buchhalter sein Vermögen zu mehren.

Als Kubas Statthalter erste Berichte über sagenhafte Goldvorkommen auf dem nahe gelegenen amerikanischen Festland hört, verspürt auch er den Wunsch, seinen Machtbereich zu erweitern. Also werden zwei Expeditionen nach Mittelamerika ausgesandt. Erst der dritte Versuch des ehrgeizigen Cortés, einen Posten als Kapitän zu bekommen, ist von Erfolg gekrönt. Velázquez jedoch ist misstrauisch geworden: Ist dieser umtriebige, geldgierige Emporkömmling wirklich der richtige, um eine Expedition von mehreren Schiffen zu befehligen? Er serviert den jungen Untergebenen unsanft wieder ab. Doch der Wille des Gedemütigten ist stark und unbezähmbar, außerdem ist er mittlerweile zu viel Geld gekommen. Kurzerhand setzt Cortés sein eigenes Vermögen ein, um heimlich eine Expedition auszurüsten. Mit 670 Mann Besatzung sticht er am 18. Februar 1519 vom Hafen von Havanna aus in See. Velázquez tobt und schwört dem Ungetreuen Rache. Doch was hilft es? Cortés ist erst einmal auf und davon.

Die Überfahrt verläuft problemlos, und auch sonst beginnt die Fahrt des 34-jährigen Selfmadeeroberers vielversprechend: Als Cortés in den Fluss Tabasco im Nordosten des heutigen Mexiko einbiegt, verweigern die dort Ansässigen den Schiffen des Spaniers die Anlandung. Dieser Umstand wird als willkommene Gelegenheit betrachtet, die Kampfkraft der Expeditionstruppe zu erproben. Im Handumdrehen werden die Ureinwohner in die Knie gezwungen und machen Geschenke. Als wertvollstes Gut erweist sich die Gabe von 20 Sklavinnen, die dem Spanier übergeben werden. Eine von ihnen, genannt »Marina«, wird zunächst Cortés' Mätresse; aber schon bald schätzt er sie als Beraterin. Marina weiß, wo etwas zu holen ist: bei den Azteken und ihrem Führer Moteuczoma. Und weil die Spanier einen so schwierigen Namen nicht aussprechen können, machen sie daraus Moctezuma, woraus dann später in den zahlreichen literarischen und bildlichen Überlieferungen Montezuma geworden ist.

Hernán Cortés (Gemälde, 16. Jahrhundert; Mexiko-Stadt, Nationales Geschichtsmuseum)

Die politischen Verhältnisse im Land sind kompliziert: Da gibt es die Azteken, die die anderen Stämme unterdrücken und bekriegen und weit und breit die Reichsten sind. Daneben gibt es aber auch die Totonaken. Diese stehen unter der Oberherrschaft der Azteken und sind den Spaniern gegenüber sehr auskunftsfreudig. Schließlich vermuten sie, dass man sich mit deren Hilfe der ungeliebten Nachbarn entledigen kann. Die Tlaxcalteken wiederum sind die Erzfeinde Moctezumas und begegnen den spanischen Eindringlingen kriegerisch, weil diese gemeinsame Sache mit den Totonaken machen – und Totonaken oder Azteken, das ist für die Tlaxcalteken praktisch dasselbe. Was tun?
Cortés setzt alles auf eine Karte. Auf Velázquez kann er nicht mehr bauen, also sucht er sich den mächtigsten Verbündeten überhaupt: Karl V. Er schreibt dem spanischen Kaiser von nun an regelmäßig Briefe und berichtet von seinen Taten. An der Küste gründet er eine selbstverwaltete Kolonie und lässt – damit niemand zurück nach Kuba flüchten kann – die Schiffe seiner Expedition kurzerhand versenken. Auf diese Weise schneidet er sich zwar selbst den Weg nach Hause ab, weiß aber seine Mannschaft jederzeit verfügbar. Denn was sollte die Besatzung sonst machen? Desertieren? Überall gibt es Indianer, die einem einzelnen Spanier, wenn sie ihn denn träfen, sicher sofort das lebendige Herz aus der Brust rissen – so glaubt man es jedenfalls.
Durch geschicktes Taktieren gelingt es Cortés schließlich, Totonaken und Tlaxcalteken gemeinsam hinter sich zu vereinen. Rund 540 Spanier, 400 Totonaken und die wahrlich sagenhafte Anzahl von 2000 Tlaxcaltekenkriegern machen sich auf den Weg zur Aztekenhauptstadt Tenochtitlán. Wo immer sie auftauchen, hinterlassen sie eine grausige Blutspur. Schließlich gelangen sie an den Texcoco-Salzwassersee, in dessen Mitte – nur über Dämme zu erreichen,

10 km^2 groß und scheinbar uneinnehmbar – das ersehnte Ziel zu sehen ist. Man versucht, den Kontakt diplomatisch herzustellen. Moctezuma ist skeptisch, quartiert Cortés' Truppen aber schließlich doch im Palast seines verstorbenen Vaters ein. Es gibt unter den Azteken eine alte Legende über hellhäutige Götter, die eines Tages zurückkehren werden. Doch als die Gastgeber mitbekommen, dass es sich bei den Spaniern keinesfalls um Götter, sondern um ganz normale menschliche Wesen aus Fleisch und Blut handelt, verschärfen sich die Spannungen zwischen beiden Parteien. Während sich Cortés und seine Mannen in Sicherheit wähnen, lässt Moctezuma hinter dem Rücken seiner Gäste deren neu gegründete Kolonie an der Küste angreifen. Erst als Cortes' Leuten vom Aztekenherrscher der abgeschnittene Kopf des Soldaten Arguello präsentiert wird, wird es ihnen mulmig zumute. Ob man hier wohl lebend wieder rauskommt?
Da kommt der Konquistador auf eine ungewöhnliche Idee: Er lädt Moctezuma zu einem diplomatischen Gespräch und lässt ihn dabei gefangen nehmen. Der Aztekenherrscher erweist sich als willenloser Gefangener in den Händen von Cortés. Noch hat Moctezuma zwar die Macht über sein Volk, doch seine Untergebenen erkennen schon bald, dass ihr Häuptling nun mit spanischer Zunge redet.
Währenddessen hat Velázquez ein Kommando zur Verhaftung des abtrünnigen Cortés anlanden lassen. Dem ehemaligen Sekretär des Statthalters gelingt es aber, die Soldaten, die ihn eigentlich verhaften sollten, empfindlich zu schlagen und die Überlebenden zu Verbündeten zu machen – wieder so eine unglaubliche Story, die zeigt, wie überzeugend Cortés als Feldherr und Rhetoriker gewesen sein muss.
Mit über 1500 Mann kehrt der Siegreiche nun nach Tenochtitlán zurück. Dort herrschen inzwischen chaotische

Zustände: Cortés' Gefolgsmann Alvarado hatte befohlen, den aztekischen Adel während der Feier des Toxcatl-Festes, das traditionellerweise zu Beginn der Trockenzeit begangen wird, zu verhaften und hinzurichten. Die Azteken waren daraufhin über die verbliebenen Spanier hergefallen und hatten ein Blutbad angerichtet. In dieses Tohuwabohu kehrt nun Cortés mit seiner Verstärkung zurück. Nachdem im Tumult auch noch Häuptling Moctezuma durch einen Steinwurf der eigenen Leute getötet wird, gerät die Situation komplett außer Kontrolle.

In der Nacht vom 30. Juni auf den 1. Juli 1520 flieht Cortés mit seinen Männern und erleidet schreckliche Verluste. Von den Ereignissen dieser sogenannten »traurigen Nacht« berichtet er selbst ausführlich in einem Brief an Karl V.

Über einen Zeitraum von mehreren Wochen sterben die Einwohner Tenochtitláns an den von den Spaniern eingeschleppten Pocken, und im Hintergrund knüpft Cortés schon wieder diplomatische Bande zu den umliegenden Stämmen. Mit vereinten Kräften werden 13 Schiffe gebaut, mit denen die Belagerung der Hauptstadt inmitten des Sees eingeleitet wird. Die monatelang andauernde Blockade kostet letztendlich fast 25 000 Azteken das Leben. Die einst prächtige und nun fast völlig zerstörte Stadt kann nach nahezu einem Jahr Belagerung am 13. August 1521 eingenommen werden.

Nun ergeben sich auch alle anderen Provinzen, die vorher unter der Macht der Azteken gestanden hatten. Als Cortés bei seinen energischen Unterwerfungsfeldzügen auch noch das bislang nur durch Gerüchte bekannte »Südmeer«, also den Pazifischen Ozean, für die Spanier entdeckt, ist der Jubel grenzenlos. Karl V. ernennt Cortés daraufhin zum Gouverneur und Generalkapitän von Neuspanien, und das ist wohl der größte Moment im Leben des ehrgeizigen Eroberers. Bei einer späteren Expedition nach Honduras erkunden Cortés' Truppen ein Gebiet, das über die Halbinsel Yucatán fast bis nach Kalifornien reicht. Vor dieser Entdeckungsfahrt war lediglich ein Bruchteil dessen bekannt. Nach der Rückkehr des nun schon älteren Feldherrn nach Spanien verspürt dieser noch einmal den Drang in die Ferne. Doch ein letzter Kriegszug gen Algier endet wenig ruhmreich, und damit wendet sich das Blatt: Durch Intrigen in seinem Ruf geschädigt und fast all seiner Titel aberkannt, stirbt Cortés 1547 auf seinem Landgut in Neuspanien – verbittert und desillusioniert.

[1520, Tenochtitlán. Die »traurige Nacht«] Ich verreisete den 23. Brachmonat von Tesnacan, und brachte die Nacht drey Stunden von Mexico zu. Am St. Johannes-Tag verreisete ich nach der Messe, und langte gegen Mittag zu Mexico an. Ich trafe wenige Leute daselbst an, und einige Anstalten zur Vertheidigung, welche sie, wie ich glaubte, nur darum gemacht, daß sie der Strafe entgehen. Ich hofte den Frieden wieder her zu stellen. Ich gieng gerade auf die Festung, wo ich wie in dem daranstossenden großen Tempel meine Soldaten einquartierte. Meine alten Spanier empfiengen mich mit der lebhaftesten Freude, und sahen mich für den Wiederhersteller ihres Lebens, das sie schon für verlohren hießen, an. An diesem Tag und in der folgenden Nacht schien alles ruhig. Den Tag darauf schickte ich einen Boten nach Vera Cruz, um ihnen meine Ankunft zu melden, und ihnen zu sagen, wie ruhig alles wäre. Über eine halbe Stunde hernach kam dieser Bote von Schlägen mishandelt, in dem schrecklichsten Zustand, zurück, um uns zu sagen, daß die Indianer von allen Orten her auf uns los kämen, und die Brücken abgeworfen hätten. Kaum hatte er ausgeredet, als wir von allen Seiten her von einer erschrecklichen Menge Indianer angegriffen wurden, welche auf den Terrassen herumliefen. Sie kamen mit gräslichem Geschrey und sendeten uns mit ihren Schleudern einen Hagel von Steinen.

Die Brustwehren und Höfe waren so mit Pfeilen bedeckt, daß man kaum gehen konnte. Ich machte an verschiedenen Orten zwey bis drey tapfre Ausfälle; in dem einen der aus zweyhundert Mann bestunde, wurden der Hauptmann, und viele andere verwundet, über das wurden ihm vier Mann getödtet, ehe er seine Truppen versammeln konnte. Wir von unserer Seite konnten nur wenige Indianer umbringen, weil sie uns von den Brü[c]ken her angriffen, und von verschiednen Terrassen, die wir einnahmen, und zum Theil verbrannten, Steine herabwarfen.

Diese Terrassen waren so wohl bewachet, und mit Steinen versehen, daß wir sie weder alle einnehmen, noch die Indianer verhindern konnten, uns großen Schaden zuzufügen. Das Treffen in der Festung war ausserordentlich hizig. Die Indianer legten an verschiedenen Orten Feuer an, welches an einer Seite viel verwüstete, ohne daß man lange nicht helfen konnte. Wir schnitten das Feuer ab, indem wir beträchtliche Stücke Mauer abbrachen. Sie würden die Festung, ohne daß wir es hätten hindern können, mit Sturm eingenommen haben, wenn nicht die Füselier und Armbrustschützen Wache, und so viele Canonen so gestellt gewesen wären, daß sie eine fürchterliche Niderlage anrichten konnten. Wir stritten den ganzen Tag und bis tief in die Nacht. Sie hörten nie auf zu schreyen, und uns hie und da anzufallen bis an den Morgen. Ich liesse mit ungläublicher Thätigkeit arbeiten, um die geschwächten Oerter der Festung, und die Verwüstungen des Feuers, wieder herzustellen. Ich theilte die Posten unter die, welche die Festung bewachen, und diejenigen, welche Ausfälle thun sollten, aus, und liesse die Verwundeten, deren wenigstens achtzig waren, versorgen.

Mit dem Anbruch des Tages erneuerten die Indianer ihren Angriff, mit größerer Wuth als den Tag zuvor. Die Artilleristen brauchten nur ihr Geschütz auf die unzähligen Bataillonen der Indianer zu richten, um daselbst eine schreckliche Niederlage anzurichten, welche aber augenblicklich wieder durch die Menge ersetzet war. Da ich eine genugsame Besetzung in der Festung gelassen, machte ich einen Ausfall, bemächtigte mich einiger Brücken, und verbrannte viele Häuser, wo ich viele Menschen umbrachte, dieser Verlust aber war wegen der Menge kaum bemerkbar. Wir waren gezwungen uns den ganzen Tag zu schlagen, während daß sie sich alle Stunden mit weit mehr Leuten, als sie nöthig hatten, ablößten.

Wir stritten an diesem zweyten Tag wieder bis in die Nacht, und kamen wieder bis in die Festung zurück, nachdem fünfzig bis sechzig Spanier leicht verwundet worden. Da wir den immerwährenden Schaden, den uns unsere Feinde zufügten, ihre unendliche Menge, und unsere kleine Anzahl sahen, so wendeten wir die ganze Nacht, und den folgenden Tag dazu an, mit Brettern bedeckte Maschinen zu machen, worunter zwanzig Mann Füselier, Armbrustschützen und Arbeiter, die mit Aexten, Hauen und eisernen Stangen versehen waren, um die Häuser und Mauren, wodurch die Gassen verschlossen worden, niederzureissen, streiten konnten.

Da wir aus der Festung fielen, wendeten die Indianer alle Kräfte an, um hineinzudringen, und wir hatten die größte Mühe sie davon abzuhalten. Ich bewog den Montezuma, welcher immer noch mein Gefangener war, so wie sein Sohn, und viele angesehene Cacicken, sich zu zeigen, und sich mit den Hauptleuten der Indianer in ein Gespräch einzulassen, und zu versuchen dem Streit ein Ende zu machen. Er begab sich, um mit den Streitenden zu reden, auf eine hervorragende Brustwehre der Festung, aber er bekam einen so heftigen Schlag von einem Stein an den Kopf, daß er nach drey Tagen davon starbe. Ich lies ihn durch zwey gefangene Indianer wegbringen, welche ihn auf ihren Schultern zu den andern trugen. Ich weis nicht, was sie mit ihm gemacht, aber so viel ist gewis, daß der Streit, ferne daß er nachliesse, von Tag zu Tag heftiger wurde.

An eben demselben Tag griffen die Indianer an der Seite, wo sie den Montezuma verwundet hatten, an. Sie bewogen mich mit den Capitainen, welche mich zu sprechen verlangten, ein Gespräch zu halten. Ich thate es, und bate sie, nicht wider mich zu streiten, sich der guten Behandlung, die sie von mir empfangen zu erinnern, um zu spühren, daß sie keine Ursache hätten, es zu thun. Sie antworteten, daß sie augenblicklich aufhören würden zu streiten, so bald ich ihnen versichern wollte, das Land zu räumen, sonst könnte ich mich gewis darauf verlassen, daß sie uns entweder ausrotten, oder alle umkommen wollten. Ihre Absicht war, daß sie mich bewegen möchten, die Festung zu verlassen, damit sie mich desto leichter zwischen den Brücken angreifen könnten. Aber ich antwortete ihnen, sie sollten sich ja nicht einbilden, das ich den Feinden aus Furcht verlange, sondern aus Mitleiden, wegen dem großen Schaden, den ich ihnen bisher angethan, und ferners anthun würde, auch weil ich es bedauerte, eine so schöne Stadt, wie die ihrige, zu verwüsten.

Da ich nichts ausrichten konnte und meine Maschinen fertig waren, so fiel ich aus der Festung, um einige Terrassen und Brücken wegzunehmen. Ich ließ vier Canonen, viele Armbrustschützen, und Soldaten mit ihren Schilden, und mehr als 3000 Indianer von Tascalteca, die den Spaniern dienten, vor meinen Maschinen hergehen. Wir legten unsere Maschinen und viele Leitern an einige Terrassen, aber sie waren von einer solchen Menge Indianer vertheidigt, die so ungeheuer große Steine herabwarfen, daß unsere Maschinen zerscheitert wurden, daß sie einen Spanier tödeten, und viele verwundeten, ohne daß wir dem langen und tapfern Gefecht ungeachtet, einen Zoll breit Lands gewonnen. Wir kamen um Mittag sehr unzufrieden in die Festung zurück, während daß der Muth und die Kühnheit der Feinde durch diesen geringen Vortheil sehr zugenommen hatten. Sie verfolgten uns mit Hize bis an die Thore. Sie bemächtigten sich des an die Festung stossenden großen Tempels und es stiegen bey 500 von den vornehmsten Mexicanern auf den höchsten und stärksten Thurm und liessen Brod, Wasser, Eßwaren von aller Art, und eine unglaubliche Menge Steine dahin bringen. Alle waren mit langen Lanzen bewafnet, die vornen mit schneidenden Kieselsteinen, die breiter aber nicht so spitzig als unsere Schwerdter sind, versehen waren. Von diesem Thurm fügten die Indianer unserer Festung großen Schaden zu. Die Spanier griffen ihn zu verschiedenen malen an, und versuchten's ihn zu ersteigen; aber da sie hundert und etliche Stufen zu steigen hatten, und da diejenigen, welche ihn verteidigten mit Steinen wohl versehen waren, so wurden sie allezeit herabgestürzt, und mit so großem Muth zurückgetrieben, daß sie die Indianer bis zur Festung verfolgten.

Ueberzeugt, daß wir nichts wichtiges unternehmen könnten, bis wir vor allem [aus] diesen Thurm eingenommen, fiel ich, obschon ich, von einem Streich, den ich im ersten Treffen bekommen, an der linken Hand verwundet war, aus der Festung. Ich liesse mir den Schild anbinden, und bestiege, von einigen Spaniern begleitet, den Thurm, den ich zuerst von Soldaten hatte umringen lassen. Drey oder vier von meinem Gefährten, wurden im Heraufsteigen durch den tapfern Widerstand der Indianer zu Boden gestürzt, aber wir erstiegen denselben, mit der Hülf Gottes und seiner H. Mutter, deren Bild wir in dem Thurm aufgestellt hatten, und kamen endlich mit den Indianern zum Handgemenge. Wir zwangen sie auf die herumliegenden niedern Terrassen zu springen, alle stürzten sich entweder zu tod, oder wurden auf diesen Terrassen getödtet. So machten wir uns, in weniger als drey Stunden, Meister von dem Thurm, den ich nachher wie alle andern die von dem Tempel abhiengen, anzünden lies.

Die Indianer liessen ihren Hochmuth auf dieses Unglück ein wenig fallen, und fiengen an, ohne Ordnung hin und her zu schweifen. Da ich mich wieder mit den Capitainen, mit denen ich zuvor schon ein Gespräch gehalten, unterredete, so stellte ich ihnen vor, dass ich täglich viele Menschen tödete, daß ich einen Teil ihrer Stadt verwüstete; daß ich nicht aufhören würde, im Fall sie hartnäckig blieben, als bis keine Spuhr mehr von der Stadt und ihren Einwohnern da seyn würde. Sie gaben die Wahrheit meiner Behauptungen zu, aber sie thaten hinzu, daß sie alle entschlossen wären, zu sterben um uns auszurotten; daß ich ihre Terrassen, Pläze, und Gassen voll von Leuten sehen könnte, und daß sie ausgerechnet hätten, daß wir, wenn sie auch schon fünf und zwanzig tausend gegen einen verlieren sollten, dennoch die erstern am Ende seyn würden. Sie sagten ferner, daß alle Dämme, welche nach Mexico führten, verstört wären, daß wir nicht anders als durchs Wasser hinauskommen könnten, und daß es ihnen nicht unbekannt wäre, daß wir in kurzem an süßem Wasser Mangel leiden würden; und daß wir, wenn wir auch dem Schwerde entrinnen würden, dennoch durch Hunger umkommen mußten.

Was sie sagten war nur zu wahr, denn wir mußten bald vor Hunger umkommen, aber da ich sahe, daß ich mit diesen Gesprächen nicht weiter kommen konnte, so fiel ich mit Einbruch der Nacht mit einigen Spaniern heraus, und da wir die Indianer überraschten, so nahmen wir eine Gasse weg, und verbrannten mehr als dreyhundert Häuser. Ich kehrte durch eine andere Gasse, in welcher ich auch einigen Schaden anrichtete, in die Festung zurück, weil sich die Indianer in großer Anzahl in der Gasse, die ich verbrannt, versammelt hatten. Noch zerstörte ich auf meinem Weg einige Terrassen nahe bey der Festung, von denen man uns viel Schaden zufügte. Ich erschreckte viele Mexicaner durch die Arbeiten dieser Nacht, die man dazu anwendete, meine hölzernen Machinen auszubessern.

Um Vortheil aus dem Sieg zu ziehen, den uns Gott gegeben, that ich früh Morgens einen Ausfall in die Gasse, aus welcher wir den Tag vorher waren vertrieben worden. Aber da es dort um unsere Ehre und um unser Leben zu thun war, weil der Damm, welcher durch diese Gasse nach dem festen Land führte, noch in gutem Stand war, so thaten wir Wunder der Tapferkeit, denn wir füllten in dieser Gasse, welche viele Terrassen, hohe Thürme, und acht Brücken hatte, und an vielen Orten vermauert war, vier Brücken aus, und verbrannten alle ihre Terrassen, Thürme und Häuser. Es wurden an diesem Tag viele Spanier verwundet, nichts desto weniger liesse ich in der Nacht eine starke Wache bey den Brücken, um sie zu erhalten, und sich den Bemühungen der Indianer, sie wieder wegzunehmen, zu widersetzen.

Den folgenden Tag machte ich einen andern Ausfall. Wir stritten mit so viel Glück und Gott gab uns einen so vollkomnen Sieg, daß wir ungeachtet der Mauren, Gräben, und Schuzgattern, welche sie in der Nacht gemacht, und ungeachtet der ungeheuren Menge von Streitenden, die unsern Bemühungen einen tapfern Widerstand entgegensetzten, dennoch die übrigen Brücken, die wir noch zu nehmen hatten, wegnahmen und ausfüllten. Einige Reuter verfolgten den Sieg bis an das feste Land. Noch war ich mit der Ausbesserung der Brücken beschäftiget, als man mich in aller Eil benachrichtigte, daß die Indianer die Festung belagerten, und dennoch um Frieden baten. Ich liesse einige Canonen mit allen meinen Leuten auf meinem Posten, und gienge nur mit zwey Reutern um die Vorschläge der vornehmsten Indianer zu hören. Sie versicherten mich, daß sie, wenn ich ihnen versprechen wollte, sie nicht zu bestrafen, die Belagerung aufheben, die Brücken wieder bauen, und die Dämme wieder in guten Stand sezen wollten, und daß sie in Zukunft wieder mit der Unterwürfigkeit, wie ehemals gehorchen wollten. Auf ihr Begehren liesse ich den vornehmsten ihrer Religion, den ich gefangen hatte, kommen. Er redete mit ihnen, und versöhnte uns. Es schiene mir als wenn sie Boten an ihre Capitaine und Truppen ausschickten, mit dem Befehl, die Feindseligkeiten zu endigen, und die Belagerung der Festung aufzuheben. Wir trennten uns nach dieser Verhandlung, und ich liesse mir das Mittagessen auftragen; kaum hatte ich zu essen angefangen, als man mir in Eil ankündigte, die Indianer hätten die Brücken wieder weggenohmen, und viele Spanier getödet.

Gott weis wie mich diese Nachricht niedergeschlagen! Ich stiege so geschwind als möglich zu Pferd, durchritte mit einigen Reutern die Stadt, und ohne mich an einem Ort aufzuhalten, nahm ich die Brücken wieder weg, zerstreuete die Indianer, und verfolgte sie bis ans feste Land.

Da mir die erschreckten, ermüdeten, und meisten theils verwundeten Soldaten zu Fuß nicht nachfolgen konnten, sah ich die große Gefahr in welcher ich war. Ich kehrte auf meinem Weg wieder zurück, um über die Brücken zu gehen, aber ich fande daß sie schon wieder weggenommen und vertieft waren. Die beyden Seiten des Dammes so wohl zu Land als zu Wasser in Canoes, waren so voll Leute, die uns von allen Seiten her mit Pfeilen und Steinen solcher Gestalt verfolgten, daß es unmöglich gewesen wäre, wenn Gott nicht beschlossen hätte uns zu retten, mit dem Leben davon zu kommen. Man hatte schon das Gerücht von meinem Tod verbreitet, als ich bey der lezten Brücke gegen die

Stadt anlangte. Alle Reuter die mich begleiteten, kamen daselbst um, und ich selbst hatte die allergrößte Schwierigkeit über dieselbe zu sezen. Die Indianer behielten also dieses mal den Sieg, und bemächtigten sich vier Brücken, nachdem sie mich äusserst gequält, ohne daß sie jedoch weder mich noch mein Pferd, weil wir gepanzert waren, hatten verwunden können.

Ich liesse eine starke Wache bey den vier Brücken, die ich noch erhalten hatte. Ich lies in der Festung eine fliegende Brücke machen, welche vierzig Mann tragen konnten. Da ich die drohende Gefahr, in welcher wir waren, den beträchtlichen Verlust, den wir alle Tage erlitten, die Furcht, in welcher wir beständig waren, die Indianer möchten noch den lezten Damm verstöhren, überdachte, und da meine Gefährten, welche größtentheils so verwundet waren, daß sie nicht mehr fechten konnten, mich dringend baten, die Stadt zu verlassen, so entschlosse ich mich, noch diese Nacht aus derselben zu ziehen. Ich vertheilte das Gold, das Silber und die Kostbarkeiten, welche dem Kaiser und uns gehörten, in verschiedene Packe, und theilte sie unter die Alcaden, Statthalter, Officier, und alle welche gegenwärtig waren aus, und ersuchte sie mir dieselben retten zu helfen. Zu dem Ende gab ich auch eine meiner Stuten her, die man so viel möglich beladen hatte, und begleitete sie mit einer genugsamen Wache. So zog ich so geheim als möglich aus der Festung, und verliesse dieselbe gänzlich.

Ich nahm einen Sohn und zwey Töchtern des Montezuma, seinen Bruder Cacamazin, viele vornehme Herren der Provinz, und meine Gefangenen mit. Da wir zu den Brücken kamen, welche die Indianer abgeschnitten hatten, so warfe man die, welche ich hatte bauen lassen, an den Plaz der erstern, und das ohne die geringste Mühe weil sich niemand widersezte, aber da die Schildwache Lerm gemacht, wurden wir von einer unglaublichen Menge streitender von allen Seiten zu Wasser und zu Land angegriffen, ehe wir zu der zweyten kamen.

Ich eilte mit der größten Geschwindigkeit mit fünf zu Pferd und fünf zu Fuß, und kam durch Schwimmen ans feste Land. Ich liesse da den Vortrapp, und kehrte zu dem Nachtrapp zurück, den ich sehr mishandelt, und in einem hizigen Gefecht verwickelt fande, so wie die Indianer von Tascalteca, welche uns begleiteten. Viele Spanier waren in dem Treffen getödet worden, und hatten Pferde, Canonen, und einen großen Theil von dem Gold und den Kostbarkeiten verlohren.

Endlich langte ich, nachdem ich unglaubliche Mühseligkeiten und unerhörte Gefahren ausgestanden, in der Stadt Tacuba jenseits des Dammes an. So oft wir uns gegen den Feind stellten, wurden wir von einem Hagel von Pfeilen, Wurfspiessen und Steinen geängstiget, weil sie mir immer zur Seiten gehen, und mich ohne Gefahr aus ihren Canoes anfallen konnten. In dem Hintertrupp, wo der Angriff am stärksten war, verlohr ich einen einzigen Reuter in dem Vortrapp stritte man mit solchem Muth, der uns endlich errettete.

Bey meiner Ankunft zu Tacuba hatte ich alle meine Leute auf einem Plaz vereiniget, ohne daß ich wußte, welchen Weg ich nehmen sollte. Ich befahl ihnen augenblicklich auf das freye Feld zu ziehen, ehe sich die Menge unserer Feinde vermehrte, und uns durch Besezung der Häuser und Terrassen der Stadt großen Schaden zufügen könnte. Da der Vordertrupp nicht wußte, wohin er gehen sollte, so nahm ich seinen Plaz, und machte ihn bis er aus der Stadt gezogen war, zum Hintertrupp. Ich erwartete diesen Hintertrupp auf den Aeckern. Da er angekommen, vernahm ich daß er angegriffen worden, daß einige Spanier und Indianer auf dem Rückzug umgekommen, und daß man einen Theil von dem Gold und den Kostbarkeiten. die wir mitgenommen, auf dem Weg verlohren hätte.

Ich nahm einen Posten ein, wo ich die Feinde zurückhalten konnte, und befahl meinen Gefangenen sich auf einen hohen Thurm, der auf der Spize eines Hügels lag, zu begeben. Wir hatten zwanzig bis vier und zwanzig Pferde verlohren, kein Reuter war mehr im Stand seinen Arm zu strecken, und kein Fußknecht konnte sich mehr bewegen, da wir an diesem Ort ankamen. Wir befestigten uns daselbst, und die Indianer belagerten uns immer, ohne uns auch nur eine Stunde Ruhe zu lassen. Wir hätten auf unserm Rückzug aus Mexico 45 Pferde 150 Spanier und mehr als 2000 Indianer verlohren; unter den Toden befanden sich der Sohn, und eine Tochter des Montezuma, und alle die vornehmen Cacicken, die ich zu Gefangenen gemacht. Um Mitternacht verliessen wir, in der Hoffnung nicht gesehen zu werden, heimlich diesen Thurm, den wir an verschiedenen Orten angezündet, ohne zu wissen, welchen Weg wir nehmen sollten.

[Hernán Cortés (1793): Die Eroberung von Mexico in Briefen an Kaiser Carl den Fünften. Erster Teil. Typographische Gesellschaft, Bern. Zeitgenössische Übersetzung von Johann Jacob Stapfer.]

William Dampier
1651–1715

Der Freibeuter

Söldner, Holzfäller, Pirat, Bestsellerautor: So in etwa ließe sich der Werdegang des legendären Freibeuterkapitäns William Dampier kurz zusammenfassen. In der etwas längeren Version entsteht eine der ungewöhnlichsten Biografien der Seefahrtsgeschichte.

Die Geschichte beginnt am 5. September 1651. An diesem Tag wird im Dörfchen East Coker in der englischen Grafschaft Somerset ein kleines Kind auf den Namen William getauft. Schon früh sterben die Eltern des Jungen, und weil ihn nun nichts mehr in der Heimat hält, heuert er als Schiffsjunge auf einem Handelsfrachter an. Gleich die erste Fahrt verschlägt ihn ins ungemütliche Neufundland. Nach einigen weiteren Fahrten auf Handelsschiffen kämpft der zum jungen Mann Herangewachsene, dem man inzwischen ein aufbrausendes Temperament nachsagt, im dritten Englisch-Niederländischen Seekrieg 1673. Wenig später führt er in Mexiko ein eher ruhiges Leben. Er arbeitet als Holzfäller in den Blauholzwäldern von Campeche auf der Halbinsel Yucatán.
1678 macht Dampier die Bekanntschaft eines rauen Burschen, der sich als Bukanier herausstellt, ein Seefahrer also – einzustufen etwa zwischen Freibeuter und Pirat –, der in britischem oder französischem Auftrag spanische Küstenorte in Mittel- und Südamerika plündert. Von dessen Geschichten über das vogelfreie Leben der Gesetzlosen,

über Frauen, Goldschätze und exotische Inseln in Bann gezogen, beschließt Dampier, selbst auch eine Piratenlaufbahn einzuschlagen. Und es beginnt gleich turbulent: Dampier schließt sich einer großen Freibeuterexpedition an, die 500 Mann auf neun Schiffen umfasst. Nach der erfolgreichen Plünderung der Stadt Portobello versucht man das Gleiche auch mit Panama-Stadt. Doch dort ist man vorgewarnt und schlägt die Angreifer in die Flucht. Dampier entkommt mit einem gekaperten Schiff. Er gelangt über Tortuga nach Virginia, wo der Gesetzlose 13 Monate lang untertaucht. Doch bereits 1683 macht er wieder von sich reden. Mit einer Truppe von Bukaniern raubt er spanische Segler aus. Weil das ziemlich erfolgreich läuft und Dampier sich dabei als cleverer Taktiker und hervorragender Seefahrer erweist, steigt er bei seiner nächsten Fahrt mit der »Cygnet« zum Navigator auf. Sicher steuert er das Schiff auf der mehrere Tausend Seemeilen langen Pazifiküberquerung von Mexiko rund um das gefürchtete Kap Hoorn über Formosa (heute: Taiwan) und die Philippinen bis hin zu den Molukken. 1688 erreicht die Mannschaft schließlich Neuholland, das heutige Nordwestaustralien. Seither gehört Dampier zum Kreis der Pioniere und Entdecker Australiens, zusammen mit Willem Janszoon und Jan Lodewyckszoon van Roossengin, die 1606 als erste Europäer den Kontinent entdeckten, und mit Abel Janszoon Tasman, der im November 1642 auf die dem Kontinent im Süden vorgelagerte Insel – heute nach ihm Tasmanien genannt – stieß. Doch zurück ins Jahr 1688. Schnell wird klar: Gold gibt es in Neuholland nicht zu holen – die Mannschaft ist verärgert. Es kommt zur Meuterei, und Dampier wird mit den anderen Befehlshabenden des Schiffes auf den Nikobaren, einer bis heute von der Welt nahezu vergessenen Inselgruppe mitten im Golf von Bengalen, ausgesetzt.

William Dampier (Gemälde von Thomas Murray; um 1697; London, National Portrait Gallery)

Mit einem notdürftig selbst gebauten Kanu machen sich die Ausgesetzten auf den Weg ins Ungewisse. Dank der navigatorischen Fähigkeiten ihres Anführers erreichen sie schließlich den Norden der indonesischen Hauptinsel Sumatra. Dort bricht Dampier völlig entkräftet zusammen und erholt sich nur langsam von den Strapazen.
Doch kaum auf den Beinen, steht er schon wieder auf den Planken eines Segelschiffs. Die Reise führt ins heutige Vietnam und nach Malaysia. In den Notizen geht es vor allem um die Pflanzen- und Tierwelt: Letztere wird meist mit einem Kommentar zu ihrer kulinarischen Verwertbarkeit beschrieben. 1691 taucht der unstete Seefahrer dann plötzlich in England auf. Er hat einen indonesischen Buschmann dabei, den er den staunenden Londonern als »exotischen Prinzen« vorführt. Er versteht es, die Öffentlichkeit für sich zu interessieren. Nachdem sich der um seine Person entstandene heftige, aber doch kurzlebige Rummel wieder gelegt hat, schließt sich Dampier erneut der Crew eines Handelsschiffes an.
Kaum in der Karibik angekommen, bricht eine Meuterei aus. Bis heute ist nicht ganz klar, inwieweit Dampier überhaupt daran beteiligt war. Sicher ist allerdings, dass er gegen Ende der Auseinandersetzungen auf dem Schiff der Gruppe der Aufmüpfigen angehörte. Es ist also nicht verwunderlich, dass er 1695 in England wegen dieser Sache vor Gericht erscheinen muss. Durch eine Art »Kronzeugenregelung« kann er seinen Kopf zwar noch aus der Schlinge ziehen – buchstäblich! –, doch sein Ruf als Seefahrer ist völlig ruiniert. Von den beiden Möglichkeiten, mit Skandalen umzugehen – sie entweder zu vertuschen oder möglichst vielen Leuten davon zu erzählen und auf diese Weise berühmt zu werden –, entscheidet sich Dampier für die zweite – und es klappt!

Sein 1697 erscheinendes Buch »A New Voyage Around The World« erzählt von tatsächlichen und angeblichen Episoden seines bisherigen Freibeuterlebens. Das Buch wird ein sofortiger und nie da gewesener Publikumsrenner in England. Innerhalb von zwei Jahren werden vier Auflagen gedruckt. Und nur zwei Jahre später folgt eine Fortsetzung. Spätestens ab diesem Zeitpunkt ist der Name Dampier in aller Munde. Vor allem Möchtegern-Seefahrer und kleine Jungs verschlingen seine Reiseberichte und machen deren Autor zu einem reichen Mann. Selbst die Royal Geographical Society ist beeindruckt – hatte Dampier doch derem Vorsitzenden, Charles Montague, sein Buch gewidmet. Ein kluger Schachzug: Die britische Admiralität schickt den literarisch begabten Exmeuterer 1699 ganz offiziell als Kapitän auf eine Forschungsreise zu jenem noch weitgehend unentdeckten »Südland«, das man als »Terra Australis« bezeichnet. Und wieder kommt alles anders als geplant: Die »Roebuck«, Dampiers Schiff, erweist sich als nicht ausreichend seetüchtig. Außerdem bezichtigt Dampier seinen ersten Offizier – vermutlich grundlos – der Meuterei und lässt den Oberleutnant in Brasilien ins Gefängnis stecken. Die Umsegelung von Kap Hoorn scheitert, und so muss der Kommandeur umkehren lassen und eine östliche Route ausprobieren. Es geht also einmal mehr insgesamt 6.000 Seemeilen um die Welt. Die Mannschaft leidet an Skorbut, und fast kommt es auch auf dieser Reise zu einer Meuterei, doch Dampier greift durch – so hart, dass man ihm nach der Rückkehr vorwerfen wird, er habe die Situation nicht unter Kontrolle gehabt. Wegen Trunkenheit und Grausamkeit gegenüber seiner Besatzung wird er angeklagt und schuldig gesprochen.
Mit dem Leben als Forscher im Dienste der Admiräle ist es deshalb schon wieder vorbei, doch als Freibeuter hat Dam-

pier mittlerweile einige Erfahrung und weiß diese lukrativ zu nutzen. Mehrere Kaperfahrten erbringen ausreichend Beute. Und auf einer solchen Tour ereignet sich die Sache mit Alexander Selkirk: Selkirk, ursprünglich Segelmeister auf Dampiers Schiff »St. George«, hatte noch während der Fahrt auf das Begleitschiff »Cinque Ports« gewechselt und dort bemerkt, dass der Schiffsrumpf von Bohrmuscheln stark beschädigt worden war. Statt noch länger auf einem löchrigen Kahn über die Weltmeere zu schippern, wollte er lieber auf einer einsamen Insel ausgesetzt werden. Man erfüllte Selkirk den Wunsch und segelte lächelnd davon – dem Untergang entgegen. Die »Cinque Ports« war inzwischen vollkommen marode, sie schlug mitten auf See leck und sank. Fast die gesamte Mannschaft kam dabei ums Leben.
Auf seiner letzten großen Fahrt kehrt Dampier 1709 zu der einsamen Insel zurück, auf der Selkirk vier lange Jahre verbracht hatte. Nun endlich kann dieser gerettet werden. Ausgerechnet diese spektakuläre Geschichte schreibt ein anderer auf, Daniel Defoe nämlich. Sein »Robinson Crusoe«, Selkirk nachempfunden, ist bis heute einer der erfolgreichsten Romane der Weltliteratur. Doch waren es William Dampiers Beschreibungen der Ereignisse, auf die sich Daniel Defoe bei der Abfassung seines Romans stützen konnte.
Die letzte Kaperfahrt, an der Dampier teilnimmt, wird für die Bukaniere ein beachtlicher Erfolg: Das gekaperte Schiff hat chinesische Seide, feines Porzellan und teure Gewürze geladen. Allerdings kann Dampier an diesem Erfolg nicht mehr teilhaben, sich nicht mehr darüber freuen. Kurz nach der Reise stirbt er in London – heruntergekommen und überschuldet. Seine Abenteuer sind noch immer unvergessen.
Ein Bildnis Dampiers hängt heute in der National Portrait Gallery in London. Die Unterschrift unter dem Gemälde lautet: »William Dampier – Pirat und Hydrograph«.

[Frühjahr 1699, Salvador (da Bahia), im Nordosten Brasiliens. Beschreibungen des geschäftigen Hafenlebens und der Sklavenhaltung] Die kleinen Wasserfahrzeuge, die zu dieser Stadt gehören, beschäftigen sich hauptsächlich damit, europäische Güter von Bahia, dem Zentrum des brasilianischen Handels, an andere Orte an dieser Küste zu schaffen und auf dem Rückweg Zucker, Tabak etc. mitzubringen. Sie werden vor allem von Negersklaven gesegelt, und zur Weihnachtszeit sind diese meistens zum Waletöten abgestellt. Denn zu dieser Zeit, so sagt man, ist eine bestimmte Sorte Wale an dieser Küste sehr stark vertreten. Sie kommen bis in die Häfen und die inländischen Seen, wo die Seeleute dann ausfahren und sie töten. Ihr Fett wird zu Öl gekocht. Das magere Fleisch wird von den Sklaven und den Armen gegessen, und mir wurde von jemandem, der von dem Fleisch regelmäßig gegessen hat, erzählt, es sei sehr lieblich und gesund. Es handelt sich hier zwar um kleine Wale, doch gibt es hier so viele von ihnen und sie sind so einfach zu töten, dass man eine Menge Geld mit ihnen machen kann. Diejenigen, die sie erlegen, kaufen ihre Lizenz dafür vom König. Und mir wurde zugetragen, dass er 30 000 Dollar *pro Jahr* für diese Fischerei erhält.

Die ganzen kleinen Boote, die im Küstenbetrieb eingesetzt werden, werden hier gebaut, und ebenso einige Kriegsschiffe für den König. Eines wurde gerade fertiggestellt, als ich dort war: ein Schiff mit 40 oder 50 Kanonen! Und das Bauholz dieses Landes eignet sich ganz hervorragend für diese Zwecke. Mir wurde erzählt, es sei sehr stark und viel haltbarer als jedes Holz, das wir in Europa haben – und es gibt hier jede Menge davon. Was die Schiffe angeht, die im

Handel mit Europa zum Einsatz kommen, habe ich einige gesehen, die englischer Bauart waren. Sie wurden uns während der Spätphase des Krieges genommen und dann an die Portugiesen verkauft.

Neben den Kaufleuten und anderen, die von diesem Hafen aus Seehandel betreiben, gibt es hier noch weitere wohlhabende Männer, verschiedene geschickte Handwerker und Händler vieler Art, die sich durch Arbeitseifer und Fleiß sehr gut behaupten, besonders diejenigen, die sich einen oder zwei Negersklaven leisten können. Und wirklich, außer Leuten niedrigsten Standes, halten sich hier fast alle Sklaven im Haushalt. Neben Sklaven beiderlei Geschlechts, die sie zu servilen Diensten in ihren Häusern halten, besitzen die Reichen außerdem noch männliche Sklaven, die meistens nichts zu tun haben, außer als Statussymbole zu dienen. Sie rennen entweder beim Ausreiten neben den Pferden ihrer Herren her oder sie tragen sie auf ihren Schultern in die Stadt oder aus ihr hinaus, wenn kurze Aufenthalte in der näheren Umgebung anstehen.

Jeder Gentleman oder Kaufmann ist mit den notwendigen Gegenständen für diese Art der Beförderung ausgestattet. Das wichtigste Utensil dafür ist eine ziemlich große Baumwollhängematte nach westindischer Machart, hier jedoch meistens blau gefärbt und mit zu beiden Seiten herabhängenden Fransen gleicher Fertigung. Diese wird mithilfe eines 12 oder 14 Fuß langen Bambusstabs, an dem die Hängematte befestigt wird, auf den Schultern der Neger getragen. Eine Decke, die nach beiden Seiten herabhängt, kommt über einen mittleren Schaft, sodass die Person, die auf diese Weise befördert wird, nicht gesehen werden kann –

es sei denn, sie will es. Man kann sich auf Kopfkissen legen, die stets mitgeführt werden, oder sich mithilfe leichter Unterstützung dieser Kissen aufrecht hinsetzen und beide Beine zu einer Seite der Hängematte herabbaumeln lassen. Wenn die getragene Person die Neigung, gesehen zu werden, verspürt, nimmt sie den Vorhang beiseite und grüßt jeden Angehörigen ihrer Bekanntschaft, den sie in den Straßen antrifft; denn es verschafft ihnen einen gewissen Stolz, wenn sie sich gegenseitig von ihren Hängematten aus zugrüßen und mitten auf der Straße lange Konferenzen abhalten. Doch für diesen Fall haben ihre hängemattentragenden Sklaven jeweils einen starken, stabilen Stab mit einer feinen Eisengabel am oberen Ende und einem spitzen Eisen, ähnlich wie bei einer Auflage für eine Muskete, am unteren. Dieses Ende stecken sie fest in den Boden und legen den Bambusstab der Hängemattenkonstruktion darauf ab, bis das Geschäft oder die Konversation ihrer Herrschaften beendet ist. Es gibt praktisch keine Leute von Ansehen – insbesondere keine Frauen –, die sich nicht auf diese Weise in einer Hängematte herumtragen lassen würden.

Die vorherrschenden Handwerker sind Schmiede, Hutmacher, Schuhmacher, Gerber, Säger, Tischler, Böttcher usw. Es gibt hier außerdem noch Schneider, Metzger etc. Letztere töten die Ochsen hierzulande sehr geschickt, indem sie sie mit einem spitzen Messer in einem Ruck tief ins Genick stechen. Vorher sind die Tiere eng an einen Holm angebunden worden. Doch die weitere Verarbeitung ist sehr schludrig. Als ich hier war, war gerade Fastenzeit und es gab bis zum Vorabend des Osterfestes nirgendwo Fleisch zu kaufen. Dann wurde eine ganze Masse von Ochsen auf einen Schlag in den Schlachthäusern der Stadt getötet. Männer, Frauen und Kinder kamen mit großer Freude am Kaufen herbei, und eine Vielzahl von fast verhungerten Hunden folgte ihnen. [...]

Alle hier ansässigen Geschäftsleute kaufen Neger und trainieren sie für bestimmte Aufgabengebiete, was für sie eine große Hilfe darstellt. Und sie haben so regelmäßigen Handel mit Angola und Teilen Guineas, dass eine konstante Zufuhr von Schwarzen für ihre Pflanzungen und Städte gesichert ist. In den Städten sind diese Sklaven sehr nützlich als Träger für den Transport. Denn hier gibt es ja regen Seehandel, und der Landeplatz für die Schiffe ist am Fuße eines Hügels, der zu steil ist, um Karren einzusetzen. Deswegen gibt es hier einen großen Bedarf an Sklaven, vor allem an den ganz gering gestellten, welche die Güter in die Stadt hinaufbefördern. Doch die Kaufleute können auch die Annehmlichkeiten eines großen Krans nutzen, der mithilfe von Seilen und Flaschenzügen funktioniert. Das Haus, in dem sich der Kran befindet, steht seeseitig auf der Stirnseite des Hügels, und der Ausleger hängt direkt über dem Abhang der Steilküste. Dort sind Planken wie Regale an dem Fels befestigt, in welche die Güter gelegt oder eingelagert werden, bis sie hinauf- oder herabbefördert werden.

Die Negersklaven sind in dieser Stadt so zahlreich, dass sie den größten Teil der Einwohner ausmachen. Jedes Haus, wie ich bereits erwähnte, besitzt einige von ihnen, sowohl Männer als auch Frauen. Viele der Portugiesen, die noch Junggesellen sind, halten sich einige dieser schwarzen Frauen als „Misses“, obwohl sie sich der Gefahr bewusst sind, von ihnen vergiftet zu werden, falls sie ihnen je Anlass zur Eifersucht geben sollten. Ein Gentleman aus meiner Bekanntschaft, der mit seiner Köchin vertraut geworden war, hatte dieselbige betreffend ziemlich dunkle Vorahnungen, als ich ihn einmal besuchte. Diesen Sklaven, gleich welchen Geschlechts, kommt es nämlich leicht in den Sinn, allerlei Unheil zu begehen – selbst Mord, wenn sie dafür bezahlt werden, besonders nachts. Aus diesem Grund habe ich meine Männer so viel an Bord unseres Schiffes behalten, wie es nur eben möglich war. Eines der Schiffe des französischen Königs, das gerade vor Ort war, hatte des Nachts mehrere Männer verloren, die durch Sklaven ermordet wurden. So wurde es mir glaubhaft versichert.

[August 1699, Nordwestküste Australiens. Scharmützel in Neuholland] Am 31. August, beizeiten am Morgen, ging ich mit 10 oder 11 Leuten an Land, um nach Wasser zu suchen. Wir waren zu unserer Verteidigung mit Musketen und Buschmessern bewaffnet, denn wir erwarteten, dort auf Menschen zu treffen, und wir hatten außerdem Schaufeln und Spitzhacken dabei, um Brunnen auszuheben. Wir sahen drei groß gewachsene, schwarze, nackte Männer in der sandigen Bucht vor uns, als wir uns dem Ufer näherten, doch als wir einfuhren, entfernten sie sich. Nachdem wir gelandet waren, sandte ich das Boot mit zwei Männern aus, ein wenig vom Strand entfernt zu ankern, um zu vermeiden, dass wir gekapert würden. Währenddessen ging der Rest von uns den 3 Schwarzen nach, die nun, mit 8 oder 9 weiteren Männern in ihrer Gefolgschaft, etwa eine Viertelmeile von uns entfernt auf der Kuppe eines kleinen Hügels angekommen waren. Als sie uns kommen sahen, rannten sie fort. Während wir auf dem Hügel, auf dem sie vorher gestanden hatten, ankamen, sahen wir landeinwärts etwa eine halbe Meile vor uns, eine Savannenebene. Es standen mehrere, heuhaufenartige Gebilde in der Savanne, von denen wir aus der Entfernung annahmen, es seien Behausungen – sahen sie doch aus wie die Häuser der Hottentotten am Kap der Guten Hoffnung –, doch es stellte sich heraus, dass es Felsen waren. Um sie herum suchten wir nach Wasser, konnten aber keines finden noch Häuser noch Menschen, denn sie waren alle fort. Dann kehrten wir zu unserem Landeplatz zurück und begannen dort nach Wasser zu graben.

Während wir bei der Arbeit waren, kamen 9 oder 10 Eingeborene auf einem kleinen, von uns nur wenig entfernten Hügel zusammen, machten Drohgebärden und großes Geschrei. Endlich kam einer von ihnen in unsere Richtung, und der Rest folgte mit Abstand. Ich ging ihm entgegen, alle Friedens- und Freundschaftszeichen zeigend, die ich konnte, und kam bis auf 50 Yards an ihn heran. Doch dann rannte er davon; auch blieb kein anderer von ihnen da, denen wir uns hätten nähern können, obwohl wir es zwei- oder dreimal versuchten. Schließlich nahm ich zwei oder drei Männer mit mir und ging am Nachmittag die Küste entlang mit der Absicht, wenn ich könnte, einen von ihnen einzufangen, von dem ich erfahren würde, wo sie ihr Trinkwasser herbekamen. 10 oder 12 Eingeborene, die sich in einiger Entfernung aufhielten, folgten uns mit Abstand, als sie sahen, dass wir drei uns vom Rest unserer Männer entfernten. Ich ahnte, dass sie uns nachgehen würden, deswegen machten wir halt, als wir für eine Weile eine Sandbank zwischen uns und ihnen hatten und sie uns nicht sehen konnten, und versteckten uns in einer Biegung der Sandbank. Sie wussten, dass wir dort irgendwo sein mussten, und da sie drei- oder viermal so viele waren wie wir, dachten sie, dass sie uns kriegen könnten. Also trennten sie sich; einige gingen zum Strand und andere durchforsteten die Sandhügel. Wir wussten von unserem morgendlichen Zusammentreffen, dass wir ihnen leicht davonlaufen konnten. Ein flinker, junger Mann, der bei mir war, rannte ihnen deshalb entgegen; und sie rannten eine Zeit lang vor ihm davon. Doch als er sie bald einholte, traten sie ihm entgegen und griffen ihn an. Er hatte eine Machete, sie hatten hölzerne Lanzen, mit denen sie ihm überlegen waren, weil sie so viele waren. Während er ihnen zuerst entgegengelaufen war, hatte ich zwei weitere gejagt, die am Ufer waren. Doch fürchtend, wie es wohl meinem jungen Mann erging, kehrte ich bald um und erklomm die Spitze eines Sandhügels, wo ich ihn ganz in der Nähe in engem Getümmel mit ihnen erblickte. Als sie mich sahen, warf einer von ihnen eine Lanze nach mir, die mich knapp verfehlte. Ich feuerte mein Gewehr ab, um sie zu ängstigen, vermied es jedoch, einen von ihnen zu erschießen, solange nicht der junge Mann in großer Gefahr war oder auch ich selbst. Und obwohl die Flinte sie zunächst ein wenig erschreckt hatte, hatten sie doch schnell gelernt, sich darüber lustig zu machen, indem sie ihre Hände nach oben warfen und „Pooh, Pooh, Pooh“ schrien. Als sie aufs Neue mit großem Geschrei ankamen, dachte ich mir, dass es höchste Zeit sei, erneut zu feuern und auf einen von ihnen zu schießen, was ich tat. Der Rest, als er ihn fallen sah, hielt wieder inne; und mein junger Mann nutzte die Gelegenheit, um sich zu befreien und zu mir zu kommen. Mein anderer Mann, der während alldessen nichts getan hatte – denn er war unbewaffnet losgezogen –, war auch bei mir; und ich kehrte mit meinen Männern zurück mit dem Plan, die Einheimischen nicht länger herauszufordern, denn mir tat schon das, was geschehen war, sehr leid. Sie hoben ihren verwundeten Gefährten auf. Mein junger Mann, dessen Wange von einer ihrer Lanzen durchbohrt worden war, war beunruhigt, dass sie vergiftet gewesen sein könnte. Doch ich hielt das für unwahrscheinlich. Durch eine stumpfe Waffe verursacht, bereitete ihm die Wunde viel Schmerzen, doch er erholte sich bald davon.

[21. September 1699, Timor. Durstige Freibeuter und ängstliche Holländer] Am Morgen, in der Nähe von Timor, sah ich eine ziemlich große Öffnung, in die ich unverzüglich mit meinem Schiff einbog, dabei unablässig die Wassertiefe auslotend. Doch wir hatten keine Grundberührung bis ich zum östlichsten Punkt der Mündung dieser Öffnung gekommen war. Hier ankerte ich über neun Faden Wasser, eine Meile vom Land entfernt. Die Distanz von der östlichen zur westlichen Seite dieser Öffnung betrug circa fünf Meilen. Zuerst nahm ich an, dies wäre nur ein Einlass oder großer Sund, der sich über eine lange Strecke in die Insel Timor hinein erstreckte, doch später fand ich heraus, dass es eine Passage zwischen dem Westende Timors und einer anderen kleinen Insel namens Anamabao oder Anabao war. Diesen Fehler hatte ich meiner Seekarte zu verdanken, die beide Seiten der Öffnung als Teile derselben Küste und alles Land ringsum als „Timor“ auswies. [...]

Wenig später sahen wir eine Schaluppe mit holländischer Beflaggung von dem erwähnten Ort auf uns zukommen. Diese, wie ich durch Aussenden meines Bootes herausfand, gehörte zu einem holländischen Fort, genannt Concordia – dem einzigen, das sie [die Holländer] in Timor haben, ca. 5 Meilen von hier. Der Gouverneur des Forts war in der Schaluppe, und mit ihm an die vierzig Soldaten. Er schien über unser Auftauchen in dieser Gegend etwas überrascht zu sein, denn die Durchfahrt scheint außer ihnen kaum jemandem bekannt zu sein, wie er den Männern, die ich in meinem Boot ausgesandt hatte, anvertraute. Außerdem schien er nicht zu wollen, dass wir zu ihrem Fort kommen, um Wasser aufzunehmen. Gleichzeitig erwähnte er, dass er von keinen weiteren Wasserstellen in der gesamten näheren Inselgegend wüsste, außer bei dem Fort und dass uns die Eingeborenen töten würden, wenn Sie uns an Land anträfen. Wegen der kleinen Bewaffnung, die meine Männer mit im Boot hatten, hielten sie uns für Piraten und glaubten deswegen nicht leichtfertig, was meine Männer ihnen berichteten.

Sie sagten, dass hier zwei Jahre zuvor ein starkes Schiff französischer Piraten sein Unwesen getrieben habe. Nachdem sie ihnen Wasser gegeben hätten, sie sich erfrischt hätten und freundlich behandelt worden seien, hätten sie plötzlich das Weite gesucht, unter den Indianern – Untergebene des Forts – gewütet und ihre Häuser geplündert und ausgebrannt. Und die Portugiesen erzählten uns später, dass diese Piraten, die auch sie zunächst freundlich aufgenommen hätten, ihre Häuser gebrandschatzt und dann das holländische Fort eingenommen hätten. Den Gouverneur und seine Bagage hätten sie in die Arme der wilden Indianer [...] getrieben. Die Holländer sagten meinen Männern weiter, sie hätten wohl gemerkt, dass unsere Besatzung aus Angehörigen verschiedener Nationen bestünde (wie es sonst bei Piratenschiffen üblich ist), und da wären ja sicher auch einige Holländer dabei, wir jedoch würden die Unterhaltung ganz in Französisch abhalten (ich hatte aber niemanden dabei, der Holländisch beherrschte).

Und dazu noch: Da die üblichen Seekarten keine Durchfahrt zwischen Timor und Anabao eingezeichnet hätten, sondern beides als eine Insel auswiesen, meinten sie, dass sie vermuteten, wir hätten irgendein holländisches Schiff seiner speziellen Seekarten beraubt, deren Weitergabe ja streng verboten sei. Mit dieser missgünstigen Einschätzung kehrte die Schaluppe zu ihrem Fort zurück, und mein Boot kam und überbrachte mir die soeben geschilderten Neuigkeiten. Doch ich war durch diese Nachrichten nicht eingeschüchtert, denn ich zweifelte nicht an meinen Überredungskünsten.

Am nächsten Morgen also lichtete ich Anker und war bald unterwegs zum Fort. Der Wind stand etwas gegen uns, daher kamen wir nicht sehr schnell voran und mussten zwei-, dreimal wenden. Als wir an die entferntere Seite der Durchfahrt zwischen Timor und Anabao kamen, sahen wir viele Häuser an jeder Seite, unweit vom Meer gelegen, und mehrere Boote, die am Strand lagen. [...]

Ich dachte nicht daran, irgendwo Halt zu machen, bis ich zu dem Fort kam, das ich jedoch noch nicht sehen konnte. Doch als ich zum Ende der Durchfahrt gelangte, fand ich, dass wenn ich noch weiter fahren würde, sich diese wieder zum offenen Meer hin weiten würde. Deswegen begab ich mich zur Küste an der Ostseite und ankerte in vier Faden Wasser auf sandigem Grund. Ein Landvorsprung hinderte mich jetzt noch daran, das Fort zu sehen. Doch ich sandte mein Boot aus, um danach zu suchen, und schon nach kurzer Zeit kam es zurück. Meine Männer sagten mir, sie sähen das Fort, doch sie wären ihm lieber nicht zu nahe gekommen. Es sei nicht weiter als vier oder fünf Meilen von hier entfernt. Die Stunde war spät, daher wollte ich mein Boot nicht vor dem nächsten Morgen dorthin aussenden. Zwischenzeitlich kamen zwei- oder dreihundert Indianer, Nachbarn des Forts und möglicherweise von diesem ausgeschickt, zu der sandigen Bucht in der wir lagen, wo sie die ganze Nacht über lagerten und manches Feuer anzündeten. Sie waren mit Lanzen, Schwertern und Tartschen bewaffnet und machten die ganze Nacht lang großen Lärm.

Am nächsten Morgen, es ward der 23. September, sandte ich meinen Boten in meiner Pinasse an Land und zum Gouverneur, um ihn davon zu überzeugen, dass wir Engländer wären unterwegs in einem Schiff des Königs, und dass wir nichts als Wasser von ihm wollten. Ich gab ihm einen jungen Mann an die Seite, der Französisch sprach. Mein Bote war ziemlich früh beim Gouverneur und antwortete bereitwillig auf alle seine Fragen über mich und meinen Auftrag. Er erzählte ihm, dass ich eine Kommission des Königs von England habe und dass ich gern mit ihm reden wolle. Er winkte meinen Boten an Land, doch, als er einige kleine Waffen achtern in dem kleinen Boot bemerkte, kommandierte er ihn zurück ins Boot und forderte ihn auf, zu verschwinden. Mein Bote überzeugte ihn, dass ihm erlaubt werde mit ihm zu sprechen und zu guter Letzt war der Gouverneur damit einverstanden, dass er an Land kommen könne. Er sandte seinen Leutnant und drei Kaufleute mit einer Wache von über einhundert Indianern, um ihn in Empfang zu nehmen. Mein Bote sagte, dass wir sehr bald Wasser bedürften und dass wir hofften, uns würde erlaubt werden, ihre Wasserstelle zum Auffüllen der Vorräte nutzen zu dürfen. Doch der Gouverneur entgegnete, er habe Order, keine anderen Schiffe außer denen ihrer eigenen East India Company zu versorgen. Weiterhin dürfe er keinen Europäern erlauben, den Weg zu nutzen, den wir gekommen wären, und er wundere sich, wie wir es bis zu ihrem Fort gefunden hätten. Mein Bote antwortete, selbst wenn wir Feinde wären, müssten wir ja an Land kommen und wären beim Wasser holen dann unter Kontrolle. „Doch", sagte der Gouverneur, „ihr kommt, um unseren Handel und unsere Stärke auszukundschaften, und deswegen will ich, dass ihr so schnell wie möglich wieder verschwindet." Mein Bote sagte, dass ich nicht diese Absicht hätte, doch, dass ich bereit wäre, ihnen nicht nahe zu kommen, und dass man das Wasser ja an Bord schicken könne. Wir lägen nur zwei Meilen vom Fort entfernt und ich würde jede nur erdenkliche Gegenleistung dafür erbringen. Der Gouverneur sagte, wir sollten das Wasser bekommen, das wir wollten, vorausgesetzt, wir kämen nicht näher mit dem Schiff. Und er wies an, dass, sobald wir es möchten, könnten wir unser Beiboot mit leeren Fässern füllen und es beim Fort ankern, bis er Sklaven schicken würde, um die Fässer an Land zu holen, um sie zu füllen, damit keiner unserer Männer an Land kommen müsse. Noch am selben Nachmittag sandte ich mein Boot aus und tat, wie er geheißen. An Bord ein Offizier und als Geschenk etwas Bier für den Gouverneur als Präsent, das er jedoch nicht akzeptierte. […]

[William Dampier (1703): A New Voyage Round The World. James Knapton. London. Übersetzung aus dem Englischen von Rainer Aschemeier.]

Sir Henry Morton Stanley
1841–1904

Der reisende Reporter

Henry Morton Stanleys Leben liest sich wie die Aneinanderreihung mehr oder weniger glücklicher Zufälle. Geboren als uneheliches Kind, bekannt als Sensationsberichterstatter und Afrikareisender, dem der legendäre Satz »Doctor Livingstone, I presume?« zugeschrieben wird, und schließlich – im Alter von 63 Jahren – von der Queen geadelt.

Am 28. Januar 1841 im walisischen Städtchen Denbych (englisch: Denbigh) geboren, wurde der Junge – wie in der Gegend üblich – nach seinem Vater John Rowlands benannt. Im ländlichen Wales des 19. Jahrhunderts hat es der junge John nicht leicht. Die Eltern wollen den illegitimen Sohn nicht annehmen. Und so bleibt der Knabe bis zum Alter von fünf Jahren in der Obhut seines Großvaters. Danach gelangt er in das »Union Workhouse For The Poor« in St. Asaph, wo er von den Erziehern verprügelt und von den älteren Mitschülern missbraucht wird. John ist verzweifelt und sucht sein Heil in der Flucht: Im Alter von 15 Jahren schlägt er den Schuldirektor nieder und rennt davon, um nie wieder zurückzukehren.

Er kommt mit Gelegenheitsjobs durchs Leben, arbeitet mal in einem Kurzwarengeschäft, mal in einer Metzgerei, kurze Zeit war er sogar als eine Art »Juniorlehrer« an einer Grundschule tätig. 1859 heuert er als Kabinenjunge auf einem Schiff an, das in die USA fährt. Im farbenfrohen New Orleans angekommen, bekommt er Arbeit und Unterkunft

bei einem Baumwollhändler namens Henry Hope Stanley. Hier findet er erstmals so etwas wie eine Familie. Der kinderlose Baumwollhändler Stanley erweist sich als die liebende Vaterfigur, die John niemals hatte. Es kommt schließlich dazu, dass er den Namen seines Wohltäters annimmt und aus John Rowlands wird Henry Morton Stanley. In diesen glücklichen Jahren bestreitet er anderen gegenüber, jemals etwas anderes gewesen zu sein als ein waschechter Amerikaner. Er übt sogar den landläufigen Südstaatenakzent so lange, bis er ihn perfekt beherrscht.
Als 1861 der amerikanische Bürgerkrieg ausbricht, kämpft Stanley zunächst aufseiten der Konföderierten. Doch schon 1862 in der Schlacht von Shiloh wird er gefangen genommen. Kurzerhand wechselt er die Fronten und kämpft in den Reihen der Unionisten. Doch im Krieg findet er kein Glück, er erkrankt an der Ruhr und desertiert. Zurück in Europa, unternimmt er ausgedehnte Reisen. Als der Bürgerkrieg in den USA seinem Ende entgegensteuert, kehrt er nach Amerika zurück und dient kurze Zeit in der US Navy, desertiert aber erneut, um eine Laufbahn als Journalist einzuschlagen. 1867 bewährt er sich als Vor-Ort-Reporter bei der Kampagne von General Hancock gegen die Indianer in Kansas. Die Tageszeitung »New York Herald« zeigt sich interessiert an dem mutigen Journalisten mit der schnörkellosen Schreibe und schickt ihn als Kriegsberichterstatter nach Übersee, zuerst in die Türkei und dann nach Abessinien (heute: Äthiopien), wo der britische Feldmarschall Robert Napier Krieg gegen König Tewodros II. führt. Ziel dieses Feldzugs ist die Kolonialisierung des Landes für das britische Empire. Stanley berichtet davon in beeindruckenden Reportagen. James Gordon Bennett Jr., der Eigner des »New York Herald«, erkennt das Talent und bietet Stanley einen richtigen »Knüller« an: Schon über sechs Jahre lang hat die Welt nichts

»Doctor Livingstone, I presume?« – »Doktor Livingstone, nehme ich an«. Die zeitgenössische Lithografie hält den historischen Moment fest, als Stanley den totgeglaubten Livingstone findet.

mehr von dem schottischen Missionar David Livingstone gehört, der sich – wie so viele Abenteurer der Zeit – auf den Weg gemacht hatte, um die Nilquelle zu erforschen. Stanley soll sich für die Leitung einer kurzfristig anberaumten Expedition zur Auffindung des verschollenen Livingstone bereithalten. Was für eine Story! Zunächst berichtet der Reporter aber erst einmal über die Eröffnung des Sueskanals und danach »live« aus dem Krimkrieg. Nach einer sich daran anschließenden Stippvisite in Teheran geht es wirklich los. Bennett macht ernst mit der Suche nach Livingstone und zieht die Story im »Herald« ganz groß auf. Im März 1871 erreicht Stanley Sansibar und rüstet eine Expedition aus – mit dem besten Material, das man für Geld kaufen kann. Die Investition zahlt sich aus: Bereits am 28. Oktober [nach anderen Angaben am 11. 10. oder am 10. 11.] begrüßt Stanley in einem abgelegenen Nest am Tanganjikasee David Livingstone mit den Worten: »*Dr. Livingstone, I presume?*« Der Ausspruch geht um die Welt, festgehalten auch im 1872 veröffentlichten Reisebericht »How I found Livingstone«. Henry Morton Stanley ist nun ein weltweit bekannter Mann. 1873 verleiht ihm die Royal Geographical Society ihre Goldmedaille.
1874 schlägt Stanley eine weitere Expedition vor. Der »New York Herald« ist gleich Feuer und Flamme und unterstützt das Unternehmen. Auch in London will man nun etwas vom Ruhm abhaben – schließlich sei Stanley ja Brite – und so steuert auch die Tageszeitung »Daily Telegraph« Geld zu der neuen Expedition bei. Zwei große Fragen gilt es zu beantworten. Erstens: Ist der Victoriasee tatsächlich die Quelle des Nils?, und zweitens: Wo entspringt der Kongo? Um vollkommen auf Nummer sicher zu gehen, umschifft Stanley den Victoriasee komplett. Dazu hat er eigens ein Dampfschiff im Gepäck, die »Lady Alice«. 365 Mann haben

sie in Einzelteilen durch das Innere Afrikas geschleppt und am Victoriasee zusammengebaut. Als das geschafft ist, entdeckt er im heutigen Uganda einen See, den er »Lake Edward« nennt. Weiter geht es 1876 zum Tanganjikasee. Wieder kommt die »Lady Alice« zum Einsatz, und auch dieser See wird komplett umrundet. Erst dann geht Stanley das Hauptunternehmen an: Er begibt sich zu einem Fluss namens Lualaba, von dem er vermutet, dass es der Oberlauf des Kongo sein könnte. Doch wie soll er das beweisen? Stanley beschließt, dem Fluss bis zur Mündung zu folgen. Auf diese Weise bestätigt sich, dass der Lualaba tatsächlich der Kongo ist. Unterwegs rekrutiert der Forscher in einem entlegenen Handelsaußenposten eine über 700 Mann starke »Armee« – die man aus heutiger Sicht wohl eher eine Bande von im Urwald gestrandeten Raufbolden nennen sollte. Mit dieser Schutzmacht verhält sich Stanley den Ureinwohnern gegenüber stets gleich: Lässt sich einer blicken, wird geschossen. Lassen sich viele blicken, wird viel geschossen. So kommt es fast täglich zu Scharmützeln, und dem Tropenforscher eilt sein Ruf kongoabwärts meilenweit voraus. Genau 999 Tage dauert diese beschwerliche Expedition, die in »Through the Dark Continent«, erschienen 1878, beschrieben ist.
Die Kongo-Expedition erweckt das Interesse des belgischen Königs Leopold II. Dieser versucht, das Kongo-Gebiet zu kolonialisieren. Doch es gelingt seinen Truppen nicht, die wilde Region in den Griff zu bekommen. Stanley soll Abhilfe schaffen. In ihm sieht der König die vermeintlich richtige Mischung aus säbelrasselndem Raubein und erfahrenem Entdecker. Ab 1879 erkundet Stanley also im Auftrag des belgischen Königs das Innere der heutigen Kongo-Staaten. Natürlich erscheint auch hierüber wieder ein Buch.

Von Stanleys letzter Afrika-Expedition handeln die ausgewählten Passagen aus den Originaltexten. Sie beginnt im Jahr 1887, als Stanley – von einer 1.600 Mann starken Streitmacht begleitet – aufbricht, um den Gouverneur der ägyptischen Äquatorialprovinz zu »befreien«. Dieser Gouverneur ist kein Geringerer als der deutsche Afrikaforscher Eduard Schnitzer, der sich seit seiner Konvertierung zum Islam Emin Pascha nennt. Seit einer Revolte der Sudanesen gegen die ägyptische Vormundschaft im Jahr 1881 sitzt Schnitzer im Gebiet des heutigen Uganda fest. 20.000 Pfund sind für seine Rettung ausgeschrieben.

Unter größten Schwierigkeiten und mit erheblichen Verlusten schafft es Stanley, innerhalb von 71 Tagen von der Mündung des Kongo bis zum Albertsee vorzudringen. Die Expedition ist von Grausamkeit überschattet: Stanley überlässt 52 Mann, die am Fieber erkrankt sind, ihrem Schicksal und zieht mit dem Rest der Mannschaft weiter. Es kommt zu blutigen Zusammenstößen zwischen Stanleys Männern und den Ureinwohnern. Eine Überlieferung besagt, dass einer von Stanleys Offizieren ein elfjähriges Mädchen gekauft und an Kannibalen gegeben habe, um »im Dienste der Wissenschaft« zu beobachten, wie das Mädchen getötet und verzehrt werde. Am 29. April 1888 stößt Stanleys Expedition schließlich auf Emin Pascha, der völlig überrascht ist, dass da jemand zu seiner »Rettung« kommt.

Zurück in England nimmt Stanley 1892 erneut die britische Staatsbürgerschaft an – eine Voraussetzung dafür, dass die Queen ihn adeln kann. Dies geschieht 1899. Stanley engagiert sich in der Politik und wird Mitglied des Unterhauses. Er stirbt am 10. Mai 1904 in London.

[7. August 1887, Nedjambi-Stromschnellen. Ein Zwischenfall bahnt sich an] An diesem Tage passirte uns auf der Fahrt von den Panga-Fällen nach den Nedjambi-Stromschnellen ein weiterer ernstlicher Unfall. Der dumme, gedankenlose Steuerer eines Kanoe führte sein Fahrzeug in unruhiges Wasser zwischen die Zweige eines Baumes, verwickelte sich in denselben und kenterte. Neun von elf Gewehren wurden wieder aufgefischt; zwei Kisten Pulver gingen verloren. Die Sansibariten waren zwischen den Stromschnellen so gedankenlos und unbrauchbar, daß ich bei der Beobachtung derselben vor höchster Sorge mich rasch alt werden fühlte. Wie halsstarrig die menschliche Natur zu sein geneigt ist, davon erhielt ich täglich reichliche Beweise. Meine Verluste, Schwierigkeiten und Sorgen entstanden einzig und allein aus der rücksichtslosen Gleichgültigkeit, welche meine Leute gegen die Instructionen zeigten. Am Lande wanderten sie in den Wald hinein und verschwanden einfach oder wurden von Speeren oder Pfeilen durchbohrt. Bis jetzt hatte ich 8 Mann und 17 Gewehre verloren. [...]

Am 10. August machten wir halt und schickten nach drei verschiedenen Richtungen Fourragirer aus, was jedoch nur traurige Ergebnisse hatte, da sie blos für zwei Tage Lebensmittel erhalten hatten. Ein Mann, Namens Chalfan, war durch einen hölzernen Pfeil in der Luftröhre verwundet worden; die Art und Weise, wie er diese Wunde erhielt, beweist die vollständige Gleichgültigkeit, mit der die Leute Instructionen aufnehmen. Während Chalfan die Paradiesfeigen über sich betrachtete, stand ein Eingeborener keine 6 m von ihm entfernt und schoß ihm einen vergifteten Pfeil in den Hals. Die Wunde war nur so groß wie ein Stecknadelkopf und wurde von Dr. Parke aufs sorgfältigste behandelt, hatte aber dessenungeachtet schon nach wenigen Tagen einen tödlichen Ausgang. [...]

Als die Colonne am andern Ufer war, hatte ich einen Mordfall zu untersuchen. Am 12. August war nämlich einer unserer Sansibariten außerhalb des Lagers in Engwedde getödtet worden, und zwar durch eine Büchsenkugel, sodaß ich annehmen mußte, daß irgendein rachsüchtiger Patron von der Colonne ihn erschossen hätte. Inzwischen hatte ich zwei der Anführer beauftragt, mit 40 Kundschaftern wieder über den Bach zu setzen und auszuforschen, ob sich südlich von letzterm keine Gelegenheit zum Fourragiren am nächsten Tage böte. Kaum hatte sich mein kleiner Gerichtshof zur Untersuchung versammelt und ein Zeuge gerade seine Aussagen begonnen, als wir ein ungewöhnlich heftiges Gewehrfeuer vernahmen. Lieutenant Stairs sammelte sofort einige 50 Mann und marschirte im Laufschritt nach dem Flusse, während wir, in der Annahme, daß 50 Hinterlader vollständig ausreichen würden, die Untersuchung wieder aufnahmen. Allein als eine Salve nach der andern abgegeben wurde und dazwischen das anhaltende scharfe Gewehrfeuer der Kundschafter ertönte, eilten auch der Doctor, Nelson und ich mit einigen weitern Leuten nach dem Schauplatz des Kampfes. Die erste Person, welche ich sah, war Lieutenant Stairs, dessen Hemd zerrissen war und welchem Blut aus einer Pfeilwunde in der linken Brust, in der Herzgegend, strömte; zugleich hörte ich ein Klatschen auf den Blättern der Bäume und bemerkte, wie Pfeile vorüberflogen. Nachdem ich unsern armen Freund der Sorge Dr. Parke's übergeben hatte, suchte ich mich zunächst zu informiren. Um mich herum hatten sich zahlreiche unserer Leute verkrochen und feuerten in der sinnlosesten Weise auf ein verdächtiges Gebüsch auf der andern Seite des Baches. Es waren sicherlich hartnäckige Wilde in demselben versteckt, allein mir wollte es nicht gelingen, irgendetwas von ihnen zu Gesicht zu bekommen. Ich fand bald, daß der Bach zwischen uns lag. Wie man mir erzählte, war, als das Boot über den Bach fuhr, auf der andern Seite plötzlich eine Schar von Eingeborenen erschienen und hatte ihre Pfeile auf unsere Leute abgeschossen, die, durch den Angriff überrascht, sich auf den Boden des Bootes geduckt und dieses mit den Händen nach dem Landungsplatze zurückgerudert hatten. Dort hatten sie ihre Büchsen ergriffen und lustig darauf losgeknallt. In diesem Augenblick war Lieutenant Stairs unter sie gestürzt und hatte ebenfalls Feuer auf den Feind gegeben, der hier kühner Stand hielt, als wir es bisher kennen gelernt hatten. Bald nachher hatte Stairs einen Pfeil in die Brust bekommen, den er auf dem Rückzuge herausgerissen hatte; fünf Mann waren ebenfalls getroffen worden. Kaum hatte ich diese Einzelheiten zu Ende gehört, als ich zum ersten male einen dunkeln Schatten auf dem Boden zwischen beiden Gebüschen kriechen sah; ich zielte mitten hinein, was mit einem seltsamen, geisterhaften Weheruf beantwortet wurde. Zwei Minuten später hatte das Klatschen der Pfeile auf den Blättern aufgehört. Nachdem ich die besten Schützen dem Flusse entlang als Wachen aufgestellt hatte, um jede Bewegung auf dem jenseitigen Ufer des Baches zu beobachten, zog ich die übrigen Leute zurück. [...]

Am 14. August setzten wir bei Tagesanbruch zwei Compagnien über den Bach, um den Feind aufzusuchen, der uns so viel Schaden zugefügt hatte; eine dritte unter Hauptmann Nelson wurde landeinwärts in den Wald geschickt. Nach wenigen Minuten vernahmen wir eine Salve, dann noch eine und darauf unaufhörliches Gewehrfeuer, ein Beweis, daß der Feind entschlossenen Charakters war. Bei der ersten Compagnie befanden sich einige vorzügliche Schützen, doch war es denselben kaum möglich, in dem dichten Gebüsch und gegen einen schlauen Feind, welcher wußte, daß er die gefährlichsten Waffen hatte, aber die tödliche Kraft der das Dickicht durchschlagenden Kugeln nicht kannte, viel Schaden anzurichten. Nachdem etwa 300 Schüsse abgegeben waren, trat Stille ein. Nur vier Schüsse waren tödlich gewesen, während vier der Unserigen Wunden von Pfeilen erhielten, die frisch mit einer copalfarbigen Substanz beschmiert worden waren. Eine Leiche wurde mir zur Untersuchung gebracht. Der Getödtete hatte langes Kopfhaar, das durch eine Art eiserner Krone zusammengehalten wurde, und um den Hals eine Reihe von kleinen eisernen Kügelchen, zwischen denen sich einige Affenzähne befanden. Die Zähne des Mannes waren spitz gefeilt. Das Stammeszeichen am Körper schien eine doppelte Reihe von ganz kleinen Narben um die Brust und den Unterleib zu sein. Der Mann war nicht beschnitten. Eine andere Leiche, welche nach dem Landungsplatze geschafft wurde, hatte ein Halsband von Menschenzähnen, auf dem vordern Theil des Kopfes eine Krone von polirtem dünnem Eisen, sowie mehrere blanke Armspangen aus dem gleichen Metall. Zum Schutze des linken Armes gegen die Bogensehne befand sich an demselben ein mit Ziegenfell bedecktes dickes Kissen aus der Wolle des Baumwollenbaums. [...]

Die Wunde des Lieutenants Stairs hatte einen Durchmesser von ½ cm und befand sich 3 cm unter dem Herzen; die vergiftete Pfeilspitze war ungefähr 4 cm tief eingedrungen. Die übrigen Leute waren an den Handgelenken und den Armen, einer auch im fleischigen Theile des Rückens verwundet. Damals wußten wir noch nicht, woraus diese merkwürdige copalfarbige Substanz bestand, mit welcher die Pfeilspitzen beschmiert waren, und ebenso wenig, welche Wirkung sie im trockenen oder nassen Zustande hatte; alles, was der Doctor damals thun konnte, war Wasser in die Wunden zu spritzen und sie zu reinigen. Die »Alten« unter den Sansibariten behaupteten, das Gift werde durch Kochen aus der Kautschukliane *(Landolphia)* gewonnen; nach genügendem Kochen gäbe der Schaum das Gift. Ein Eingeborener erklärte, es werde aus einer Arum-Art gemacht, welche Pflanze zerquetscht und gekocht werde; die Brühe würde dann in ein anderes Gefäß gethan und nochmals gekocht, bis ein starker Brei übrigbleibe, der mit Fett vermischt die fragliche Substanz ergäbe. Der Geruch war scharf und erinnerte etwas an *Asa foetida.* Die Leute bewiesen die tödliche Kraft des Giftes mit der Bemerkung, es würden Elefanten und alle übrigen großen Jagdthiere damit erlegt. Alle diese Geschichten verursachten uns sehr viel Sorge, aber unsere Unwissenheit war, wie ich zugeben muß, noch größer. Wir konnten die kleinen Nadelstiche auf den Armen nur verwundert anschauen und unserer Meinung dahin Ausdruck geben, daß solche kleine Wunden unmöglich tödlich sein könnten, wobei wir im Interesse unsers Freundes Stairs und der neun Verwundeten hofften, daß die Behauptungen auf Übertreibung beruhten. […]

[9. Dezember 1887, Stammesgebiet der Undussuma. Ein tödliches Missverständnis] Der 9. December war Rasttag. Am Morgen vervollständigten wir unsern Zaun aus Dorngestrüpp, vertheilten Patronen und untersuchten die Gewehre. Gegen 9 Uhr schwand die Kühle der frühen Morgenstunden vor den Strahlen der wärmenden Sonne, und bald darauf sammelten sich die Eingeborenen in imposanten Scharen. Die grellen Töne der Kriegshörner, wie ich sie schon 1875 in Usoga und Uganda gehört hatte, riefen zum Sammeln, und von jeder Hügelspitze ertönten über zwanzig Trommeln. [...] Wir waren jetzt rundherum umzingelt. Gegen 11 Uhr vormittags stiegen einige Eingeborene an den Abhängen herunter und kamen so nahe, daß ein gewisser Fetteh, ein Mann aus Unjoro, verstehen konnte, was sie sagten; er tauschte heftige Schimpfworte mit ihnen aus, bis sich schließlich ein vollständiger Wortkampf entwickelt hatte. Als ich erfuhr, daß einer unserer Leute die Sprache verstünde, leitete ich dies wüthende Schimpfen in friedlichere Bahnen, worauf dann ein freundschaftlicheres Gespräch stattfand. [...]

Das war der Anfang zum Austausch freundlicher Beziehungen; die Bekanntschaft war gemacht. Wir erfuhren dann, daß es in Undussuma zwei Häuptlinge gäbe, von denen der eine dem Frieden nicht abgeneigt sei und Freundschaftsgeschenke austauschen wolle, wenn wir das wünschten. Wir waren sehr gern damit einverstanden, und es verflossen nunmehr mehrere Stunden, ohne daß feindliches Schreien oder Schüsse gehört wurden, ausgenommen am Flusse, dessen Uferbewohner halsstarrig waren und auf nichts als Kriegsvorschläge hören wollten.

Nachmittags kam eine Botschaft von Masamboni, welcher Muster und Qualität unserer das Geld vertretenden Stoffe zu sehen wünschte. Wir sandten ihm etwa 2 m scharlachrothen Uniformstoff und ein Dutzend Messingstangen, worauf wir das Versprechen erhielten, daß er morgen selbst kommen und die Ceremonie der Blutsbrüderschaft mit mir vornehmen wolle.

Am nächsten Tage fühlten wir uns nach einer ungestörten Nacht sehr erfrischt und gaben uns gern der angenehmen Erwartung hin, daß das Lager in wenigen Stunden wahrscheinlich mit freundlichen Eingeborenen gefüllt sein werde. Man hatte uns gebeten, nicht eher aufzubrechen, als bis ein Gegengeschenk von Masamboni eingetroffen wäre, und wir hatten demgemäß beschlossen, noch einen Tag zu bleiben. Der Morgen war, da wir uns 1290 m über dem Meere befanden, kalt und unfreundlich. [...]

Inzwischen waren die Eingeborenen in langen Reihen auf den Ausläufern des Berges erschienen und wandten sich sämmtlich einem gemeinsamen Mittelpunkte auf dem flachen Gipfel eines Hügels zu, in der Luftlinie etwa 900 m von unserm Standpunkt entfernt. Gleich darauf drang die klare, wohlklingende Stimme eines echten Volksredners an mein Ohr; dieselbe gehörte einem Manne, der mit einigen Gefährten bis etwa auf 100 m über dem Thal hinabgestiegen war. Er sprach ungefähr zehn Minuten lang, und Fetteh, der herbeigeholt worden war, um die Worte zu übersetzen, hörte ihm zu. Fetteh erzählte, er befehle im Namen des Königs Frieden, allein seltsamerweise erhob sich, als der Mann kaum geendet hatte, als Antwort auf seine Rede im Thale ein schreckliches gellendes Geschrei und lauter wilder

Lärm, der von den Bergen erwidert wurde und dann in wilden Ausbrüchen auch von den Abhängen widerhallte.

Nach unserer Meinung konnte ein solches gewaltiges Geschrei kein Zeichen des Friedens sein, sondern nur Krieg bedeuten, und um ganz sicher zu sein, sandten wir Fetteh ins Thal hinab, um den Sprecher zu befragen. Die Antworten der Eingeborenen ließen keinen Grund mehr zu zweifeln. Die beiden Ausdrücke »Kanwana« (Frieden) und »Kurwana« (Krieg) klangen so ähnlich, daß sie bei Fetteh einen Irrthum hervorgerufen hatten.

»Wir wollen eure Freundschaft nicht«, schrien sie. »Wir werden bald über euch kommen und euch mit den Stöcken unserer Hirten aus dem Lager treiben.« Ein verrätherischer Bursche, der vom Gebüsch gedeckt bis nahe zu uns herangekrochen war, hätte uns beinahe einen schweren Verlust zugefügt; namentlich unser Dolmetscher entging nur mit genauer Noth der Gefahr. Fetteh las die Pfeile auf und brachte sie uns mit, als er uns seine Nachrichten mittheilte.

Es blieb uns nunmehr keine andere Wahl, als den Eingeborenen eine exemplarische Lehre zu ertheilen, und wir waren bereit, dies ohne einen Moment zu verlieren und mit der äußersten Gewalt zur Ausführung zu bringen, wenn uns nicht die Freundschaftsanerbietungen unserer Gegner etwa noch Einhalt geboten.

Nachdem die Compagnien gemustert waren, führte Lieutenant Stairs seine 50 Gewehrschützen aus dem Lager gegen die halsstarrigen, wüthenden Burschen auf der andern Seite des Armes des Ituri, während ich eine halb so starke Abtheilung unter Herrn Jephson ausschickte, um die Abhänge zur Linken zu erstürmen, und 20 ausgesuchte Leute unter Führung von Uledi einen Ausfall zur Rechten unternehmen sollten. Raschid erhielt Befehl, mit 10 Mann den Gipfel des Nsera Kum zu besetzen, um uns vor einer Überrumpelung von dieser Seite zu schützen. Jephson und Uledi konnten, da die Gipfel der vorliegenden Hügel den Einblick verwehrten, unbeobachtet von den Gebirgsbewohnern ihre Positionen einnehmen und sich den Feinden ungesehen bis auf 180 m nähern, während die Compagnie des Lieutenants Stairs [...] wohl die ganze Aufmerksamkeit der Eingeborenen in Anspruch nehmen würde.

Schon nach wenigen Minuten war Stairs' Compagnie in heißem Gefecht. Die Eingeborenen empfingen unsere Leute einige Minuten mit kaltblütiger Entschlossenheit und ihre Pfeile fielen massenhaft, buchstäblich gleich einem Regenschauer herab; allein der Lieutenant bemerkte sofort, daß ihr Muth nur aus dem Bewußtsein entsprang, daß ein ansehnlicher Fluß zwischen ihnen und seiner Compagnie lag. Er forderte daher seine Leute auf, den Fluß zu überschreiten; die Leute gehorchten, und als sie das jenseitige Ufer erstiegen, gaben sie ein so verheerendes Feuer ab, daß in wenigen Secunden das Nest der aufrührerischen und unbotmäßigen Burschen, die so laut nach Krieg geschrien hatten, zerstört war. Das Dorf wurde im Sturm genommen und die Bananenpflanzungen von ihnen gesäubert; die Eingeborenen stürzten über den Fluß ins offene Land hinaus und flohen nach Norden, während Lieutenant Stairs seine Leute sammelte, das Dorf in Brand steckte und zum Angriff auf die andern Niederlassungen vorging, wo das Knattern der von der Compagnie abgegebenen Salven erkennen ließ, welchen Widerstand sie fand.

Mittlerweile hatte Uledi mit seiner Abtheilung ausgesuchter Leute einen Pfad entdeckt, welcher einem Ausläufer entlang an dem Berg hinaufführte, und nachdem er die Höhe von 150 m erreicht hatte, seine Leute den Scharen, welche ihre Gefährten im Thale beobachteten und durch laute Zurufe ermutigten, gerade in die rechte Flanke gebracht. Die Winchestergewehre arbeiteten vorzüglich, und da gleichzeitig die Abtheilung des Herrn Jephson aus einer Schlucht zur Linken hervorkam, übte das alles eine so unglückliche Wirkung auf die Nerven der Eingeborenen, daß sie, verfolgt von Uledi und seinen Leuten, in wildester Flucht die Abhänge hinaufstürzten, Uledi und seine Leute hinter ihnen drein.

Als Jephson sie in voller Flucht sah, wandte er sich nach Osten und marschierte noch etwa 3 km weiter, wobei er im Vordringen feuernd die ganze Gegend säuberte. Gegen 1 Uhr waren alle zurück im Lager, und nur ein Mann leicht verwundet. Alle hatten sich wunderbar gut benommen, und sogar die vier Feiglinge, die besonders beobachtet worden waren, hatten sich noch ausgezeichnet.

Als die Eingeborenen um 2 Uhr wieder ins Thal zurückgekehrt waren, wurden die einzelnen Abtheilungen nochmals ausgesandt. Stairs führte seine Leute über den Arm des Ituri, verfolgte die laufenden Flüchtlinge weit nach Norden und schwenkte dann scharf herum, um sich Jephson anzuschließen, der seinen Weg weit nach Osten fortgesetzt hatte. Uledi wurde mit seinen Leuten bis ganz hinauf auf den Kamm der Bergkette gesandt, wo er klugerweise halt machen ließ, als er sah, mit welch ungeheuern Mengen von Wohnstätten die Hügel bedeckt waren.

Der Kampf dauerte bis zum Nachmittage, da die Eingeborenen beständig in Bewegung blieben und bald angriffen und dann wieder flüchteten. Gegen Abend war kein einziger von ihnen mehr zu sehen, und das rund um das Lager herrschende Schweigen war bezeichnend für das Werk des Tages. Die Eingeborenen befanden sich entweder auf den Bergen oder fern im Osten und Norden; in dem Thale um uns herum war keine Hütte stehen geblieben, welche ihnen während der Nacht hätte Obdach gewähren können. Nach dem natürlichen Lauf der Dinge mußten wir, wenn wir viele solche Stämme wie diese treffen sollten, zahlreiche Leute verlieren, und wenn wir ihnen nur den geringsten Zweifel ließen an unserer Fähigkeit, uns zu schützen, würden wir das Werk dieses Tages wol noch öfter zu wiederholen haben. Es war daher viel barmherziger, die Angelegenheit gleich gründlich zu erledigen, als einen wegen seiner Frechheit ungezüchtigt gebliebenen Stamm in unserm Rücken zu lassen. Die Eingeborenen müssen geglaubt haben, daß wir nicht im Stande seien, außerhalb unsers Dornzauns zu kämpfen, weil sie so hochmüthig geprahlt, uns mit Stöcken herauszutreiben, und daß sie in den Bergen vollständig sicher seien. Wir waren daher gezwungen, diese Ansicht bei ihnen auszurotten, damit sie uns in keiner Weise weitern Schaden thun konnten.

Eine von ihrem Eigenthümer verlassene Kuh verbrannte in einem der nahen Dörfer und lieferte uns eine zweite beschränkte Ration von gebratenem Fleisch.

Am 11. December fiel am frühen Morgen Regen, der uns bis 10 Uhr im Innern der Hütten festhielt. Als dann einige Eingeborene kamen, um uns von den Bergen herab nochmals Beweise ihrer Feindseligkeit zu geben, führten Stairs, Jephson und Uledi ihre Leute in drei getrennten kleinen Colonnen an den Abhängen hinauf zum Angriff und machten einen sehr erfolgreichen Zug gegen sie, wobei sie eine kleine Ziegenheerde erbeuteten, die unter die Leute vertheilt wurde. Die an diesem Tage gemachten Erfahrungen schienen die Eingeborenen überzeugt zu haben, daß sie bei einem Kampfe mit uns nichts gewinnen konnten.

Einmal hatte es den Anschein, als ob der Tag mit einer Versöhnung enden würde, denn nachdem unsere Leute sämmtlich ins Lager zurückgekehrt waren, zeigte sich auf einem hohen Hügel über unserer Stellung ein Eingeborener, welcher erklärte, er sei von Masamboni geschickt und solle uns mittheilen, daß dieser unsere Geschenke empfangen habe, aber durch das Geschrei seiner jungen Leute, die auf dem Kampf bestanden hätten, an dem uns versprochenen Besuche verhindert worden sei. Jetzt aber, nachdem viele von ihnen getödtet seien, sei er bereit, einen Tribut zu zahlen und uns in Zukunft ein treuer Freund zu sein.

Wir erwiderten, wir wären gern zufrieden und zur Freundschaft mit ihnen geneigt, allein da sie uns zum besten gehabt, unsere Friedensgeschenke behalten und uns Weiber genannt hätten, müßten sie den Frieden jetzt mit Rindern oder Ziegen erkaufen; wenn sie in den Händen Gras hochhielten, könnten sie sich uns ohne Furcht nähern.

[Henry Morton Stanley (1890): Im dunkelsten Afrika. Aufsuchung, Rettung und Rückzug Emin Pascha's, Gouverneur der Aequatorialprovinz. Band 1. F. A. Brockhaus, Leipzig. Zeitgenössische Übersetzung aus dem Englischen von H. von Wobeser.]

Robert Falcon Scott
1868–1912

Tragischer Tod im ewigen Eis

Obgleich die Geschichtsschreiber am liebsten Sieger im Gedächtnis behalten und Verlierer schnell vergessen, wirken der Wettlauf zum Südpol und das Scheitern des Polarforschers Scott bis heute nach: als Mahnung an alle, die, koste es, was es wolle, ihr Ziel erreichen müssen, und als ergreifender, dramatischer Stoff für Buchautoren und Filmregisseure.

Schon der Geburtsort des Mannes, von dem hier die Rede sein soll, scheint anzudeuten, wohin seine Lebensreise geht: Robert Falcon Scott wird am 6. Juni 1868 in einem Landhaus namens »Outlands« geboren. Das großzügige Anwesen in der Nähe des britischen Marinestützpunkts Devonport bei Plymouth prägt den jungen Robert, der, als er heranwächst, nicht unbedingt ahnen lässt, dass aus ihm einmal das werden soll, was man umgangssprachlich als »zähen Hund« bezeichnet. Den jungen Robert Falcon, von seinen Freunden und Verwandten stets nur mit der Kurzform seines zweiten Vornamens »Con« gerufen, beschreiben Zeitgenossen als schüchtern, zurückhaltend und sogar lethargisch. Er ist klein und schwächlich für sein Alter, hängt Tagträumereien nach und bricht schon mal in Tränen aus; er leidet mit, wenn Tieren Gewalt angetan wird. Außerdem kann er kein Blut sehen: Ihm wird schlecht beim Anblick von Wunden, auch

wenn es sich um harmlose Verletzungen beim Kinderspiel handelt. Und davon gibt es reichlich auf dem »Outlands«-Anwesen: Robert hat drei Schwestern und einen jüngeren Bruder, allesamt richtige »Naturburschen«. Doch Robert ficht das nicht an. Man könnte meinen, dass der sensible Junge vielleicht eher zum Theologen als zum Polarforscher geboren sei. Er ist überzeugter Kirchgänger und wird von seiner Mutter in seiner Gläubigkeit unterstützt. Auf Reisen – und ein Gutteil seines Lebensweges wird aus Reisen bestehen – liest er sonntags für sich alleine die Messliturgie. Dass aus dem verträumten, religiösen Jungen bereits im zarten Alter von 13 Jahren ein Angehöriger der britischen Marinestreitkräfte wird, ist nur dann verständlich zu machen, wenn man die Familienchronik der Scotts betrachtet: Roberts männliche Vorfahren sind bereits seit etlichen Generationen bei der Marine. Einzige Ausnahme ist – interessanterweise – Roberts Vater John Edward Scott, der aufgrund eines Herzleidens nicht in der Lage war, bei der Armee zu dienen. Wahrscheinlich sollen gerade deshalb beide Söhne die Familientradition fortführen und in den Militärdienst eintreten. Dazu kommt, dass die Tagträumerei des jungen Robert spätestens mit Aufkeimen seiner Pubertät abgestellt werden sollte.
So kommt es, dass der Name Robert Falcon Scott 1883 im Schiffsregister der HMS Boadicea auftaucht, wo er als »midshipman« gelistet ist. Ins Deutsche übersetzt könnte man also sagen, dass Scott nun Seekadett ist – und das bedeutet harte Arbeit, auch hoch oben in der Takelage, gut 30 Meter über dem Schiffsdeck, egal bei welchem Wetter. Erstaunlicherweise bewältigt der schmächtige Junge den Alltag an Bord gut. Er klettert die Ränge der Marineberufe empor und fährt in den Jahren bis zu seinem achtzehnten Geburtstag auf insgesamt fünf Schiffen. Als vielversprechender junger

Robert Falcon Scott mit Theodolit während der Südpolarexpedition 1911/12

Offizier gilt er nun – und als mutig, doch nicht übermütig. Die Herausforderung zu einem Schiffswettrennen zwischen vier Barkassen im Hafen der Karibikinsel St. Kitts lässt jedoch seinen Ehrgeiz erwachen. Das Rennen führt quer über eine lang gestreckte Bucht, und »Con«, wie er auch von seinen Kameraden gerufen wird, gewinnt.
Vier Tage später bekommt Scott eine unerwartete Einladung zum Abendessen auf die ebenfalls in St. Kitts vor Anker liegende HMS Active. Er muss etliche Fragen rund um seinen Rennsieg beantworten. Bei dem Essen ist auch der Geograf Clements Markham anwesend, ein Cousin des einladenden Kommodores. Markham trägt sich mit Plänen zur Ausrüstung einer Expedition in die Antarktis. Er unterhält sich lange mit dem jungen Marineoffizier, der erstaunliche Navigationskenntnisse zu haben scheint. Clements beschließt noch am selben Abend, dass es Robert Falcon Scott sein müsse, der die britische Antarktisexpedition leiten soll.
In den weiteren Jahren ereilt Scott so mancher Schicksalsschlag: Weil sich sein Vater verspekuliert hat, ist die Familie ab 1894 praktisch bankrott. Drei Jahre später stirbt John Edward Scott an seinem Herzleiden und hinterlässt der Familie einen Schuldenberg. Im Herbst 1898 verstirbt zudem überraschenderweise Roberts Bruder Archie, der ebenfalls eine vielversprechende Armeekarriere eingeschlagen hatte.
In der Zwischenzeit jedoch ist Clements Markham, der zu Scott seit ihrem ersten Treffen in enger Verbindung geblieben ist, zum Präsidenten der Royal Geographical Society aufgestiegen. In dieser Position kann er nun die Realisierung seines Traumprojekts in Angriff nehmen: die Organisation einer »Nationalen Antarktisexpedition« ... Auf Markhams Empfehlung hin wird Scott im Februar 1900 zum Leiter der Expedition ernannt.

Es folgen emsige Vorbereitungen. Scott besucht den polarerfahrenen Fridtjof Nansen, der ihm wichtige Tipps gibt. Ein Jahr später sind die Vorbereitungen abgeschlossen, und die Expedition beginnt. Erklärtes Ziel der Unternehmung ist das Erreichen des Südpols. Diesem Unterfangen von nationaler Tragweite widmet Scott nun seine gesamte Schaffenskraft. Er lässt in der schottischen Walfängerstadt Dundee ein Schiff namens »Discovery« bauen, das ausschließlich für wissenschaftliche Zwecke und für die harten Anforderungen der antarktischen Wildnis konstruiert ist. Am 21. März 1901 erlebt die »Discovery« ihren Stapellauf, und die Jungfernfahrt offenbart erste Konstruktionsmängel: Das Schiff ist sehr schwer und hat extremen Tiefgang, es ist nicht sehr schnell unterwegs. Nach dem Start im August 1901 dauert es mehr als vier Monate, bis am 3. Januar 1902 der Südpolarkreis überquert wird. Der Vorrat an Proviant für die Mannschaft ist bereits zu diesem Zeitpunkt stark geschrumpft. Scott und der später ebenfalls tragisch berühmt gewordene Ernest Shackleton unternehmen die erste Ballonfahrt in der Antarktis. Danach machen sie sich zusammen mit Edward A. Wilson auf den Weg Richtung Ziel. Doch knapp 500 Meilen vor dem Ziel muss Scotts Team umkehren: Die Vorräte sind aufgebraucht, Shackleton leidet an Skorbut und Wilson ist schneeblind. Nach diesem Fehlschlag gehen Jahre ins Land, in denen es vor allem der ehrgeizige Scott selbst kaum verwinden kann, dass sein Anlauf, den Südpol zu erobern, fehlgeschlagen ist. Versuche, Geld für eine neue Antarktisexpedition aufzutreiben, verlaufen schleppend, doch schließlich sind genug finanzielle Mittel beisammen, um Schiff und Ausrüstung zu kaufen und eine Mannschaft anzuheuern. Da die »Discovery« inzwischen verkauft ist, muss ein anderes Schiff gefunden werden. Es ist die »Terra Nova«, ein alter Walfänger, der Scott bestens bekannt ist: Mit ihm wurden er und

seine Kameraden der »Discovery«-Expedition aus dem Packeis des McMurdo-Sunds befreit.
Zur selben Zeit werden Pläne des Norwegers Roald Amundsen bekannt, der sich mit der »Fram«, dem Schiff des Arktispioniers Nansen, ebenfalls in die Südpolarregion begeben will, um zum Pol zu gelangen. Die britische Öffentlichkeit hält das eher für einen schlechten Scherz, doch Scott wird hellhörig. Als er im Oktober 1910 ein Telegramm von Amundsen bekommt, in dem ihm dieser schreibt, er ankere bei Madeira und sei unterwegs in die Antarktis, realisiert Scott, dass er sich erneut in einem Wettrennen befindet, einem Wettrennen um die Ersterreichung des Südpols.
Von Beginn an sind die Vorgehensweisen der beiden Kontrahenten sehr unterschiedlich: Amundsen setzt auf Schlittenhunde, Scott auf Ponys und Motorschlitten. Amundsen hat sich für die Expedition in horrende Schulden gestürzt, und alles, was ihm jetzt noch hilft, ist ein gigantischer Triumph, mit dem sich jeder Norweger – und möglichst auch jeder seiner Gläubiger – identifizieren kann. Er ankert im Januar 1911 in der antarktischen Walbucht, überquert ab dem 20. Oktober das Ross-Schelfeis und hat große Mühen, einen Gletscher zu überwinden. Doch am 14. Dezember erreicht er tatsächlich den Südpol. Auch die Rückreise verläuft erfolgreich. Scott hingegen bricht erst im November 1911 vom weiter östlich gelegenen McMurdo-Sund auf. Seine Route ist länger und beschwerlicher, die Wetterbedingungen sind extrem schlecht, die Motorschlitten versagen schon bald nach dem Start, dann beginnt das große Sterben: erst die Pferde, dann die Hunde, und zum Schluss die Menschen. Scott und sein Team, zu dem Edward Wilson, Edgar Evans, Henry Bowers und Lawrence Oates gehören, erreichen zwar unter größten Anstrengungen ebenfalls den Südpol, aber erst am 18. Januar, also einen guten Monat

nach Amundsen. Auf dem Rückweg müssen die Männer ihre Schlitten selber ziehen. Die Nahrungsvorräte sind aufgebraucht. Der allgemeine Gesundheitszustand wird immer dramatischer. Nach Evans stirbt Oates. Am 29. März 1912 schreibt Scott seine letzte Tagebucheintragung. Die drei Männer verhungern und erfrieren in ihrem Camp – nur elf Meilen von einem Nahrungsmitteldepot entfernt.

[1910, Antarktis. Unruhiger Jahreswechsel] 3. Jan. Meine nächste Hoffnung ist bereits zuschanden geworden: Am Kap Crozier können wir nicht überwintern! Schon am Morgen, als bei schönstem Wetter das Land immer deutlicher vor uns aufstieg, ahnte mir nichts Gutes: Wind und Dünung ließen für die Landung die größten Schwierigkeiten befürchten. Bald nach Mittag kamen wir 9 Kilometer östlich von Kap Crozier an die Eisbarriere heran, die sich von dieser Ecke der Roßinsel aus weithin nach Osten bis König-Eduard-Land erstreckt. Sie war nicht höher als 18 Meter und vom »Krähennest« aus gut zu überblicken; nach dem Rande zu senkte sich ein wenigstens 2 Kilometer langer sanfter Abhang. Seit den Tagen der »Discovery«, mit der ich 1902/03 hier überwinterte, hat sich hier nichts verändert; wir sahen unsere alte Posthausstange noch so gerade stehen, wie vor 8 Jahren, und haben alles mit unsern alten Photographien verglichen: nichts ist anders geworden.

Den Zwischenraum zwischen Barriere und Felsen nahm aber ein besonders hoher Preßeisrücken ein. Um festzustellen, ob zwischen Preßeisrücken und Felsen durchzukommen sei, ließen wir eins der Walfischboote ins Wasser, und Wilson, Griffith, Taylor, Pristley, Evans und ich ruderten an Land. Zwischen Barriere und Felsen fanden wir eine große schmutzige Scholle Meereis eingeklemmt und so stark aufwärts gepreßt, daß sie über 1 Meter hoch über dem Wasser stand. Dabei brandete die Dünung so heftig, daß von Landen gar keine Rede sein konnte.

Ich litt Tantalusqualen – nicht nur wegen der Unmöglichkeit der Landung überhaupt. Gerade auf diesem Stück alten Buchteises, etwa 2 Meter über uns, saß ein Pinguinküken; es war in einem Alter und einem Entwicklungsstadium, in dem noch keiner von uns den Kaiserpinguin gefangen oder untersucht hat: es verlor eben seine Daunen, die Flügelstummel waren bereits ganz daunenfrei und genau so gefiedert wie die der ausgewachsenen Vögel. Es wäre also ein Triumph gewesen, dieses Küken dingfest zu machen, aber wir konnten nicht heran, und ich durfte seinetwegen nicht unser aller Leben aufs Spiel setzen.

Aus der Unterseite der etwa ½ Meter dicken Eisscholle hingen Beine und Körperhälften toter Kaiserpinguinküken heraus, an einer Stelle auch der Kadaver eines ausgewachsenen Pinguins. Diese traurigen Reste früheren friedlichen Lebens dort oben waren jedenfalls auf der Oberfläche des Eisfeldes eingefroren und wurden jetzt von unten allmählich wieder herausgespült. So bot diese alte, schmutzige, eingeklemmte Scholle des abgetriebenen Buchteises einen förmlichen Abriß der Lebensgeschichte dieser seltsam primitiven Vögel.

Da eine Landung unmöglich war, ruderten wir eine Strecke an den Felsen entlang. Aber wenig fehlte, und diese Kahnpartie hätte unserer ganzen Polwanderung ein vorschnelles Ende bereitet. Als wir unter einem der überhängenden Felsblöcke entlangruderten, meinten wir scherzend, wenn solch ein Block auf uns herabfalle, würden wir den Spaß wohl nicht lange überleben. Doch war uns dabei etwas beklommen zumute, und wir atmeten erleichtert auf, als wir uns von hier wieder zum Schiff hinwandten. Kaum waren wir etwa 300 Meter entfernt, als plötzlich ein donnerähnliches Krachen hinter uns ertönte, etwas mit laut klatschendem Schlag in die See stürzte, diese hoch aufspritzte und eine erstickende Wolke Gesteinstaub sich erhob gleich dem Rauch bei einer Explosion. Als sich der Staub verzogen hatte, sahen wir, welch einem Unheil wir entgangen waren: derselbe Block, über dessen bedrohliches Herabhängen wir gescherzt hatten, war wirklich abgestürzt! [...]

[1911, Antarktis. Zusammenbruch der Ponys] Montag, 27. Nov. 1911. Der anstrengendste aller bisherigen Märsche! Der Weg war zuerst erbärmlich, und der Vortrab kam so schlecht vorwärts, daß wir ihn mehrfach einholten. Die zweite Marschhälfte war noch schlimmer. Der Vortrab lief auf Schneeschuhen und konnte, da jetzt alle Anhaltspunkte fehlten, nur mit größter Schwierigkeit Richtung halten. Als wir auf halbem Weg Rast machten, um ein Wegmal zu errichten, kam der Schnee plötzlich in dichten Massen herunter, und die Schneeschuhe wurden durch die anhaftenden Schneeklumpen entsetzlich schwer. Aber schon nach wenigen Minuten erhob sich Südwind, der sich sofort wohltätig fühlbar machte. Da die Vorhut jetzt zu Fuß ihren Schlitten zog, wurde es ihr noch schwerer, die gerade Richtung einzuhalten, bis sich endlich auf dem letzten Kilometer die Wolken verteilten. Wir gaben nun unsern Marsch auf, weil die Tiere sehr erschöpft waren. Soeben schneit es wieder heftig – der Himmel mag wissen, wann es aufhören wird. Unser Futtervorrat zwingt uns, unter allen Umständen täglich 24 Kilometer vorzudringen. Seit mehreren Tagen haben wir vom Lande keinen Schimmer mehr gesehen! Ein erschöpftes Tier macht auch einen müden Mann, und keiner von uns ist jetzt nach beendetem Marsch sonderlich vergnügt.

28. Nov. Der trübseligste Abmarsch, den man sich denken kann! Scharfer Südwind trieb dichten Schnee vor sich her. Auf halbem Weg machte der Himmel Miene, sich aufzuklären, und die Richtung war leichter zu finden. Beim zweiten Frühstück zog es sich wieder zusammen. Auf den letzten Märschen haben wir uns unser Weiterkommen geradezu erkämpfen müssen. Wenn nur endlich dieser unerwartete Sommerorkan vorüber wäre!

Der Chinese oder »Donnerkeil« [Name eines Pferds] ist heute abend erschossen worden. Der mutige kleine Bursche hat gut standgehalten und verläßt den Schauplatz nur wenige Tage vor seinen Kameraden. Wir haben nur noch 4 Säcke Preßheu, die für die übrigen Tiere auf 7 Tage ausreichen müssen; wir sind keine 170 Kilometer mehr vom Beardmoregletscher entfernt. Von Land noch keine Spur!

29. Nov. Unsere Lage hat sich gebessert. Gestern in später Stunde zeigte sich Land; der Mount Markham, ein großartiger dreispitziger Gipfel, schien wunderbar nahe zu liegen. Wir zogen ungefähr 4 Uhr 20 ab, erreichten das heutige Lager ½ nach 1 Uhr und werden durchschnittlich über 3 Kilometer in der Stunde zurückgelegt haben. Ich denke, die Ponys haben alle noch Kraft zu 5 tägiger Arbeit im Leibe; vielleicht sogar noch mehr. Der Chinese hat, ebenso wie Jehu, den Hunden 4 Mahlzeiten geliefert; das ergibt von

jedem weitern Pony einen ähnlichen Futterzuwachs. Demnach können wir hoffentlich die Hunde noch schonen und sie gut füttern, um sie zur Heimreise zu benutzen.

Seit wir das Ein-Tonnen-Lager verließen, sind die Löcher, welche die Ponyhufe eindrücken, durchschnittlich 20, manche auch 30 Zentimeter tief – daraus kann man sich eine Vorstellung von der Mühsal unseres Marsches machen.

1. Dez. Breite 82° 47'. In wenigen Tagen ist es mit den Ponys aus – der Baron ausgenommen! Dennoch halten sie länger als ihr Futter, und heute abend habe ich, aller Proteste ungeachtet, Christoffers Tod beschlossen. Bei dem vielen Ärger, den er uns machte, trauern wir ihm weniger nach als den andern. Hier hinterlassen wir ein Depot, das südliche Barrierendepot; die Ponys haben also jetzt noch weniger zu ziehen. 3 weitere Märsche müßten uns herausreißen. Mit den 7 Schindmähren und den Hundeschlitten müssen wir durchkommen, denke ich.

2. Dez. Ich übergab Oates meinen Schnipps und lief selber auf Schneeschuhen, ein bequemes Vorwärtskommen, wobei ich mehrere photographische Aufnahmen der mühsam trabenden Ponys machte. Später schritten sie besser aus, und ich hatte bald tüchtig zu tun, um die Führung zu behalten. So kamen wir in gehobener Stimmung ins Lager. Es tat mir leid, Viktors Todesurteil sprechen zu müssen – dem armen Bowers ging es nahe, denn sein Pony ist vortrefflich genährt und wird den Hunden 5 Mahlzeiten liefern. Bei unserm knappen Futter müssen wir die Tiere töten, aber wir haben den 83. Breitegrad erreicht und können sicher sein durchzukommen. Die Hunde machen ihre Sache herrlich; von morgen an werden sie schwerere Lasten zu ziehen

haben. Alles steht gut – wenn nur das Wetter es uns ermöglicht, an den Gletscher heranzukommen! Heute abend entwölkt sich der Himmel! Wir essen jetzt alle Pferdefleisch und sind so satt, daß an Hunger gar nicht zu denken ist.

Sonntag, 3. Dez. Unser Wetterglück will nicht kommen! Um ½5 tobte der stärkste Südsturm, den ich hier im Sommer erlebt habe; er zerstörte den Ponywall und begrub die Schlitten in riesenhaften Schneewehen. Um 2 Uhr machten wir uns auf den Weg; allenthalben war das Land sichtbar, und alles sah vielversprechend aus – mit Ausnahme einer Wolke im Südosten! Und richtig! Um 2 Uhr 15 zog sie herauf, um ½3 hatte sie das Land völlig weggewischt, schon vor 3 war sie über uns, die Sonne verschwand, der Schnee fiel dicht, und der Marsch wurde furchtbar. Trotzdem sind wir 20 Kilometer vorgedrungen.

4. Dez. Während der Nacht war der Wind umgesprungen, aber die Sonne war bedeckt und der Himmel wolkenschwer. Plötzlich während des Frühstücks nahm der Wind an Stärke zu, und bald saßen wir in einem regelrechten Orkan. Wir mußten alle helfen, neue Ponywälle aufzuschaufeln, eine schauderhafte Arbeit, aber für die Tiere unentbehrlich. Die Hunde kamen gestern abend gleichzeitig mit uns an, und die Hilfsmannschaft heute morgen; sie hatte große Mühe, unserer Spur zu folgen. So wären wir denn wieder alle beisammen. Marschieren ist bei diesem Wetter ganz unmöglich. –

Um ½1 Uhr mittags begann der Himmel sich aufzuklären, um 1 schien die Sonne, um 2 waren wir auf dem Marsch, und um 8 Uhr abends schlugen wir das Lager auf, nachdem wir reichlich 24 Kilometer zurückgelegt hatten. Das Land war während der ganzen Zeit in klaren Umrissen zu erkennen; es zeigte mehrere große, noch nicht auf der Karte verzeichnete Gletscher. Die Ponys marschierten heute noch verhältnismäßig gut, trotz tiefen Schnees in dem wellenförmigen Gelände. Die Hunde sind einfach prächtig, hatten aber nichts mehr zu fressen, so daß wir ihnen den Pony Michael opfern mußten.

Durch die beiden letzten scheußlichen Tage haben wir zwar nur 11 Kilometer verloren, aber wenn dieser Aufruhr in den Lüften anhält, was soll da erst auf dem Gletscher werden, wo wir mehr als anderswo schönes Wetter dringend brauchen? Wir haben jetzt den ersten Teil unserer Reise hinter uns. Wenn Amundsen auf seinem Weg nur etwas Glück hat, wird seine Reise wohl bedeutend kürzer werden.

[Ein verhängnisvoller Aufenthalt] Dienstag, 5. Dez. 1911. Wir erwachten heute früh bei wütendem Schneesturm. Bisher fehlte wenigstens der feine Puderschnee, das eigentliche Kennzeichen des Orkans – heute haben wir ihn in schönster Vollkommenheit! Eine Minute im Freien, und man ist von Kopf bis zu Fuß damit bedeckt. Dabei ist die Temperatur so hoch, daß alles kleben bleibt. Die Ponys stehen tief im Schnee, und Kopf, Schwanz, Beine und jedes Fleckchen, das nicht durch die Decke geschützt wird, ist wie mit Eis überzogen. Die Schlitten sind fast unsichtbar, und hohe Schneewehen ragen über die Zelte. Nach dem Frühstück haben wir die Schutzwälle wieder aufgeschaufelt und stecken jetzt von neuem in unseren Schlafsäcken. Bei solchem Wetter zu marschieren, und nun gar dem Sturm entgegen, ist natürlich ausgeschlossen! Es ist mehr als Pech!

Keine Voraussicht – keine Überlegung – keine Erfahrung – nichts hätte uns auf so etwas vorbereiten können!

11 Uhr abends. Den ganzen Tag heftiger Sturm – der größte Schneefall, den ich je gesehen! Die Schneewehen um unser Zelt sind einfach riesig. Die Temperatur betrug heute nachmittag ½° unter 0! Wo der Schnee nicht wieder auf Schnee fällt, taut er sofort: Zelte, Windanzüge, Nachtstiefel, alles ist klatschnaß, von Zeltstangen und Zelttür tropft das Wasser, Wasser in Lachen auf dem Fußboden, Wasser durchweicht die Schlafsäcke und macht alles scheußlich ungemütlich. Jetzt fehlt nur noch plötzliche Kälte – dann wäre unsere Lage nicht auszudenken! – Aber alles wäre schließlich noch zu ertragen – wenn nur dieser Aufschub nicht so furchtbar ernst wäre – wir können uns nicht den geringsten Aufenthalt leisten!

6. Dez. Wir liegen im »Sumpf der Verzweiflung« – das Unwetter tobt mit unverminderter Heftigkeit. Die Temperatur ist auf ½° über 0 gestiegen. Im Zelt schwimmt alles. Wer hinausgeht, kommt wie von einem Platzregen begossen wieder herein. Der Schnee klettert beständig höher um Wälle, Ponys, Zelte und Schlitten. Die Tiere sehen trostlos aus! Und dabei sind wir noch immer 22 Kilometer vom Beardmoregletscher entfernt. Mich durchschauert eine Hoffnungslosigkeit, der ich mich kaum noch erwehren kann.

7. Dez. Der Sturm dauert fort, und unsere Lage wird immer ernster. Für morgen bleibt uns nur noch eine kleine Futterration; wir müssen also morgen marschieren oder die Ponys opfern. Bedenklicher noch ist: wir haben heute morgen unsern Lebensmittelvorrat, der für die Gletscherwanderung bis zum Pol abgewogen war, anbrechen müssen! Die

erste Hilfsmannschaft kann uns von heute ab nur noch 14 Tage begleiten und muß dann umkehren. Dieser stürmische Dezember – sonst der schönste Monat hierorts – ist eine Überraschung, auf die auch der Vorsichtigste nicht gefaßt sein konnte. Meares hatte einen bösen Anfall von Schneeblindheit auf einem Auge. Von Fröhlichkeit im Lager kann bei solchem Unwetter keine Rede sein, aber sie wartet nur darauf, wieder aufzuflackern. Gestern abend, als wir einige Minuten Hoffnung faßten, hörte man schon wieder Lachen.

Um Mitternacht. Alles beim alten! Nichts kann so erbittern wie diese erzwungene Untätigkeit, wo jede Stunde von so ungeheurer Wichtigkeit ist! Ein schreckliches Los, immer nur die Wasserflecken an den grünen Zeltwänden, die glitzernd nassen Bambusstangen, die schmutzigen, klatschnassen Socken und was sonst, von Wasser durchweicht, von der Decke herabbaumelt, anstieren – ewig das Trommeln des herabfallenden Schnees und das Klatschen des aufgeblähten Zelttuches hören – die klebrig feuchten Kleidungsstücke fühlen zu müssen, und dabei zu wissen, daß draußen rechts und links und vorne und hinten eine weiße, farblose Mauer uns entgegenstarrt! Und dann das niederschmetternde Gefühl, daß mein ganzer Plan mißlingt – mißlingen muß! [...]

[1912, Antarktis. Das Ende] Sonnabend, 16. oder Sonntag, 17. März. Ich bin mir über das Datum nicht ganz klar, glaube aber, das letztere wird richtig sein.

Die Tragödie ist in vollem Gang. Vorgestern erklärte der arme Oates, er könne nicht mehr weiter, und machte uns den Vorschlag, ihn in seinem Schlafsack zurückzulassen.

Davon konnte natürlich keine Rede sein, und wir bewogen ihn, uns noch auf dem Nachmittagsmarsch zu begleiten. Es muß eine entsetzliche Qual für ihn gewesen sein! In der Nacht wurde es mit ihm schlechter, und wir sahen, daß es zu Ende ging.

Sollte dies Tagebuch gefunden werden, so bitte ich um die Bekanntgabe folgender Tatsachen: Oates' letzte Gedanken galten seiner Mutter; unmittelbar vorher sprach er mit Stolz davon, daß sein Regiment sich über den Mut freuen werde, mit dem er dem Tod entgegengehe. Wir drei können seine Tapferkeit bezeugen. Wochenlang hat er unaussprechliche Schmerzen klaglos ertragen und war tätig und hilfsbereit bis zum letzten Augenblick. Bis zum Schluß hat er die Hoffnung nicht aufgegeben – nicht aufgeben wollen. Er war eine tapfere Seele, und dies war sein Ende: er schlief die vorletzte Nacht ein in der Hoffnung, nicht wieder zu erwachen; aber er erwachte doch am Morgen – gestern! Draußen tobte ein Orkan.

»Ich will einmal hinausgehen«, sagte er, »und bleibe vielleicht eine Weile draußen.« Dann ging er in den Orkan hinaus – und wir haben ihn nicht wiedergesehen.

Sonntag, 17. März 1912. Ich kann nur absatzweise schreiben. Die Kälte ist ungeheuer, mittags 40 °. Meine Kameraden sind heiter, aber wir sind drauf und dran, zu erfrieren, und obwohl wir beständig davon reden, daß wir uns doch noch durchschlagen werden, glaubt es im Herzen keiner mehr. Gestern mußten wir des Orkans wegen still liegen, und heute geht es furchtbar langsam. Wir sind nur 2 Ponymärsche vom Ein-Tonnen-Lager entfernt. Hier lassen wir unsern Theodoliten, eine Kamera und Oates' Schlafsäcke zurück. Die Tagebücher, sowie die auf Wilsons speziellen Wunsch mitgenommenen Gesteinsproben wird man bei uns oder auf unserm Schlitten finden.

18. März. Heute beim zweiten Frühstück sind wir 39 Kilometer vom Depot entfernt. Das Unglück schreitet weiter. Gestern hatten wir wieder Gegenwind, und der Schnee trieb uns ins Gesicht; wir mußten den Marsch unterbrechen; Temperatur 37 °. Kein menschliches Wesen brächte es fertig, solch einem Wetter zu trotzen, und unsere Kraft ist fast ganz erschöpft. Wir brechen allmählich alle zusammen. Ich Esel rührte mir einen kleinen Teelöffel voll Currypulver in meinen Pemmikan – er verursachte mir heftige Beschwerden. Die ganze Nacht lag ich mit Schmerzen wach, und auf dem Marsch fühlte ich mich kraftlos; mein rechter Fuß erfror, und ich merkte es gar nicht. Ein Augenblick Nachlässigkeit – und man hat einen Fuß, den man gar nicht ansehen mag. Bowers ist, was seine Gesundheit anlangt, Nummer Eins. Die andern glauben noch, daß wir durchkommen – oder stellen sich wohl nur so! Wir haben den Primuskocher noch einmal halb voll gegossen, das letztemal – dann müssen wir verdursten. Der Wind ist augenblicklich günstig – vielleicht hilft er uns. Die Entfernung bis zum nächsten Depot wäre uns auf der Hinreise lächerlich klein erschienen.

19. März. Gestern abend waren wir fast erstarrt, bis wir unser Abendessen verzehrt hatten: es bestand aus Schiffszwieback, kaltem Pemmikan und einem halben Kännchen Kakao. Dann wurden wir wider Erwarten ganz warm und haben alle gut geschlafen. Heute brachen wir in der gewöhnlich schleppend langsamen Weise auf. Wir sind 29 Kilometer vom Depot entfernt und könnten in 3 Tagen hinkom-

men. Wir haben noch auf 2 Tage Lebensmittel, aber nur noch auf 1 Tag Brennmaterial. Wilsons Füße sind noch am besten, mein rechter am schlechtesten, nur mein linker ist ganz in Ordnung. Aber wie sollen wir unsere Füße schonen, ehe wir das Depot erreicht haben und uns wieder mit warmem Essen pflegen können?

21. März. Montag abend waren wir noch 20 Kilometer vom Depot entfernt; gestern konnten wir eines wütenden Orkans wegen nicht weiter. Heute wieder eine verlorene Hoffnung – Wilson und Bowers wollen zum Depot gehen, um Brennstoff zu holen.

22. und 23. März. Der Orkan wütet fort – Wilson und Bowers konnten sich nicht hinauswagen – morgen ist die letzte Möglichkeit – kein Brennstoff mehr und nur noch auf 1, höchstens 2 Tage Nahrung – das Ende ist da. Wir haben beschlossen, eines natürlichen Todes zu sterben – wir wollen mit unsern Sachen oder auch ohne sie zum Depot marschieren und auf unserer Spur zusammenbrechen.

Freitag, 29. März. Seit dem 21. hat es unaufhörlich aus Südwest gestürmt. Jeden Tag waren wir bereit, nach unserm nur noch 20 Kilometer entfernten Depot zu marschieren, aber draußen vor der Zelttür ist die ganze Landschaft ein wirbelndes Schneegestöber. Wir können jetzt nicht mehr auf Besserung hoffen. Aber wir werden bis zum Ende aushalten; der Tod kann nicht mehr fern sein. Es ist ein Jammer, aber ich glaube nicht, daß ich noch weiter schreiben kann. R. Scott.

Um Gottes willen – sorgt für unsere Hinterbliebenen!

[Robert Falcon Scott (1925): Letzte Fahrt. Scotts Tagebuch. Band 3 aus der Reihe »Reisen und Abenteuer«. F. A. Brockhaus, Leipzig. Anonyme zeitgenössische Übersetzung aus dem Englischen.]

Alexandra David-Néel
1868–1969

Die anarchistische Eremitin

Für die meisten Menschen ist Reisen einfach eine schöne Beschäftigung, doch für manche ist es die ultimative Obsession. Alexandra David-Néel zum Beispiel wollte von Kindesbeinen an nur eines: die Welt entdecken!

Im Oktober 1868 wird im östlich von Paris gelegenen Vorort Saint-Mandé das Mädchen Louise Eugénie Alexandrine Marie David geboren. Ihre Eltern sind für damalige Zeiten ein ungewöhnliches Paar: Der Vater entstammt einer traditionsreichen Hugenottenfamilie, während die Mutter eine Katholikin mit skandinavischen Wurzeln ist. Sie rufen die Kleine »Alexandra« und haben schon früh einigen Ärger mit ihr. Bereits im zarten Alter von zwei Jahren probiert Alexandra ihr Glück in der »Ferne« – in diesem Fall bedeutet das die Straße vor dem Garten ihrer Großeltern. Mit fünf Jahren läuft sie dann das erste Mal wirklich von zu Hause weg und erkundet allein den Wald von Vincennes im Marne-Tal. Gerade noch rechtzeitig vor Einbruch der Nacht wird sie von einem Polizisten entdeckt.

1874 zieht Familie David in den noch jungen Staat Belgien nach Ixelles um. Der Vater ist Lehrer und stets darauf bedacht, die Schulferien zusammen mit seiner Familie so ruhig wie möglich zu begehen. Alexandra hingegen erlebt diese Ferien ihrer Jugend als ein *»Massaker der Nutzlosigkeit«: »Ich weinte mehr als ein Mal bittere Tränen, denn*

ich hatte das profunde Gefühl, dass mein Leben verging, dass die Tage meiner Jugend dahinzogen, leer, ohne Interesse, ohne Freude. Ich verstand, dass hier Zeit verschwendet wurde, die niemals wiederkehren würde, und dass ich Stunden verlor, die so wunderschön hätten sein können.«
Und deswegen hört auch das Davonlaufen nicht auf. Mit 15 Jahren flüchtet sie aus heimischer Enge erstmals ins Ausland. Sie nimmt alles Geld, das sie angesammelt hat, und reist nach England. Diesmal bringt sie keiner zurück. Sie bleibt – bis das Geld aufgebraucht ist. Erst dann kommt sie reumütig wieder nach Hause. Im Alter von 17 Jahren unternimmt sie dann etwas, was sie »eine vernünftige Reise« nennt: Sie macht sich in aller Herrgottsfrühe auf den Weg und besteigt einen Zug in die Schweiz – dabei hat sie die Kleidung, die sie trägt – Kleid, Stiefel und Regenmantel – sowie eine Ausgabe der Schriften des altgriechischen Philosophen Epiktet, der vor allem die Autonomie und die Freiheit des Menschen propagierte. Mit diesem spärlichen Rüstzeug und ohne einen Pfennig Geld in der Tasche überquert sie allein und zu Fuß den St.-Gotthard-Pass und besucht die berühmten Laghi auf der italienischen Seite der Alpen. Am Lago Maggiore wird sie unsanft von ihrer Mutter in Empfang genommen – und wieder geht es zurück ins vermeintlich langweilige Heim nach Ixelles. Doch schon ein Jahr später setzt sich Alexandra eines Morgens aufs Fahrrad und fährt auf und davon. Mit einem klapprigen Damenrad radelt die 18-Jährige von Belgien nach Spanien und legt noch Zwischenstopps ein, bei denen sie der französischen Riviera und dem Mont-Saint-Michel Besuche abstattet.
Im Alter von 20 Jahren entdeckt sie die asiatischen Sprachen für sich und studiert Sanskrit und Chinesisch sowie Musik und Gesang. Außerdem schreibt sie mit »Pour la Vie« eine Art anarchistisches Manifest. Ein Hauptanliegen darin ist

Alexandra David-Néel mit ihrem tibetischen Begleiter Aphur Yongden

das Selbstbestimmungsrecht der Frau. Einer ihrer Freunde bringt »Pour la Vie« im Selbstverlag heraus. Das Werk erregt einige Aufmerksamkeit, denn Élisée Reclus, der renommierte Anarchist und Geograf, hat das Vorwort geschrieben. Doch die Politik muss warten. Erst einmal trägt ihre Gesangskarriere erste Früchte: Sie bekommt die Titelrolle in Bizets damals brandaktueller Oper »Carmen« und wird Ensemblemitglied der Oper in Athen. Doch auch in Griechenland hält es sie nicht lange. In den Jahren 1890/91 kann sie – dank einer Erbschaft – erstmals eine Reise in die Region antreten, die sie von jeher besuchen wollte: Nordindien. Sie bleibt mehrere Monate und schwört sich, wieder zurückzukehren. Aber die Welt ist so groß! Sie bereist Nordafrika und unterzieht sich ausgedehnten Koranstudien.
In Tunis begegnet die mittlerweile 36-jährige Alexandra David einem jungen Eisenbahningenieur, der ihr Herz im Sturm erobert. Sein Name ist Philippe Néel. Alexandra willigt in eine Heirat ein und führt nun den Nachnamen David-Néel. Doch nur wenige Monate als Haus- und Ehefrau reichen aus, um in ihr wieder Unruhe zu wecken. Für ein häusliches Dasein ist sie offensichtlich nicht gemacht, und Philippe Néel reagiert verständnisvoll. Er schlägt ihr eine zweite Reise nach Indien vor. Begeistert fällt Alexandra ihrem Gatten um den Hals und verspricht bei ihrer Abreise im August 1911, innerhalb von 18 Monaten wieder zurückzukehren.
1912 erreicht sie die nordindische Himalajaprovinz Sikkim. Sie besucht die buddhistischen Klöster und studiert verschiedene Strömungen dieser Religion, von denen sie die okkulte Form des Tantra-Buddhismus besonders fasziniert. Die Reise dauert wesentlich länger als geplant. 1914 trifft sie den 15 Jahre jungen Mönch Aphur Yongden, der von diesem Tag an ihr treuer Begleiter sein wird. Später adoptiert sie den jungen Mann.

Nicht zuletzt auch aufgrund der Unmöglichkeit, in den Wirren des Ersten Weltkriegs nach Europa zurückzukehren, dauert ihre Reise letztendlich 14 Jahre! Während dieser Zeit wird sie als buddhistische Nonne ordiniert und sogar in den Stand eines Lamas, also eines Priesters beziehungsweise Gurus, erhoben. Sie lebt einige Zeit als Eremitin und wird angeblich auch in die streng gehüteten Geheimlehren des tibetischen Buddhismus eingeweiht.
Auch in Nordindien lässt sie sich nicht von Verboten aufhalten. Sie versucht immer wieder die verbotene Hauptstadt Tibets, das sagenumwobene Lhasa zu erreichen, scheitert aber zunächst. Ihre waghalsigen Aktionen sind entschieden zu viel für die Behörden der Provinz Sikkim. David-Néel wird aus der Grenzregion zwischen Tibet, Nepal und Bhutan, dem Ausgangspunkt ihrer Tibet-Exkursionen, verwiesen.
Aus Enttäuschung hierüber bricht sie zusammen mit Yongden nach Japan auf, das sie als »*hübsch, aber enttäuschend*« einstuft. Sie ist mittlerweile ganz den einsamen Weiten des Himalaja verfallen, vergleicht in Briefen japanische Bergregionen mit den Pyrenäen, den Alpen, jedenfalls mit irgendetwas, das man so oder ähnlich auch in Europa haben könne. Doch der Himalaja – das sei etwas ganz anderes! Den gebe es nur einmal, und für Alexandra David-Néel ist es der erträumte Platz auf Erden.
Bei ihren Studien, in die sie sich nun wieder vertieft, macht sie die Bekanntschaft von Kawaguchi Ekai, einem japanischen Philosophen, der sich einige Jahre zuvor als Mönch verkleidet nach Lhasa eingeschlichen hatte. Fasziniert von dieser Geschichte bricht das Pärchen David-Néel–Yongden über Korea nach China auf. Nach ausführlicher Erkundung des »Reichs der Mitte«, inklusive der Wüste Gobi und nahezu der gesamten Mongolei, hüllt sich David-Néel in Bettelkleidung, schwärzt ihr Gesicht mit Steppenstaub und

erreicht angeblich nach mehrwöchiger Wanderung über entlegenste Gebirgspässe halb verhungert Lhasa. Falls das zutrifft – was neuerdings jedoch durch belgische Historiker in Zweifel gezogen wird –, hat Alexandra David-Néel als erste Europäerin die verbotene Hauptstadt Tibets betreten. Sie bleibt zwei Monate lang. Es ist ihre Angewohnheit, sich allmorgendlich im nahe gelegenen Fluss zu waschen, die ihre Tarnung auffliegen lässt. Und so wird aus der Europäerin, die Lhasa erreichte, ein Fall für die Diplomatie: Wieder wird sie des Landes verwiesen und landet schließlich in Frankreich. Aus den einst dem Ehemann versprochenen 18 Monaten sind inzwischen eineinhalb Dekaden geworden – kein Wunder, dass das plötzlich wieder vereinte Paar keine Grundlage mehr für ein gemeinsames Leben findet.
Nach Reisen durch die Provence baut sich die Buddhistin in der südfranzösischen Kurstadt Digne-les-Bains 1928 ihr persönliches Refugium, das sie »Samten-Dzong« – »Festung der Einkehr« – nennt. Reportern, die die ungewöhnliche Dame besuchen, erzählt sie, es sei dort eigentlich doch ganz schön, und der Pic du Couar erscheine ihr manchmal wie ein »Liliput-Himalaja«. 1937 jedoch brechen sie und Yongden erneut nach China auf, wo zu der Zeit der zweite Japanisch-Chinesische Krieg wütet. 1941 stirbt Philippe Néel, und Alexandra schreibt aus China: *»Ich habe den besten Ehemann verloren und meinen einzigen Freund.«* Es gehen erneut zehn Jahre ins Land, und im Alter von 78 Jahren kehrt die Reisende nach Frankreich zurück. Bis ins hohe Alter von 82 Jahren reist sie durch die Alpen, bis ihr Rheumatismus jegliche Mobilität unterbindet. Sie widmet sich nun der Schriftstellerei und trauert im Jahr 1955 um ihren Weggefährten Aphur Yongden. Im Alter von 101 Jahren meldet sie sich beim Einwohnermeldeamt und lässt noch einmal ihren Reisepass erneuern, doch für die großen Reisen ist es nun zu

spät. Die unstete Querdenkerin stirbt im September 1969 in »Samten-Dzong«, das fortan zu einer Pilgerstätte für europäische Buddhisten wird.

[Lhasa (Tibet). Wie man »Lebensodem« verschlingt] Ich erwähnte am Anfang dieses Kapitels, daß man in Tibet sich viel von Dämonen erzählte, die auf den »Lebensodem« Jagd machen.

Teils glauben die Tibeter an teuflische, immer auf der Wanderschaft befindliche Wesen, die stets auf der Lauer liegen, um den Lebenden selbst ihren »Odem« zu entreißen; teils denken sie sich diese Unholde als an gewissen Orten fest beheimatet. Dann begnügen sie sich damit, sich den Odem der Sterbenden zutragen zu lassen. Es soll Männer und Frauen geben, die sich unbewußt, in einer Art Verzückung dazu hergeben.

Aber bleibt es bei dieser untätigen Rolle? Bemächtigen sie sich nicht noch, bevor die Schicksalsstunde geschlagen hat, dieses »Odems«? Niemand kann es sagen, wie auch niemand diese »Odemträger« mit Sicherheit kennt. Gewöhnlich wissen sie selbst nichts von den Taten, die sie und ihr »Doppelgänger« im Zustand der Entzückung begehen.

Eine berühmte Gruppe dieser odemfressenden Männer oder vielmehr Frauen, denn es handelt sich in diesem Falle um weibliche Dämonen, hat sich das aus der Geschichte bekannte Kloster Samye, südlich von Lhasa, nahe dem Ufer des Brahmaputra, zum Wohnort gewählt.

Ich habe sie nach meinem Aufenthalt in Lhasa dort besucht. Schon die Reise bietet viel Anziehendes und ist wohl geeignet, das Gemüt abenteuerlichen Erzählungen geneigt zu stimmen.

Ganz nahe bei Lhasa, am linken Ufer des Yeru tsangpo (Brahmaputra) gibt es eine Sahara im Kleinen, deren weiße Dünen täglich weiterwandern und mehr und mehr in das Land eindringen. Obwohl eine Gebirgskette ihnen den Weg versperrt, haben die Sandmassen schon das Tal von Kyi tschu erreicht, und ihr feiner Staub sammelt sich schon an den Hecken entlang, die Nor-pu-Ling-ka, das Sommerschloß des Dalai Lamas, umgeben.

Jenseits des malerischen Dordschi-Thag-Klosters ist man bald völlig in der Wüste. Zuerst sieht man noch von weitem, eng an den Fuß der Berge geschmiegt, einige wenige Bauernhöfe, deren Felder aber schon fast ganz vom Sande bedeckt sind, dann verschwindet jede Spur von Anbau oder menschlichen Wohnungen. So weit das Auge reicht, dehnen sich blendend weiße Sandhügel aus.

Ich glaubte mich fast nach Dscherid zurückversetzt, so tiefblau und wolkenlos war der Himmel und so blendend der Widerschein. Aber wenn die Landschaft auch nicht wenig an die afrikanische Wüste erinnerte, wie ganz anders »schmeckte« die Luft! Man konnte nie vergessen, in Hochtibet zu sein, so herrlich leicht atmete es sich hier bei dreitausend Meter Höhe.

Viele uralte oder auch einige schon fast neuzeitliche Sagen knüpften sich an diese Gegend, und an vielen Orten werden Spuren wunderbarer Ereignisse gezeigt. Sehr merkwürdig ist ein riesiger Felsblock, der ganz für sich allein mitten im Flußbett steht.

Vor einigen hundert Jahren, so erzählt man sich, flog er von Indien her durch die Luft nach Tibet. Warum, sagt die Geschichte nicht. Vielleicht machte ihm die ruhige Schönheit des weiten Tales Eindruck, und er bewunderte den blauen Fluß und den noch blaueren Himmel so sehr, daß er hier auszuruhen beschloß und sich mit voller Wucht auf dem Sande niederließ. Aber gleichviel weshalb, er blieb eben. Sein Wanderleben kam endlich zur Ruhe, und nun verharrt er hier in ewigem Entzücken, und den Fuß des Einsamen umspielt die Flut.

Es war Abend, als ich in Samye ankam. [...]

Samye ist geschichtlich einer der berühmtesten Orte Tibets, denn hier ward im 8. Jahrhundert unserer Zeitrechnung das erste buddhistische Kloster im »Land des Schnees« erbaut.

Tibetische Aufzeichnungen berichten, die eingeborenen Dämonen hätten sich dem Bau widersetzt und in jeder Nacht alles den Tag über fertig gewordene Mauerwerk wieder zerstört. Der berühmte Zauberer Padmasambhava brachte es aber nicht nur fertig, ihre Zerstörungsarbeit aufzuhalten, sondern er machte sie sich obendrein so fügsam, daß sie schließlich in wenigen Nächten selbst den Klosterbau beendeten. [...]

Samye trägt ganz den Stempel seines Gründers, des Magiers. Der ganze Ort riecht geradezu bis in seine letzten Winkel hinein nach Zauberei, und selbst die unschuldigen Haustiere wirken auf ihrem Weg nach dem Stall wie teuflische Wesen, die uns mit ihrer harmlosen Maske nur foppen und ärgern wollen.

Wirklich beherbergt das Kloster auch einen der größten Meister der Geheimlehren, den Lama Tschö-kyong. Er ist zugleich der behördlich angestellte Weissager Tibets und hat seinen Wohnsitz in dem Tempel, der den Ugs-khang enthält.

»Ugs-khang« bedeutet »Haus des Lebensodems«, so nennen die Tibeter den Ort, wohin ihrem Glauben nach der Lebensodem des eben Gestorbenen gebracht wird. Manchmal wird auch behauptet, der Odem aller Lebewesen, die hier auf Erden sterben, komme in Samye zusammen, meist begnügt man sich aber bescheidener mit dem »Odem« der Sterbenden aus der Umgebung, einschließlich Lhasas.

Von einigen Leuten weiß man, daß es ihnen obliegt, die »Ugs« von dem Ort, wo der eben von ihnen verlassene Körper liegt, nach Samye zu bringen.

Der betreffende Mensch führt dies Geschäft aber im Schlaf oder in einer Art Dämmerzustand aus; sein Körper bleibt dabei ganz untätig und rührt sich nicht vom Flecke, auch behält er keinerlei Rückerinnerung an diese Reisen.

Sollten meine Leser Lust haben, die Tibeter wegen ihres Aberglaubens auszulachen, möchte ich sie daran erinnern, daß es noch heutigentags und bei uns zulande Leute gibt, die manchmal nachts im Traume in fernen Ländern gewesen zu sein meinen. Und dabei bleiben sie gerade wie die Überbringer des »Lebensodems« doch ruhig an Ort und Stelle und können sich auf ihre Reiseabenteuer ganz und gar nicht mehr besinnen.

Haben wir nicht jeder unser Stückchen Aberglauben?

Daß die Ugs gerade nach Samye gebracht werden, ist leichtverständlich, wenn man hört, daß die weiblichen Dämonen, die »Singdongmos« (Löwengesichter), in Samye hausen, und zwar in dem Tempel, der den Weissager-Lama und den alttibetischen bodenständigen Gott Pekar beherbergt.

Diese Behausung ist stets streng verschlossen. In einem ihrer sonst ganz leeren Zimmer steht ein Hackblock, und daneben liegt ein Messer mit gebogener Klinge. Die Singdongmos sind mit diesen beiden Werkzeugen bewaffnet, wenn sie den »Lebensodem« hacken. [...]

Hackblock und Messer bleiben ein Jahr lang in der Höhle der Teufelinnen, dann werden sie gegen neue ausgewechselt. Wie es heißt, kann man dabei immer feststellen, daß das Messer dünn und schartig und der Block eingekerbt und durch den Gebrauch abgenutzt worden ist.

Vom »Haus des Lebensodems« handeln noch eine Menge Geschichten, bei denen man wohl Alpdrücken bekommen kann. Schrecklich werden darin die Kämpfe geschildert, die gefangene und gemarterte »Odems« im Ugs-khang zu bestehen haben, wie sie unter schauerlichen Abenteuern zu entkommen versuchen, und wie die hungrigen Singdongmos sie bei ihrer wilden Flucht kreuz und quer durch das ganze Land verfolgen.

Die Einwohner von Samye wollen nachts oft Seufzer und Stöhnen, Lachen und Weinen und den dumpfen Ton, mit dem das Messer auf das Hackbrett aufschlägt, aus der Richtung vom Ugs-khang kommend, gehört haben. Freilich stört diese dämonische Nachbarschaft die braven tibetischen Bauern und Mönche, die im Kloster wohnen, gar nicht in ihrem ruhigen Schlafe.

Ich sah während meines Aufenthaltes in Samye alles, was man von dem Ugs-khang sehen kann, so genau wie möglich. Vor dem Eingang zu den Räumen lagen Lederbeutel, als Sinnbilder der unsichtbaren Hüllen in denen der »Odem« befördert wird. Die Tür selbst war mit mächtigen Riegeln verrammelt und mit dem Siegel des Dalai Lamas versehen.

Eigentlich soll diese Tür jedes Jahr einmal geöffnet werden, damit Lama Tschö-kyong Block und Messer auswechseln kann. Wie ich aber von den hohen Geistlichen des Tempels erfuhr, wird diese Regel nicht mehr so streng genommen, und die zum Gebrauch der Singdongmos bestimmten Werkzeuge werden jetzt seltener erneuert.

Früher durfte sich Tschö-kyong, wenn er die Behausung der Dämonen betrat, noch von einem Mönch begleiten lassen, aber nach einem seltsamen Erlebnis ist ihm diese Vergünstigung versagt worden.

Es wird erzählt, daß eines Tages, als der Lama Tschö-kyong die Werkzeuge erneuert hatte und gerade die Behausung der Singdongmos verlassen wollte, sein Begleiter fühlte, wie man ihn von hinten an seinem Zen (Umhang) zupfte. [...] »Kutschog! Kutschog!« schrie er entsetzt, »jemand zieht mich an meinem Zen!«

Die beiden Männer wandten sich um. Das Zimmer war leer. Sie gingen nun wieder der Tür zu, der Lama überschritt die Schwelle, sein Begleiter aber, der ihm folgen wollte, fiel tot zu Boden.

Seitdem muß der Lama Tschö-kyong allein den geheimen Gefahren des Ugs-khang trotzen. Er kennt ja so viele Zaubersprüche und ist in so viele Geheimnisse eingeweiht – also nur unbesorgt, er wird sich schon zu schützen wissen.

[Besessene als Giftmischer] Wenn es den Singdongmos behagt, »Lebensodem« zu hacken, so machen einige ihrer tückischen Brüder Besessene zu unbewußten Giftmischern, die ihnen Opfer verschaffen müssen.

In ganz Tibet sind unzählige Geschichten über diese Giftmischer im Umlauf, zum Entsetzen der Reisenden, die nie aus der Angst vor Begegnungen mit ihnen herauskommen.

Das seltsame Amt, »ein erblicher Bewahrer des Giftes« zu sein, trifft namentlich Frauen.

Niemand weiß genau, um welches Gift es sich dabei handelt. Ein natürliches, aus dem Pflanzen- oder Steinreich stammendes ist es jedenfalls nicht, vielleicht eher eine Mischung verschiedener Bestandteile, wie sie das Mittelalter als Liebestränke kannte, oder, was noch wahrscheinlicher ist, es gibt dies Gift überhaupt nur in der Einbildung. Die Frau bewahrt es, wie man sagt, in einem Beutelchen unter ihrer Brust auf. Aber niemand hat dies Beutelchen je zu sehen bekommen, selbst dann nicht, wenn die Trägerin entkleidet ist. Es ist, wie behauptet wird, unsichtbar, und das Geheimnisvolle dabei macht es nur noch um so schrecklicher.

Ist der Tag für die Verabreichung des Giftes gekommen, können Mann oder Frau, die es aufbewahren, sich ihrer Verpflichtung nicht entziehen, handeln aber, ohne sich dessen bewußt zu sein.

Wenn gerade kein Fremder oder Reisender da ist, so muß der Besessene den unheilvollen Trank einem Freunde oder Verwandten kredenzen. Man flüstert einander da gräßliche Geschichten von Müttern zu, dic ihren einzigen Sohn vergiftet haben, von Männern, die einer geliebten, erst seit kurzem mit ihnen verheirateten Frau die tödliche Tasse Tee reichen müssen. Und wenn der Giftmischer kein anderes Opfer in seiner Nähe findet oder wenn alle, denen er die Speise oder den Trank anbietet, die Annahme verweigern, dann ist der Besessene selbst gezwungen, das Gift zu schlucken.

Ich habe einen Mann gekannt, der behauptete, der Held einer solchen sonderbaren Giftgeschichte gewesen zu sein. Er war auf Reisen und betrat unterwegs einen Bauernhof, wo er bat, ihm zu trinken zu geben.

Die Hausfrau schickte sich an, eine Art Bier für ihn zu brauen, indem sie kochendes Wasser in ein Holzgefäß mit gegorenem Getreide goß. So bereiten die Tibeter im Himalaja ihr Bier, das heiß getrunken wird. Darauf ging sie in das obere Stockwerk hinauf. Als der Reisende alleingeblieben war, bemerkte er zu seinem Erstaunen, daß das Bier in dem Holzgefäß beim Kochen heftig aufsprudelte. Diese ungewöhnliche Art des Aufkochens ist, wie die Tibeter meinen, ein Anzeichen für das Gift.

Noch stand auf dem Herd der Kessel, aus dem die Frau das Wasser für den Aufguß geschöpft hatte, und dies Wasser fuhr fort zu kochen. Der Mann tauchte einen großen Küchenlöffel hinein und goß seinen ganzen Inhalt auf das verdächtige Bier. Im gleichen Augenblick hörte er das Geräusch eines Falles in dem Raum über sich. Die Frau, die ihn eben noch bedient hatte, war tot umgefallen.

Dies »Gift« ist eine ewige Quelle der Angst für die Reisenden in Tibet. Wie oft haben gute Leute mich nicht ernstlich und nachdrücklich vor den Gefahren gewarnt, die mir aus der Gastfreundschaft unbekannter Menschen erwachsen könnten. Sie beschworen mich, vorsichtig zu sein und alles gut zu untersuchen, was mir an Speise und Trank geboten werde.

Manchmal hört man auch, daß die Giftmischer ihre Opfer mit Vorliebe unter den Mitgliedern religiöser Orden suchen, da ihnen von ihrem teuflischen Meister der Tod eines Lamas als besonderes Verdienst angerechnet wird.

Es gibt Näpfe aus besonderem Holze, die für hervorragend »giftempfindlich« gehalten werden. Am plötzlichen Aufkochen der in sie gegossenen Flüssigkeit soll man erkennen, ob Gift in dem Trank enthalten ist. Solche Näpfe werden deshalb sehr hoch bezahlt.

Zuweilen gerät eine Familienmutter in Verdacht, »Gift« zu beherbergen. Niemand kennt das Versteck, jedoch versucht auch niemand, es zu entdecken und sie davon zu befreien. Alle Welt ist überzeugt, daß es gegen dies Verhängnis weder Schutz noch Hilfe gibt.

Auf Schritt und Tritt wird die Unselige beobachtet, jedermann hält sie sich fern, und am Ende mag sie wohl selbst an das Vorhandensein ihres »Giftes« glauben.

Stirbt der Mensch, der das Gift bei sich trägt, so ist die Gefahr noch keineswegs beseitigt. Dieses unerschöpfliche Gift wird weitervermacht, und auch der Erbe ist dagegen wieder hilflos. Ob er will oder nicht, er tritt den Besitz an und muß nun notgedrungen selbst zum Giftmischer werden. […]

[Saluën (Tibet). Die tanzende Leiche] Ein anderer grausiger Ritus, von dem die Ngag-pas-Zauberer erzählen, wird Ro-lang genannt (der sich erhebende Leichnam).

Die alten Schriften wissen zu berichten, daß die Bönpos-Priester ihn vor der Einführung des Buddhismus in Tibet während der Begräbnisfeierlichkeiten dauernd ausübten.

Aber die kurze Bewegung, die der Tote damals ausführte, kann gar nicht mit dem verglichen werden, was uns die tibetischen Anhänger von Geheimlehren an schrecklichen und verzerrten Vorgängen schildern, die in der Einsamkeit stattfinden. Ich brauche kaum zu sagen, daß dergleichen dem Buddhismus und ebenfalls dem kirchlichen Lamaismus völlig fremd ist.

Man darf die verschiedenen Arten des Ro-lang nicht mit der »Auferstehung« verwechseln, wobei der Geist eines anderen Wesens in den Toten übergeht und ihn anscheinend »auferweckt«, obgleich in Wirklichkeit der alte Körper nur neu belebt wird.

Einer dieser schauerlichen Ro-langs wurde mir von einem Ngags-pa beschrieben, der ihn selbst ausgeführt haben wollte: Der Zauberer wird mit einer Leiche in einem dunklen Zimmer eingeschlossen. Um den Toten wieder zu beleben, muß er sich Mund auf Mund über ihn legen und dabei fortwährend die gleiche Zauberformel wiederholen, ohne dabei jemals seine Gedanken abirren zu lassen. Nach wenigen Augenblicken rührt sich der Leichnam, erhebt sich und will fliehen. Der Zauberer muß ihn dann eng angeschmiegt fest in den Armen halten. Der Tote bewegt sich immer heftiger, macht riesige Luftsprünge, und dabei darf der Zauberer, während er diesen Sprüngen folgt, nie seinen Mund von dem der Leiche lösen. Schließlich hängt dem Toten die Zunge heraus, und das ist der entscheidende Augenblick; der Zauberer muß sie ergreifen und ausreißen, worauf die Leiche sofort wieder unbeweglich daliegt. Die vom Zauberer sorgfältig getrocknete und aufbewahrte Zunge aber wird eine mächtige Zauberwaffe.

Außerordentlich lebhaft wußte der Ngags-pa das allmähliche Erwachen der Leiche zu schildern, wie die verglasten Augen zuerst wieder um sich blickten und das Zittern nach und nach in so lebhafte Bewegungen überging, daß der Zauberer sie kaum mehr bändigen konnte und den Toten mit Aufgebot aller Kräfte festhalten mußte. Er beschrieb seine Gefühle, als die Zunge hervorkam und seinen eigenen Mund berührte, denn nun war ja der schreckliche Augenblick da, wo er entweder siegen oder dem Toten zum Opfer fallen mußte.

Ob der grausige Kampf nicht nur reine Einbildung war? Handelte es sich etwa wieder um eine Sinnestäuschung, wie sie bei den tibetischen Mystikern häufig vorkommt, und auch wohl absichtlich von ihnen hervorgerufen wird? Ich verlangte, da ich zweifelte, »die Zunge« zu sehen, worauf mir der Zauberer denn auch ein schwärzliches verhärtetes Ding zeigte, das vielleicht einmal eine Zunge gewesen war. Freilich genügte das noch keineswegs, um mich endgültig über den Ursprung dieser scheußlichen Kostbarkeit aufzuklären.

Aber gleichviel, eine Menge Leute in Tibet glaubt jedenfalls an die Wirklichkeit des Ro-lang.

Sie glauben sogar nicht nur an die Wiederbelebung von Leichen durch besondere Riten, sondern sie halten die Toten überhaupt für fähig, sich plötzlich wieder zu erheben und den Lebenden zu schaden. So bestellt man ihnen einen ständigen Wächter, der durch fortgesetztes Hersagen liturgischer Gebete die falsche Auferstehung verhindern soll.

Ein Trapa aus Sepogön, nahe beim Saluën, erzählte mir von einem ähnlichen Falle.

Er hatte einmal, als er noch Klosterschüler war, drei Lamas seines Klosters in ein Haus begleitet, in dem ein Mann gestorben war und wo sie nun täglich, bis zum festgesetzten Begräbnistag, die Totenfeierlichkeiten abhalten sollten. Sie hatten sich zur Nachtruhe in eine Ecke des großen Zimmers zurückgezogen, in dem sich der Tote befand, durch viele Binden und Tücher in sitzender Stellung festgehalten.

»Mir wurde der Auftrag erteilt, ihn durch Aufsagen der Zauberformeln zu bewachen«, sagte der Trapa, dem ich diese sonderbare Geschichte verdanke. »Im Verlauf der Nacht wurde ich so müde, daß ich im Hersagen stockte und wohl ein paar Minuten lang geschlummert haben mag. Ein leichtes Geräusch schreckte mich auf; eine schwarze Katze schlich an der Leiche vorbei und aus dem Zimmer hinaus. Dann hörte ich einen Laut, wie wenn ein Stück Stoff zerrissen würde. Zu meinem Entsetzen sah ich den Toten sich bewegen und seine Fesseln abstreifen. Wahnsinnig vor Furcht floh ich aus dem Hause, aber nicht ohne vorher noch bemerkt zu haben, daß das Gespenst mit ausgestreckter Hand sich den schlafenden Lamas näherte. Am folgenden Morgen lagen alle drei tot da. Die Leiche war an ihren Platz zurückgekehrt, aber die Binden waren zerrissen, und die Tücher lagen rundherum auf dem Boden.«

Die mit den Totenfeierlichkeiten betrauten Lamas sollen magische Worte und Bewegungen kennen, die solchen Gefahren Einhalt tun können, indem sie den Toten an seinen Platz bannen, sobald er auszubrechen versucht.

[Alexandra David-Néel (1936): Heilige und Hexer. F.A. Brockhaus, Leipzig. Übersetzt aus dem Französischen von Ada Ditzen.]

George Catlin
1796–1872

Mit Bären über den Atlantik

Er wollte seinen Zeitgenossen den »wahren Westen« zeigen und fühlte sich unter Indianern mehr zu Hause als unter seinesgleichen. Seine Porträts von Indianerhäuptlingen wurden weltweit bekannt, seine Reisebeschreibungen hingegen sind heute fast vergessen.

Seine Gemälde sind in der Tat veritable Meisterwerke und zugleich Zeitdokumente von hohem Rang, doch seine Reiseberichte müssen mit Skepsis betrachtet werden. Es ist erstaunlich wie einer, der seinen Landsleuten den »wahren Westen« vor Augen führen wollte, in seinen späteren Schriften zu übertriebenen Ausschmückungen neigte.
Doch beginnen wir ganz von vorn: In Pennsylvania, in einem Städtchen namens Wilkes-Barre, wird im Hochsommer, am 26. Juli 1796, ein Knabe namens George geboren. Seine Heimatstadt ist zu dieser Zeit noch ein reichlich verschlafenes Nest. Denn erst ein knappes Jahrhundert später wird dort Kohle gefunden werden und die Stadt wird über einige Jahrzehnte eine gewisse wirtschaftliche Bedeutung erlangen. 1796 ist aber noch nichts davon zu spüren. Und so hat der Junge George jede Menge Zeit zum Fischen, Jagen und Herumtollen. Pennsylvania im 18. Jahrhundert ist noch reich an indianischer Kultur und nomadisch lebenden Stämmen. Und weil die abenteuerlichen Wildnistrips des kleinen George manchmal beunruhigend ausführliche Züge anneh-

men, erzählt ihm seine Mutter – sicherlich in gut gemeinter pädagogischer Absicht – eine Geschichte.
Sie erzählt ihm von dem Tag, als sie als junges Mädchen von Indianern entführt wurde. Die Gegend, in der sie lebte, war Frontgebiet im amerikanischen Unabhängigkeitskrieg gewesen, und bei der Schlacht von Wyoming, die heute noch als »Wyoming-Massaker« in aller Munde ist, kämpften Befürworter der Unabhängigkeit Seite an Seite mit Irokesenkriegern gegen die Truppen der britischen Kolonialregierung. Bis heute ist umstritten, ob die Geschichte vom Kidnapping der Mutter der Wahrheit entspricht oder vielleicht nur ein pädagogisches Lehrstück war. Wirkung hatte die Angelegenheit durchaus – wenn auch nicht so, wie sich Catlins Mutter das gewünscht haben mag. George ist nämlich ab sofort Feuer und Flamme für alles »Indianische« und beginnt mit einer Sammlung von Indianergegenständen. Doch natürlich ereilt auch ihn bald erst einmal der »Ernst des Lebens«. Er geht zur Schule, studiert und wird Rechtsanwalt in Philadelphia. Aber auch während dieser Zeit lässt ihn die Faszination des Indianerlebens nicht los. Er nutzt jede Gelegenheit, um dabei zu sein, wenn Indianer in der Stadt sind. Als eine Delegation von »Rothäuten«, wie die Angehörigen der indigenen Bevölkerung unter den Regierungsbeamten der Zeit abschätzig genannt werden, in Philadelphia eintrifft, nutzt er die Gunst der Stunde und bittet darum, zusammen mit General William Clark auf eine diplomatische Mission geschickt zu werden, deren Ziel es ist, Frieden zwischen einigen unnachgiebigen Indianerstämmen und dem »weißen Mann« zu erreichen. Schon damals, ganz am Anfang seiner Recherchen, begreift Catlin, dass es sich bei den verbliebenen Volksgruppen der Ureinwohner um Relikte handelt, um eine »aussterbende Rasse«, wie er sich ausdrückt. Und entgegen der Einstellung der meisten seiner

Oberhäuptling der Schwarzfußindianer »Buffalo Bull's Back Fat« (Gemälde von George Catlin, 1832; Washington, Smithsonian American Art Museum)

Zeitgenossen bezieht er Position für die Indianer. Er will sie verstehen, will ihre Kultur studieren und sie im Bild festhalten, denn das Malen, das hatte er sich schon als Junge selbst beigebracht. Vor allem Porträts sind seine große Leidenschaft. Und so zieht er im Jahre 1830 mit Leinwand, Pin-

sel und Farbe bewaffnet los, um mit General Clark und seiner Truppe in noch weitgehend unberührtes Indianerterritorium vorzustoßen. Es geht bis zum Mississippi.
Die Reise beeindruckt den Mittdreißiger so sehr, dass er nicht mehr in seinen Anwaltsberuf zurückkehrt. Er lässt sich in St. Louis nieder, von wo aus er in den Jahren bis 1836 fünf zum Teil sehr ausgedehnte Expeditionen unternimmt, während derer er nicht weniger als 50 Indianerstämme besucht. Etwas später fährt er den Missouri River hinauf – über 3000 Kilometer Strecke! In Fort Union (New Mexico) angekommen, sucht er die Nähe zu den dort lebenden Stammesgruppen. Insgesamt besucht er wohl um die 18 Völker und zieht weiter durch Florida und Arkansas bis weit nach Norden zu den Großen Seen – stets malt er, beobachtet und beschreibt sehr genau. Mittlerweile hat er rund 500 Bilder vom indianischen Alltagsleben zusammen und dazu noch eine recht exotisch anmutende Kollektion von Gerätschaften und Schmuck der verschiedensten indigenen Völker. Es sind gute Bilder, sogar sensationell gute Bilder im Stil der hochgelobten amerikanischen Naturalisten wie William Stanley Haseltine oder John James Audubon. Vielleicht ist dem Künstler also eines Tages die Frage gekommen, was nun eigentlich damit werden soll. Vielleicht wusste Catlin aber auch von Beginn an, was er damit vorhatte. Jedenfalls beschließt er 1838, dass er seine Bilder und Artefakte nicht länger nur alleine für sich durch die Lande tragen will, sondern dass er Amerika, ja am liebsten sogar die ganze Welt daran teilhaben lassen wird. Er hat den festen Vorsatz, seinen Landsleuten und jedem anderen, der es sehen möchte, vor Augen zu führen, was für einen Wahnsinn der Kampf gegen die Indianer eigentlich darstellt und um welches faszinierende kulturelle Erbe sich Amerika seiner Meinung nach betrügt.

Er hält Vorträge, zeigt seine Sammlung mit großem Erfolg in Pittsburgh, New York und Cincinnati. Überall sind die Zeitungen voll von Sensationsmeldungen über die Ausstellung. Doch genau hier liegt aus heutiger Perspektive wohl auch das Problem: Catlins Ausstellung wird von den Medien der Zeit eher als eine Art »Zirkusveranstaltung« hingestellt, und Zeitungen wie der New York Herald ergehen sich in Schilderungen von Abenteuern mit Grizzlys und Szenen, bei denen der mutige Mr. Catlin »gerade noch einmal davongekommen« war. Und Catlin spielt mit. Er selbst ist es, der den Zeitungsjournalisten stets neues Futter für ihre wahnwitzigen Sensationsmeldungen liefert.
Der große Publikumserfolg ermöglicht es letztendlich, dass der Amerikaner – mit zwei lebenden Grizzlys an Bord – nach Europa übersetzt, um die Indianershow auch einem neugierig gewordenen Publikum der Alten Welt, genauer gesagt in London, Brüssel und Paris, zu zeigen. Sogar der populäre französische Lyriker Charles Baudelaire äußert sich lobend über die »Indianershow«, was in der französischen Presse nicht unbemerkt bleibt. Und so entsteht 1841 aufgrund des großen Publikumsinteresses Catlins Buch »*Letters and Notes on the Manners, Customs and Conditions of the North American Indians*«. Es enthält die im positiven Wortsinne nüchternen Aufzeichnungen des Reisenden aus seiner Zeit bei den Indianern. Bis heute ist das Buch eine wertvolle ethnografische Quelle. Später dann erscheint »*Adventures of the Ojibbeway and Ioway Indians in England, France and Belgium*«, ein im Stil eher reißerisches Buch. Die darin enthaltene Schilderung einer stürmischen Atlantiküberquerung in der Begleitung von zwei seekranken Grizzlybären gehört sowohl zu den Raritäten wie zu den Highlights der historischen Reiseliteratur. Von dieser abenteuerlichen Überfahrt lassen wir George Catlin selbst berichten. Bis 1852

erlebt das Buch nicht weniger als drei Auflagen und verkauft sich vor allem in Amerika glänzend.
Als Catlin im selben Jahr versucht, seine mittlerweile berühmt gewordene Sammlung an die US-Regierung zu verkaufen, erhält er eine Abfuhr. Nach den vielen Trips, die ihm Ruhm, aber keineswegs Reichtum eingebracht haben, ist er nun vollständig pleite. Und so kauft ein Industrieller aus Philadelphia die wertvollen Werke indianischer Kunst und lagert sie in einer Fabrik ein. Bis zu seinem Tod wird Catlin versuchen, die Sammlung wiederzubekommen – gelingen wird es ihm aber nicht.
Doch auch chronischer Geldmangel hält den Rastlosen nicht vom Reisen ab. Finanziert von Baron Wilhelm von Humboldt, geht es auf eine »Künstlerreise« – als solche verkauft Catlin sie jedenfalls dem Baron – nach Mittel- und Südamerika, und wieder etwas später malt er die Angehörigen der indigenen Stammesvölker auf der Halbinsel Kamtschatka. Catlin, der in Amerika wenig Erfolg hat, wird in Europa sesshaft und schreibt weiter Bücher. Erst kurz vor seinem Tod kehrt er in die USA zurück. Einen Tag vor Heiligabend 1872 stirbt George Catlin in New Jersey – natürlich auf Reisen. Seiner Witwe gelingt es, die ursprüngliche Sammlung wieder zusammenzuführen. Bereits fünf Jahre nach dem Tod ihres Mannes stiftet sie mehr als 500 Kunstwerke und Ausstellungsstücke dem Smithsonian American Art Museum in Washington, D.C.

[1852. Mit zwei Grizzlys auf dem Atlantik] Wir waren zu dieser Zeit noch immer mitten in dem furchtbaren Sturm, der in seiner Wut zunahm und längst zu viel geworden war für den Geschmack und den Magen der Grizzlys, zu denen in diesem Kapitel noch einige Worte gesagt sein sollen.

Diese beiden heiklen Reisenden vom Fuße der Rocky Mountains, die ich von klein auf großgezogen und vier Jahre durchgefüttert hatte – und deren raue Art beim Zerkratzen und Zerkauen ich nicht nur mit einem halben Dutzend Käfige, die sie zerstört hatten und aus denen sie entkommen waren, bezahlt hatte, sondern auch mit dem Preis für ebenso viele Hunde, die beim Einfangen »verbraucht« worden waren –, waren nun zu den enormen Ausmaßen von je achthundert oder tausend Pfund herangewachsen. Ein Eisenkäfig, ungefähr in Form und Größe eines kleinen Hauses, war notwendig. Er war so groß, dass er nicht in den Laderaum des Schiffes passte, sondern einen nicht unerheblichen Platzbedarf an Deck beanspruchte. Die Front dieses Käfigs bestand aus enormen Eisenstäben, die den Braunbären einen luxuriösen Blick auf die Vorgänge an Deck eröffneten, während sie den Seeleuten und den Zwischendeck-Passagieren das Vergnügen verschafften, diese rauen Exponate der Wildnis Amerikas beobachten und kommentieren zu können. Dieser große Käfig mit seinen Insassen war mit uns in und teilweise durch den Sturm geritten, als die Bären das Objekt von heftigerer Aufmerksamkeit und Aufregung wurden, als wir uns bis jetzt hätten ahnen oder wünschen können. Was sich unter der seekranken und verängstigten Gruppe von Passagieren während dieses röhrenden, pfeifenden, prügelnden und sausenden Sturms abgespielt hatte (und noch immer abspielte), ist nichts Außergewöhnliches und ist bereits Tausende Male beschrieben worden; doch die Seekrankheit und Raserei und Wut dieser beiden Grizzlys – Bewohner der tiefen Schluchten und felsigen Sporne der Rocky Mountains – waren ebenso neue wie beängstigende Eindrücke und entsetzlich für die verschreckte Crew und die Passagiere, die sich darüber ereiferten, weswegen es einen eingeschobenen Kommentar verdient.

Der diesen Tieren zugeteilte Wächter war ein getreuer Mann namens Daniel Kavanagh, der mehrere Jahre als Kurator meiner Sammlung in meinen Diensten stand und angeheuert war, um mich bei meiner Tour durch England zu begleiten. Dieser Mann, beschrieben mit dem vertraulichen und kurzen Spitznamen »Daniel« oder »Dan«, hat eine prominente Rolle bei meinen Tätigkeiten in Europa gespielt; viel wird von ihm auf den folgenden Seiten zu lesen sein. Beim Verladen dieser beiden Tiere mit jenem Mann in New York hatte ich Captain Collins, der konsequenterweise Order an Crew und Zwischendeck-Passagiere ausgegeben hatte, sich nicht in ihre Reichweite vorzuwagen oder Späßchen mit ihnen zu treiben, in vollem Umfang ihre grimmige, hinterlistige und unberechenbare Natur beschrieben. Trotz all dieser Vorsichtsmaßnahmen kam die Neugier – dieser hübsche Charakterzug der menschlichen Natur, der oft auf langen Fahrten unwiderstehlich wird und es vermag, die Klauen des leibhaftigen Teufels in die sanften und grazilen Finger einer Venus oder Daphne zu verwandeln – in den müßiggängerischen Stunden der Seeleute auf, welche sich und die Passagiere vor den Eisenstäben damit amüsierten, dass sie glaubten das schroffe Benehmen ihrer grimmigen Grizzly-Passagiere besänftigen zu können, indem sie ihnen die Tatzen schüttelten und die heimtückischen Hiebe abwehrten und ihnen auswichen, die vom Bärenweibchen herrührten, das sie effektvoll ausführen konnte, indem es sich hinlegte und seinen rechten Arm durch die Eisenstäbe steckte. Bei einem dieser (mittlerweile allgemein als amüsant empfundenen) Anlässe, postierte sich einer der Matrosen vor dem Käfig und forderte ihre Grizzly-Majestät zu einer Art Wettstreit heraus, die (sich offenbar der Natur der Herausforderung bewusst), ihre Augen kapriziös geschlossen, ihren Arm und ihre gewaltige Tatze nach und nach weiter aus ihrem Käfig streckte. Als diese in vollem Umfang herausgestreckt war, führte sie einen Seitenhieb nach seinem Kopfe aus, und zwar einen, der für den Seemann außerordentlich schwer zu parieren war. Er hatte noch Glück, der arme Kerl, dass er zumindest teilweise ausweichen konnte; doch als ihre Pranke an seinem Gesicht vorbeirauschte, trennte eine ihrer Klauen seine komplette Nase ab, die hinunterfiel und nun über seinem Mund hing, kaum gehalten von einem kleinen Stück Haut oder Knorpel, durch das allein er sie noch sein Eigen nennen konnte.

Hier wurde die Ungezwungenheit mit den Bären abrupt gestoppt; die Resultate waren eine Auffrischung des Umgangsverbots durch Captain Collins und eine merkbare Abgekühltheit zwischen den Seeleuten und Passagieren und den Grizzlys während des Rests der Reise.

Der Matrose wurde in der Kajüte in die Obhut von Dr. Madden übergeben – einem profilierten Reisenden durch Afrika und die Westindischen Inseln und nun einem unserer geschätzten Passagiere –, der die Nase fachkundig durch Nähen und Schienen richtete, sie an ihren alten Platz zurückbrachte und sie während der weiteren Reise versorgte. Der arme Seemann hörte nicht auf, dem Bären weiter Rache zu schwören, wenn sie erst einmal das Land erreichen würden. Doch ich glaube, als sie in Liverpool an Land gebracht wurden, war seine Nase noch nicht ausreichend geheilt, um seinen Plan zu begünstigen. Diese unglückliche Affäre fand einige Tage vor dem Sturm statt, den ich zu beschreiben begonnen hatte; und mit der ungastlichen und kalten Distanziertheit, mit der die Bären anschließend von allen an Bord behandelt wurden (lediglich zu festgelegten Zeiten besucht von ihrem alten, jedoch noch nicht wieder vertrauensseligen Freund Daniel, der ihnen ihre tägliche Futterration brachte), waren sie – wie ich bereits erwähnt habe – Teilhaber und Mitleidende mit uns in der Qual und dem Schrecken des Hurrikans, der über dem Schiff tobte, und der See, die über uns hereinschlug.

Der dritte Tag des Sturms wurde der beunruhigendste, und die Nacht dieses Tages, die um uns herum anbrach, wirkte inmitten der eilenden Winde und der knackenden Spiere wie das düstere Leichentuch, das uns im Tod umhüllen sollte. Bis zu diesem Tag brachten das Schiff, obwohl von Wellenberg zu Wellenberg schaukelnd (und hin und wieder springend), und die Elemente in ausgleichendem Maße Ängste und Unterhaltung hervor. Als aber das Licht dieses Tages verschwunden war, war die Neugier besiegt und die Furcht war nicht länger zurückzuhalten – wir hatten den Gipfelpunkt der Gefahr erreicht, und Panik griff um sich und herrschte über jeden Teil des Schiffes. Die Bären, in kontemplativer oder anderer Neigung, waren still gewesen; doch in dieser düsteren Stunde, offenbar all ihre Geduld verlierend, fügten sie zunächst ihr klägliches Heulen und dann ihr grauenvolles Brüllen dem Pfeifen des Windes hinzu und als Nächstes das Knirschen ihrer Zähne und ihre wütenden Sprünge und Schläge und Stöße gegen dic Seiten des Käfigs dem Knacken der Spiere und dem Röhren des Sturms! Und wieder kehrte die Neugier zurück in die verzweifelten Geister und streckte ihre unersättliche Hand aus, sogar inmitten dieses misstönenden und uneinigen Breis der Dunkelheit, aus schneidender Gischt, aus krachenden Masten und aus dem Heulen und Grölen und Wüten von Grizzlybären; denn als die Blitze zuckten, konnte man Männer (und sogar Frauen) sehen, die sich krabbelnd über das Deck hangelten, als ob sie nachsehen wollten, ob sie den Tod erkennen konnten, der bereit war, sie mit gezogener Waffe niederzustrecken.

Der Captain hatte zwanzig Mal alle unter Deck beordert, doch ohne Erfolg, bis, in der vollkommenen Verwirrung seiner Crew und der Passagiere, in der Rabenschwärze des Sturmes, als sein Schiff und unsere Leben in Gefahr waren, sein Sprachrohr verkündete, dass die »Bären auf Deck« seien.

»Um Gottes willen!«, wurde ausgerufen und es hallte wider von einem Ende des Schiffsdecks zum anderen: »Die Grizzlybären sind los! Runter mit den Luken – runter mit den Luken!« Das Gedränge, das nun losbrach, um die Kabinen unter Deck zu erreichen, kann nur richtig nachvollzogen werden von jedem Akteur, der hierbei seinen eigenen Part in seiner eigenen Art und Weise gespielt hat; und von diesen gab es viele. Manche stiegen mit dem Kopf voran hinab, manche seitwärts und andere rollten hinunter und jedermann mit einem atemlosen Blick zurück auf den Nachkommenden als (vermutetem) Grizzlybären – natürlich –, welcher gerade dabei war seinen »Fraß« im nächsten Moment zu beginnen.

Als die Drängelei vorüber war und alle Luken dicht, konnten sich alle unter Deck, selbst inmitten des Alarms, für einen Moment ein Lächeln nicht verkneifen über den seltsamen Standpunkt und die Handlungen einer plumpen, kleinen, irischen Frau, die aus Versehen den falschen Abgang hinuntergerutscht war und ihre »andere Hälfte« nun einer zölibatären Nacht sowie entsetzlichen Vorahnungen im Zwischendeck überlassen hatte, wohin sie auch gegangen wäre, doch ihre eigene Vorsicht wie auch die vereinigten Stimmen der Kajütenpassagiere überzeugten sie davon, nicht zu versuchen, bei Nacht über das Deck zu gehen.

Die Passagiere, vorne und achtern, waren nun alle für den Rest der Nacht gemütlich untergebracht, und des Captains gedämpfte Stimme durch das Sprachrohr in seinen erhobenen Händen und das Trampeln der Männer an Deck beim Hantieren mit den Tauen und beim Wechseln der Segel drangen an unsere offenen Ohren und konstruierten sich plötzlich zu Angriffen und fürchterlichen Kämpfen der Grizzlybären an Deck.

Mitten in diese Mutmaßungen hinein schrie einer der Passagiere und sprang nahe der Kajütentreppe auf, als zum fürchterlichen Erstaunen aller entdeckt wurde, dass einer der Bären die Luke aufgestoßen hatte und dabei war, in die Kabine hinabzusteigen! Der Damensalon unter der Kajüte war der Fluchtort, zu dem der sofortige Andrang strebte, als der stets gute und wohltönende Klang der Stimme des Captains erkannt wurde: »Was ist? Ihr denkt doch wohl nicht, ich sei ein Grizzlybär, oder?« Der gute Bursche! Er hatte niemanden erschrecken wollen. Er hatte lediglich die Luke aufgemacht und kam herunter, um etwas zu Atem zu kommen und um einen »Tropfen zu trinken«. Er ist einem Grizzlybären so unähnlich wie jeder andere auf der Welt, sowohl vom Aussehen her als auch vom Gemüt; doch ausgerechnet bei diesem Anlass trug er eine Kapuze oder Kappe aus schwarzem Ölzeug, die unter dem Kinn zusammengebunden war, und eine Jacke mit langem Pelz außen, die seine Statur (die von stattlicher Größe war und die Gangway gut ausfüllte) mit ein wenig lebendiger Einbildungskraft, die zu solchen Momenten gehört, aussehen ließ wie das Ebenbild eines Grizzlybären. »Wo ist Catlin?«, sagte er. »Verdammte Bären!« »Sind sie frei?«, schrien die Passagiere alle durcheinander. »Frei? – Ja; sie haben schon einen Mann aufgefressen und ein anderer wurde mit einer Handspeiche über Bord gestoßen – er war irrtümlich für einen der Bären gehalten worden. Wir haben ein ziemliches Durcheinander an Deck – es ist so dunkel, dass wir einander nicht sehen können – die Männer hängen alle oben im Takelwerk. Steward! Gib mir ein Glas mit Brandy und Wasser – das Schiff muss geführt werden und ich muss an Deck. Bleibt nah zusammen hier unten und haltet die Luken zu, denn die Braunbären sind das Ganze leid, und beim Scharren für eine Schlafmulde im Boden werden sie die Luken in Nullkommanichts aufhaben, wenn ihr nicht aufpasst. Wo ist Catlin?« »Wir wissen es nicht«, war die vielstimmige Antwort. »Er ist nicht in der Kajüte.« […]

Der Captain hatte wieder seinen Posten bezogen, die Luken waren geschlossen und inmitten des Dösens und Betens und Singens (und gelegentlich des hässlichen Knurrens der Grizzlys, immer wenn eine Welle über das Deck des Schiffes hereinbrach) ging die Nacht der Aufregung und der Verzweiflung dahin, bis die ersten Strahlen der Morgensonne – den Nebel davonjagend und die Wut des Sturmes beschwichtigend – alle Hände wieder an Deck zusammengebracht hatten. Und in ihrer Mitte das fröhliche Gesicht unseres guten Captains; und in ihrem gewaltigen Käfig, der von einer Seite des Decks zum anderen gerutscht, doch nun befestigt war, saßen auf ihren Hinterbacken mit dem ermattetsten und beschämtesten Ausdruck, den man sich vorstellen kann, als sie zwischen ihren Eisenstäben hervorschauten, ihre beiden Grizzly-Majestäten – die in dieser Nacht weder jemanden verletzt hatten noch unter allen Umständen an etwas Böseres oder Sündigeres gedacht hatten als an Flucht aus ihrer Gefangenschaft, falls möglich, und der Gefahrensituation, in der sie sich unglücklicherweise gesehen hatten.

[George Catlin (1852): Adventures of the Ojibbeway and Ioway Indians in England, France and Belgium. Third edition. Erschienen im Eigenverlag des Autors. London. Übersetzt aus dem Amerikanischen von Rainer Aschemeier und Nina Schiefelbein]

[1850er-Jahre. Am Rande des Yellowstone-Gebiets. Oberer Missouri (USA)] Brief Nr. V. In meinem früheren Brief, erzählte ich euch, dass rund um das Fort eine Gruppe von wilden, nicht zum Stil der Umgebung passende Geister campierten – Chiefs und Häuptlinge – Krieger, Frauen und Kinder verschiedener Stämme – von Crows und Blackfeet, Ojibbeways, Assinneboins und Crees oder Knisteneaux. Unter ihnen und in ihrer Mitte bin ich, mit Farbdosen und Leinwand, behaglich eingerichtet in einer der Bastionen des Forts, das ich als mein Atelier benutze. Meine Staffelei steht vor mir und der kühle Verschluss einer zwölfpfündigen Kanone dient mir als komfortabler Sitzplatz, während ihre Mündung aus einer der Schießscharten hervorlugt. Der Lauf meines Pinsels ist ein Mysterium der höchsten Kategorie für diese roten Söhne der Prärie, und mein Zimmer ist von früh bis spät der Sammelpunkt dieser wilden und argwöhnischen Geister, die sich hier treffen, um unterhalten zu werden, und mir ihre Wertschätzung dafür signalisieren. Doch untereinander streifen sich ihre Blicke in tief verwurzeltem Hass und Rachegelüsten. Nun, jedenfalls solange sie sich im Fort aufhalten, sind ihre Waffen in der Waffenkammer gut aufgehoben, und so kann hier nichts weiter als Blicke und Gedanken ausgetauscht werden. Doch Tod und gräuliche Zerstörungswut werden ihre Blicke begleiten, wenn diese wilden Geister wieder frei atmen und handeln können, dort auf den weiten Ebenen.

Heute habe ich ein Porträt des Oberhäuptlings der Blackfoot-Nation gemalt. Er ist ein gut aussehender, allseits geehrter Indianer, um die fünfzig Jahre alt und superb gekleidet. Während er Modell saß, war er umgeben von seinen eigenen Kriegern und Wachmännern, wurde aber auch von seinen Feinden begutachtet, den Crows, den Knisteneaux, Assinneboins und Ojibbeways. Eine Reihe angesehener Persönlichkeiten von jedem der genannten Stämme lag den ganzen Tag an den Seiten meines Zimmers herum, sich gegenseitig die Schlachten rezitierend, die sie gefochten hatten und auf die Skalps hindeutend, die sie als Beweis ihrer Siege, an den Säumen ihrer Hemden und Hosen befestigt, mit sich führten. Dies ist, wenn man in der Mitte solch entflammbaren und entzündlichen Materials sitzt, das hier zusammengetragen wurde – zum ersten Mal in seinem Leben unbewaffnet – kurios mit anzusehen. Hier tauschen diese Leute friedvoll und ruhig ihre Lebenserinnerungen aus und rauchen ihre Pfeife darauf. Wenn die Zeit einiger Wochen oder Tage sie auf den weiten Ebenen wieder zusammenführen sollte, wird der Kriegsschrei erschallen und ihre tödlichen Bogen werden aufeinander gerichtet sein.

Der Name des Würdenträgers, von dem ich soeben sprach, lautet Stu-mick-o-sucks (des Bisons Rückenfett); das ist der fellüberzogene Höcker, das köstlichste Fleisch des Büffels. Es gibt auf dem gesamten Kontinent vielleicht keinen Stamm, der sich komfortabler und farbenprächtiger kleidet als die Blackfeet, außer vielleicht der Volksgruppe der Crows. In allen Fällen gibt es bei den verwendeten Grundmaterialien keinen Unterschied in der Kostbarkeit und Eleganz der Tracht. Doch es gibt einen bestimmten Modus bei jedem Stamm, Stickereien oder Ornamente mithilfe eines Stachelschweinstachels anzubringen. Sie stellen den vorherrschenden Schmuck all ihrer feinen Kleidung dar und können von demjenigen einfach wiedererkannt und einem bestimmten Stamm zugeordnet werden, der sich ein wenig mit den Mustern auskennt. Die Tracht des Anführers, den ich soeben ansprach, zum Beispiel, setzt sich zusammen aus einem Hemd oder einer Tunika, gearbeitet aus zwei fein gegerbten Hirschfellen, die mit den Halsenden der Häute abwärts und den zusammengenähten Häuten der Hinterbeine zusammengefügt wurden. Die Säume verlaufen an jedem Ärmel vom Nacken bis zum Handknöchel. Der Handsaum ist mit einem ca. zwei Inch breiten Band sehr schöner Stachelschweinstickereien bedeckt. Von hier aus bis zu den Schultern zieht sich eine Einfassung von Locken schwarzen Haares, die der Besitzer der Kleidung einst von den Köpfen seiner eigenhändig in der Schlacht getöteten Opfer nahm. Die Hosen sind aus dem gleichen Material gefertigt, und an der Beinaußenseite hinab verläuft ein ganz ähnliches Band der gleichen Breite und in derselben Art und Weise mit Stickereien und Skalp-Locken verziert. Diese Haarlocken entstammen Skalps und werden als Trophäen getragen.

Die Ehefrau (oder Squaw) dieses Würdenträgers trägt den Namen Eeh-nis-kin (der Kristall), und ich habe sie ebenfalls auf meine Leinwand gebannt. Ihr Antlitz ist recht gefällig, was ungewöhnlich ist unter den Blackfeet. Ihre Kleidung besteht aus Häuten. Als Jüngste eines Schwarms von sechs oder acht und als Letzte, die er unter seine Fittiche genommen hat, wird sie stets mit zufriedenem Lächeln vonseiten des Häuptlings bedacht, weswegen er sie auch von der vielen Plackerei im Indianercamp fernhält. Er hielt sie kontinuierlich im Umkreis seiner eigenen Person und wachte über sie wie über seinen Augapfel. Der Enkel dieses Anführers, ein Junge im Alter von sechs Jahren, zu jung, um bereits einen eigenen Namen zu tragen, stand Modell wie ein echter Krieger. Und ich habe ihn in voller Lebensgröße gemalt, mit umgeschnalltem Bogen und Köcher und seiner Robe aus Waschbärenfell. Die Geschichte dieses Jungen ist durchaus kurios und interessant: Im Falle des Todes des Häuptlings, von dem ich gesprochen habe, wird er die Rolle des Stammesführers erbmäßig zugesprochen bekommen. Dieser Junge wurde bereits zwei Mal von den Crows gestohlen – als Kriegslist – und zwei Mal von den Blackfeet wieder zurückgeholt, und zwar unter nicht unbeträchtlichen Gefahren für Leib und Leben. Deswegen ist er aus Gründen des

Gewahrsams und des Schutzes seiner Person gegenwärtig bei Mr M'Kenzie untergebracht, bis er das richtige Alter erreicht hat, um das Amt zu übernehmen, das ihm zugesprochen wurde, und in der Lage ist, sich selbst zu verteidigen.

Der Skalp, den ich zuvor angesprochen hatte, wird gewonnen, indem man ein Stück Kopfhaut ausschneidet, ungefähr handflächengroß oder kleiner, darunter die äußerste Mitte, gewissermaßen die »Krone« des Kopfes, dort, wo das Haar strahlenförmig entspringt – dem Punkt, dem die Phränologie [Pseudowissenschaft, die aufgrund bestimmter Ausprägungen der Schädelform Rückschlüsse auf den menschlichen Charakter zieht] das Selbstwertgefühl zuordnet. Dieser Hautlappen wird aufbewahrt und mit großem Geschick getrocknet, denn er dient als Nachweis für den getöteten Feind und als Bestätigung dafür, dass sich ein Mann als Krieger bezeichnen darf. Nachdem der Skalp nun, wie man sagt, »betanzt« wurde (d.h., nachdem er auf einen Spieß gesteckt oder »von einer alten Frau« hochgehalten wurde und die Krieger intervallweise zwei bis drei Wochen darum herum getanzt haben), wird er um den Griff einer Lanze oder einer Streitaxt gewickelt. Oder er wird in viele kleine Locken aufgeteilt, um die Kleidung des Siegers zu verzieren oder zu schmücken. Wenn die Anzüge solche Trophäen tragen, ist es selbstverständlich eine schwierige Angelegenheit, sie dem Indianer abzukaufen, denn dieser wird sie über alles andere wertschätzen.

[George Catlin (1859): Letters And Notes on The Manners, Customs And Conditions of The North American Indians. J. W. Bradley, Philadelphia. Übersetzt aus dem Amerikanischen von Rainer Aschemeier.]

Fridtjof Nansen
1861–1930
Polarforscher und Diplomat

Der Sohn eines Rechtsanwalts promovierte mit einer Arbeit über das zentrale Nervensystem und erhielt aufgrund seines Engagements für die internationale Flüchtlingshilfe 1922 den Friedensnobelpreis. Für viele ist er bis heute aber vor allem eines: Polarforscher.

Als Fridtjof Wedel-Jarlsberg Nansen am 10. Oktober 1861 auf dem Gut Store Frøn geboren wird, heißt der Ort, zu dem das Anwesen gehört, noch Christiania. Ab 1925 wird man die Stadt Oslo nennen, und Nansen wird bereits Nobelpreisträger sein, doch im Herbst 1861 ist davon noch nichts zu ahnen. Fridtjofs Vater, ein Rechtsanwalt, drillt die Kinder auf moralische Integrität und unbedingten Durchhaltewillen.
Die sportliche Mutter bringt dem Kleinen das Skifahren bei.
Eines Tages – der kleine Fridtjof ist mit seinen Eltern beim Angeln – passiert das, was zur ersten Anekdote im Leben des Norwegers wird: Ein Angelhaken verfängt sich in Fridtjofs Unterlippe so, dass er nur entfernt werden kann, indem die Mutter die Lippe mit einem Jagdmesser aufschneidet. Bei dieser harschen Operation soll der Junge nicht einmal mit der Wimper gezuckt haben.
Als der junge Fridtjof heranwächst, wird aus ihm ein begeisterter Sportsmann. Mit Anfang 20 ist er in der Lage, immense Strecken auf Langlaufskiern zurückzulegen, und er liefert sich einen spannenden Wettkampf mit dem späteren norwegischen Eisschnelllaufweltmeister Axel Poulsen.

Eigentlich will er nach dem Schulabschluss zur Marine gehen, doch auf Anraten des Vaters entscheidet sich Fridtjof schließlich für ein Zoologiestudium. Während des zweiten Semesters darf der Student bereits etwas »Polarluft« schnuppern. Sein Professor hat ihm einen Posten auf dem Seehundfänger »Viking« verschafft. Nansen begnügt sich jedoch nicht mit der Seehundjagd, sondern es interessieren ihn auch die Wassertemperaturen in den verschiedenen Meerestiefen. Mit der Auswertung seiner Daten landet der junge Student gleich einen »Volltreffer«: Zweifelsfrei widerlegt er die Lehrmeinung, nach der sich Packeis in einer Meerestiefe von mindestens 31 Metern bilde. Nansen beweist, dass das Packeis tatsächlich erst nahe der Meeresoberfläche entsteht. Plötzlich und über Nacht ist der junge Mann nun einem großen Kreis von Wissenschaftlern ein Begriff.
Dem Nachwuchsforscher dämmert noch etwas: Aufgrund seiner Packeisstudie entwickelt er die Theorie, wonach der Nordpol auf keiner festen Landmasse liegt – wie bisher geglaubt – sondern, dass es vielmehr möglich sein müsste, sich auf einer Packeisscholle über den Nordpol treiben zu lassen. Ein aufregender Gedanke, den Nansen einige Jahre für sich behält.
Er absolviert während einer Italienreise weitere Fortbildungen an der zoologischen Station von Neapel und wird 1888 promoviert. Im gleichen Jahr noch fasst er den waghalsigen Plan, das seinerzeit noch unbekannte Innere Grönlands von Ost nach West zu durchqueren. Ein Kopenhagener Kaufmann findet Gefallen an dieser imageträchtigen Aktion und sieht wohl schon die großen Schlagzeilen der Tagespresse vor sich. Jedenfalls unterstützt er monetär die Expedition, zu der außer Nansen selbst noch fünf Begleiter gehören, darunter auch Otto Sverdrup, der später auch bei der legendären Nordpolexpedition dabei sein wird. Alle Männer wurden vor

Fridtjof Nansen vor der im meterdicken Packeis eingeschlossenen »Fram« (aufgenommen während der Nordpolexpedition 1893–96)

Antritt der Reise auf Herz und Nieren gecheckt. Nansen, als Leiter der Unternehmung, hatte zudem spezielle Schlitten und Ausrüstungsgegenstände konstruiert. Das zahlt sich aus: In gut vierzig Tagen durchquert die Gruppe das grönländische Eis und erbringt den Beweis darüber, dass auch das Innere dieser größten Insel der Welt vollständig mit Schnee und Eis bedeckt ist. Nansen schreibt »Auf Schneeschuhen durch Grönland«, ein informatives und dennoch allgemein verständliches Buch, das überall in Europa ein dankbares

Publikum findet. Nach seiner Rückkehr aus Grönland ist Hochzeit angesagt: Fridtjof Nansen heiratet die Sängerin Eva Sars. Die Hochzeitsreise ist auch Vortragsreise: In vielen Hauptstädten berichtet Nansen von seinen Unternehmungen. Er ist selbst erstaunt darüber, welch großes Renommee ihm die Grönlandexpedition eingebracht hat.

Als in den 1890er-Jahren an der grönländischen Küste Trümmer des US-Forschungsschiffs »Jeanette« angespült werden, das 1881 nördlich der Neusibirischen Inseln im Eis zerquetscht wurde und gesunken war, kommt Nansen wieder seine Theorie mit der Eisdrift über den Nordpol in den Sinn. Die Unglücksstelle der »Jeanette« lag mehrere Tausend Seemeilen entfernt und von Grönland aus betrachtet, quasi »auf der anderen Seite« der Erdkugel. Irgendwie mussten es die Trümmerteile also über den Nordpol geschafft haben. Trotz vieler Stimmen, die ihn als »Verrückten« titulieren, plant Nansen, der Welt zu beweisen, dass es eine Strömung gibt, die ein Schiff, das im Packeis eingefroren ist, geradewegs über den Nordpol treiben lässt. Trotz massiver Kritik aus Kreisen der Wissenschaft hat er wieder Geldgeber hinter sich, die die Publicity der Grönlandexpedition wohl noch gut im Gedächtnis behalten haben. Nansen lässt sich eigens ein Schiff konstruieren, die »Fram«, die für die Belastungen des Einfrierens im Packeis optimiert und gegen Kälte perfekt isoliert ist. Im Juni 1893 geht die Reise los, und zunächst sieht alles gut aus. Die Gruppe hat für fünf Jahre Proviant im Gepäck, jeder einzelne Ausrüstungsgegenstand ist von Fachleuten doppelt und dreifach geprüft und schließlich genehmigt worden. Nansen ist der Expeditionsleiter, und Sverdrup ist Kapitän an Bord. In der Nähe der Neusibirischen Inseln, nahe der Stelle, an der die »Jeanette« zu Bruch ging, lassen die Männer die »Fram« im Packeis festfrieren. Bereits erste Wassertiefenmessungen beweisen, dass es unter dem nördlichen Packeis kein Land gibt, nicht einmal seichtes Wasser. Im Gegenteil: Der Ozean ist hier tief wie ein Höllenschlund. Doch die Strömung, die das eingefrorene Schiff über den Nordpol ziehen soll, stellt sich als quälend langsam heraus. Am 14. März 1895 trifft der Expeditionsleiter eine folgenschwere Entscheidung: Es geht von nun an zu Fuß weiter. Mit Begleiter Hjalmar Johansen begibt sich Nansen auf den Weg ins Ungewisse. Sie haben zwei Dutzend Hunde, drei Schlitten und zwei Kajaks dabei. Nansen hat von vornherein gar nicht erst vor, wieder zur »Fram« zurückzukehren, sondern will vielmehr nach Erreichen des Nordpols über das Packeis wieder auf Festland gelangen – ein ziemlich riskantes Unterfangen.

Doch nach drei Wochen Wanderung ist klar: Der Nordpol kann nicht erreicht werden. Auf einer Insel des Franz-Joseph-Lands durchleben die beiden den eisigen Polarwinter. 1896, auf dem Rückweg nach Süden, werden die Forscher von einem Eisbären angegriffen, die mit Ausrüstung und Proviant beladenen Kajaks treiben davon, und eines davon wird wenig später von einem Walross attackiert und schwer beschädigt. In dieser fast aussichtslosen Situation erscheint am Horizont eine Gruppe von Menschen: Es sind die Teilnehmer der Nordpolexpedition des Briten Frederick George Jackson! Nansen und Johansen sind gerettet. Zum Dank unterstützen sie in den folgenden zwei Monaten die Briten bei ihren Messungen und Erhebungen. Am 13. August 1896 ist es dann so weit: Die »Windward«, das Schiff des britischen Forschers, bringt die beiden Norweger zurück in die Heimat. Nur sieben Tage später landet auch der Rest der Mannschaft mit der »Fram« im Hafen von Tromsø an. Obwohl das Team den Nordpol nicht erreichen konnte, ist der Jubel grenzenlos. »In Nacht und Eis«, das zweibändige Werk, in dem Nansen von der abenteuerlichen Reise berichtet, wird in ganz Europa ein Bestseller und zählt heute zu den Klassikern unter den Reiseberichten des 19. Jahrhunderts; ihm sind die ausgewählten Originaltexte entnommen. In Deutschland ist der Erfolg so riesig, dass ein dritter Band aufgelegt wird: »Wir Framleute« von Bernhard Nordahl und »Nansen und ich auf 86°14'« von Hjalmar Johansen. Nansen erhält 1897 eine außerordentliche Professur für Zoologie an der Universität von Christiania, die 1908 in eine Professur für Ozeanografie umgewandelt wird. Zwar sticht er 1910 bis 1914 noch einmal in See, doch gilt sein Hauptaugenmerk mittlerweile der Politik. Bei der Erlangung der Unabhängigkeit Norwegens im Jahr 1905 wird das Volk gefragt, ob es eine Monarchie oder eine Republik haben möchte. Im Falle einer Republik wäre Nansen sogar als Präsident im Gespräch, doch dazu kommt es nicht. 1920 ist er Hochkommissar für Flüchtlingsfragen des internationalen Völkerbundes – einer Vorgängerorganisation der UNO – und ruft die »Nansenhilfe« ins Leben, die sich der unbürokratischen Rückführung von Kriegsgefangenen widmet. Er schafft ein Dokument für Flüchtlinge ohne Staatsangehörigkeit, den »Nansenpass«, der fortan von mehr als 50 Staaten als offizielles Ausweisdokument anerkannt wird. Für dieses Engagement wird dem Norweger im Jahr 1922 der Friedensnobelpreis zuerkannt. Das Preisgeld spendet er. 1928 wird Nansen durch einen Herzanfall so geschwächt, dass er sich fortan aus allen öffentlichen Ämtern zurückzieht. Am Neujahrstag 1930 erleidet er einen Schwächeanfall. Am 17. Mai 1930, dem norwegischen Nationalfeiertag, stirbt Fridtjof Nansen friedlich auf der Terrasse seines Hauses in Lysaker, nahe der Stadt, die nun Oslo heißt.

[Juni 1895, Nordpolarmeer. Seehundbraten mit Hindernissen] Während wir damit beschäftigt waren, war in der Nähe von uns ein Seehund an die Oberfläche gekommen, doch hielt ich es für besser, mit dem Schießen zu warten, bis die Kajaks fertig waren; wir konnten dann ganz sicher sein, daß wir ihn auch bekamen, ehe er untertauchte. Natürlich zeigte er sich nicht wieder. Diese Seehunde scheinen verhext zu sein; es ist gerade, als ob sie uns geschickt würden, um uns aufzuhalten. Schon vorher hatte ich an demselben Tage zweimal solche gesehen und ihnen vergeblich aufgelauert. Ich hatte es sogar fertig gebracht, einen zu fehlen, das dritte mal bei einem Seehunde. Es sieht für unsere Munition bös aus, wenn ich so fortfahre; ich habe gefunden, daß ich für diese kurzen Entfernungen zu hoch ziele und darüber hinwegschieße. Dann fuhren wir über die blauen Wogen, das erste mal, daß wir uns auf einer längern Fahrt befanden. Als eine höchst merkwürdige Flotille müssen wir erschienen sein, beladen mit Schlitten, Säcken, Gewehren und Hunden; eine echte Zigeunerbande, sagte Johansen. Wenn uns damals jemand plötzlich getroffen hätte, er würde wohl schwerlich gewußt haben, was er aus uns machen sollte, Polarforscher gewiß nicht. [...]

Endlich hatten wir das Ende des Teiches ereicht; ich sprang auf den Rand des Eises, um die Kajaks heraufzuziehen, als ich plötzlich neben uns starkes Plätschern hörte. Es war ein Seehund, der dort gelegen hatte. Bald darauf vernahm ich ein ähnliches Plätschern auf der anderen Seite und dann erschien zum dritten mal ein ungeheuerer schwimmender Kopf, der sich schnaufend hin und her bewegte, um dann tief unter den Rand des Eises zu tauchen, ehe wir Zeit hatten, die Büchsen herauszuholen. Es war ein schöner großer bärtiger Seehund.

Wir waren fest überzeugt, daß er für immer verschwunden sei; aber kaum hatte ich einen der Schlitten halbwegs auf das Eis heraufgezogen, als der ungeheuere Kopf wieder ganz in der Nähe des Kajaks auftauchte und schnaufte und das Manöver von vorhin wiederholte. Ich blickte mich nach meiner Büchse um, konnte sie aber, da sie auf dem Kajak lag, nicht erreichen. »Nehmen Sie rasch das Gewehr, Johansen, und schießen Sie los; aber rasch, rasch!« In demselben Augenblick hatte er die Büchse an die Wange gerissen und gerade, als der Seehund unter dem Eisrande wieder verschwinden wollte, knallte es. Das Thier bäumte sich ein wenig und trieb dann oben, wobei ihm das Blut aus dem Kopfe floß. Ich ließ den Schlitten fallen, ergriff die Harpune, und schnell wie der Blitz warf ich sie in den fetten Rücken des Seehundes, der zitternd auf der Oberfläche des Wassers lag. Da begann er sich zu regen; es war noch Leben in ihm. In der Besorgniß, daß die Harpune mit der dünnen Leine nicht halten möchte, wenn das ungeheuere Thier seine Bewegungen ernstlich beschleunigen sollte, zog ich das Messer aus der Scheide und stieß es dem Seehund in den Hals, sodaß ein Blutstrom hervorquoll. Das Wasser war auf eine weite Strecke geröthet, und ich bedauerte sehr, daß diese Zuthat zu einer schönen Mahlzeit in solcher Weise vergeudet wurde. Daran war jedoch nichts zu ändern; unter keinen Umständen wollte ich das Thier verlieren, weshalb ich ihm der Sicherheit wegen noch einen weitern Harpunenstoß versetzte. Mittlerweile war der Schlitten, der schon halb aufs Eis hinaufgezogen gewesen war, wieder herabgeglitten, und die Kajaks waren mit Johansen und den Hunden abgetrieben. Er versuchte, den Schlitten auf das Kajak zu ziehen; allein vergeblich, und so blieb der Schlitten mit dem einen Ende im Wasser und mit dem andern auf dem Kajak hängen. Der Schlitten holte die ganze Flotille über, Johansen's Kajak so weit, daß die eine Seite im Wasser lag. Dabei leckte dieses wie ein Sieb, und das Wasser stieg im Innern mit besorgnißerregender Schnelligkeit. Der Kochapparat, der auf Deck gestanden hatte, fiel herunter und trieb mit seinem gesammten werthvollen Inhalt lustig vor dem Winde fort, von dem glücklicherweise wasserdichten Aluminiummantel über Wasser gehalten. Auch die Schneeschuhe waren hinuntergefallen und schwammen umher, während die Flotille tiefer und immer tiefer sank. Inzwischen stand ich und hielt unsere kostbare Beute fest, die ich nicht fahren lassen durfte. Das Ganze war ein Bild vollständigster Verwirrung. Johansen's Kajak hatte sich mittlerweile dermaßen auf die Seite geneigt, daß das Wasser die Oeffnung auf Deck erreichte und das Fahrzeug sofort voll lief. Nun blieb mir keine andere Wahl, als den Seehund loszulassen und das Kajak heraufzuschleppen, ehe es in die Tiefe sank. Dies geschah, so schwer das mit Wasser gefüllte Fahrzeug auch war. Dann kam der Seehund an die Reihe; er bot ein viel schlimmeres Stück Arbeit. Wir hatten unsere liebe Noth damit, das ungeheuere Thier Zug für Zug auf das Eis zu zerren. In unserm Jubel tanzten wir ausgelassen rund um das Thier; ein voll Wasser gelaufenes Kajak und unsere durchnäßten Sachen galten in diesem Moment für nichts. Hier hatten wir doch Lebensmittel und Feuerung auf lange Zeit, und unsere Sorgen waren mit einem Schlage verschwunden. […]

In der Nähe fanden wir einen Lagerplatz. Rasch war das Zelt aufgeschlagen, unser Fang zertheilt und in Sicherheit gebracht, und ich kann wol sagen, selten haben auf dem Treibeis Menschen gehaust, die sich so zufrieden gefühlt haben, wie die beiden, die an diesem Morgen in ihrem Sacke saßen und Seehundfleisch, Speck und Suppe schmausten, solange sie noch Platz im Magen hatten. Wir stimmten beide darin überein, daß wir eine besser schmeckende Mahlzeit nicht hätten bekommen können. Dann krochen wir tief in unsern lieben Schlafsack hinein, von dem wir uns fürs nächste noch nicht zu trennen brauchten, und schliefen den Schlaf des Gerechten, in dem Bewußtsein, daß wir uns der unmittelbaren Zukunft wegen jedenfalls noch keine Sorge zu machen brauchten. [...]

Sonntag, 23. Juni. Heute ist der Tag vor Johannis, zugleich Sonntag. Wie jubeln heute alle Schulkinder! Wie werden die Leute zu Hause in Norwegen in Scharen nach den schönen Wäldern und Thälern hinausströmen ... und wir sitzen hier noch immer auf dem Treibeise, kochen und braten uns Seehundspeck, essen Seehundfleisch, bis uns der Thran vom Leibe tropft, und vor allen Dingen, wissen nicht, wie schnell dieses Leben ein Ende nehmen wird! Vielleicht haben wir noch einen Winter vor uns. Am allerwenigsten hätte ich geglaubt, daß wir jetzt hier sein würden!

Indeß ist es eine angenehme Veränderung, nachdem wir unsere Rationen und die Feuerung auf ein Minimum herabgesetzt hatten, jetzt wieder verschwenden und so viel und so oft essen zu können, als wir mögen. Gut schmeckt es, das Seehundfleisch, und wir gewinnen es immer lieber. Den Speck finde ich sowol roh wie gebraten ausgezeichnet, er kann die Butter gut ersetzen. Das Fleisch ist in unsern Augen so gut, wie Fleisch nur sein kann. Wir verzehrten es gestern zum Frühstück in Gestalt von Fleisch und Suppe mit rohem Speck. Zum Mittagessen briet ich Schnitten, die hoch gelungen waren und selbst im »Grand Hotel« in Christiania nicht besser hätten sein können, wenn auch ein gutes Seidel Bockbier eine willkommene Zugabe gewesen wäre. Zum Abend bereitete ich Blutpfannkuchen, in Speck anstatt in Butter gebacken; sie waren so vorzüglich, daß Johansen sie für ersten Ranges erklärte, von meiner eigenen Ueberzeugung gar nicht zu reden. Das Braten im Zelt auf einer Thranlampe ist jedoch ein zweifelhaftes Vergnügen. Wenn die Lampe selbst nicht raucht, so thut dies der Speck und bereitet dem unglücklichen Koch die peinigendsten Schmerzen in den Augen; er kann sie kaum offen halten, und sie thränen stark. Aber die Folgen könnten noch schlimmer sein. Die Thranlampe, die mir aus einem Stück Neusilberblech herzustellen gelungen war, überhitzte sich eines Tages unter der heißen Bratpfanne, und schließlich gerieth die ganze Geschichte, die Speckstücke und der Thran, in Brand. Die Flamme schoß hoch empor. Ich versuchte, sie auf jede mögliche Weise zu löschen, allein es wurde immer schlimmer. Das Beste wäre gewesen, die ganze Lampe hinauszutragen, allein dazu war keine Zeit. Das Zelt begann sich mit erstickendem Rauch zu füllen; da ergriff ich als letztes Mittel eine Hand voll Schnee und warf ihn auf den brennenden Thran. Das hätte ich aber lieber nicht thun sollen. Es gab eine gewaltige Explosion; der brennende Thran flog nach allen Richtungen, und von der Lampe selbst stieg ein Flammenmeer auf, welches das ganze Zelt erfüllte und alles verbrannte, dem es nahe kam. Halb erstickt warfen wir uns beide gegen die verschlossene Oeffnung, sprengten die Knöpfe ab und stürzten uns kopfüber ins Freie, thatsächlich froh, mit dem Leben davongekommen zu sein. Bei der Explosion war die Lampe ausgegangen; als wir aber das Zelt untersuchten, fanden wir in die seidene Wand gerade über der Stelle, wo die Bratpfanne stand, ein großes Loch gebrannt. Eins unserer Schlittensegel mußte dafür büßen. Mit großer Mühe zündeten wir wieder Feuer an, sodaß ich den letzten Pfannkuchen backen konnte. Dann aßen wir ihn in frohester Stimmung mit Zucker und erklärten ihn für die köstlichste Speise, die wir je genossen hätten. Wir hatten aber auch guten Grund, in gehobener Stimmung zu sein, da die Beobachtung von diesem Tage uns auf 82° 4,3' nördlicher Breite und 57° 48' östlicher Länge versetzte. Trotz der westlichen und zeitweise südwestlichen Winde waren wir in fünf Tagen fast 14 Minuten nach Süden und beinahe gar nicht nach Osten gekommen. Eine höchst überraschende und befriedigende Entdeckung. Draußen wehte noch immer Nordwind, und wir trieben infolge dessen südwärts, in mildere Regionen. [...]

[5. August 1895, Nordpolarregion. Angriff eines Eisbären und Tod der Hunde] Noch nie haben wir so schlechtes Eis gehabt als gestern, doch brachten wir es trotzdem fertig, unsern Weg mit Gewalt etwas weiter fortzusetzen. Zwei glückliche Begebenheiten hatten wir an diesem Tage; die erste war, daß Johansen nicht von einem Bären aufgefressen wurde, die zweite, daß wir offenes Wasser unter dem Gletscherrande am Lande sahen.

Wir brachen gestern Morgen um 7 Uhr auf und kamen auf Eis, das so schlecht wie möglich war. Es war, als ob ein

Riese ungeheuere Blöcke kopfüber, kopfunter hinabgeschleudert und dazwischen nassen Schnee mit Wasser ausgestreut habe, in dem wir bis an die Hüften einsanken. Auch zahlreiche, tiefe Tümpel befanden sich zwischen den Blöcken. Es war eine Quälerei über Berg und Thal, auf und nieder über Block hinter Block, über Rücken hinter Rücken, mit tiefen Spalten dazwischen; keine freie Stelle groß genug, um nur das Zelt aufzuschlagen: so ging es die ganze Zeit weiter. Um unser Unglück zu vollenden, herrschte ein solcher Nebel, daß wir keine hundert Meter weit sehen konnten.

Nach einem unsagbar mühevollen Marsche erreichten wir endlich eine Rinne, über die wir mit den Kajaks hinüberfahren mußten. Nachdem wir den Rand der Rinne von dem jungen Eis und den Eisklumpen freigemacht hatten, zog ich meinen Schlitten an den Rand, wo ich ihn festhielt, damit er nicht ins Wasser gleiten könne. Plötzlich wurde es hinter mir lebendig, und Johansen, der sich gerade umgedreht hatte, um seinen Schlitten zu dem meinigen zu ziehen, schrie: »Schnell die Büchse!« Ich drehe mich um und erblicke einen ungeheuern Bären, der sich gerade auf Johansen wirft, der auf dem Rücken lag. Ich greife nach meiner Büchse, die – im Futteral –! auf dem Verdeck lag, allein im demselben Augenblick gleitet das Kajak ins Wasser. Mein erster Gedanke ist, mich ebenfalls ins Wasser und über das Kajak zu werfen und von dort zu schießen, ich sehe aber ein, wie gefährlich das sein würde. Ich beginne daher, das Kajak mit seiner schweren Ladung so rasch wie möglich auf den hohen Rand des Eises zurückzuholen, und liege dabei ziehend und zerrend auf den Knien, um die Büchse zu fassen. Ich habe keine Zeit, mich umzublicken und zu sehen, was hinter mir vorgeht, als ich Johansen plötzlich in aller Ruhe hinter mir sagen höre: »Schieß schnell, wenn es nicht zu spät sein soll!«

Wie ich mich beeilte! Endlich hatte ich das Schaftende erfaßt, zog die Büchse heraus, drehte mich in sitzender Stellung herum und spannte im Nu den Hahn des Schrotlaufes. Der Bär stand keine zwei Meter entfernt, bereit, meinem Hunde »Kaiphas« ein Ende zu machen. Es war keine Zeit zu verlieren. Ich konnte nicht erst den Hahn des andern Laufes spannen, ich jagte dem Bären eine Schrotladung hinter das Ohr und streckte ihn todt zwischen uns nieder.

Der Bär musste unserer Fährte wie eine Katze gefolgt sein und sich, von den Eisblöcken verdeckt, herangeschlichen haben, während wir das Eis in der Rinne entfernt und ihm den Rücken zugedreht hatten. An der Spur konnten wir sehen, wie der Bär über einen kleinen Rücken unter der Deckung eines Hügels neben Johansen's Kajak gekrochen war. Während letzterer, ohne etwas zu argwöhnen oder sich umzublicken, zurückging und sich bückte, um die Zugleine aufzunehmen, hatte er plötzlich ein am Ende des Kajaks hockendes Thier in Sicht bekommen, aber geglaubt, daß es »Suggen« sei. Ehe er noch Zeit hatte, recht zu begreifen, daß das Thier dazu zu groß sei, hatte er einen Schlag hinter das rechte Ohr bekommen, daß ihm die Funken aus den Augen stoben, und war dann, wie erwähnt, auf den Rücken gefallen. Er suchte sich so gut wie möglich mit den Händen zu wehren; mit der einen Hand packte er das Thier bei der Kehle, hielt sie fest und drückte sie mit aller Kraft zu. Gerade als der Bär im Begriff war, Johansen in den Kopf zu beißen, hatte dieser die denkwürdigen Worte gesprochen: »Schieß schnell!« Der Bär hatte fortwährend nach mir hingeblickt und ohne Zweifel darüber nachgedacht, was ich wol zu thun beabsichtigte, dann aber den Hund zu sehen bekommen und sich gegen diesen gewandt. Schnell wie der Gedanke hatte Johansen losgelassen und war fortgekrochen, während der Bär »Suggen« einen Schlag versetzt hatte, der den Hund ebenso kräftig aufheulen ließ, als wenn er von uns Prügel bekommen hätte. Dann hatte »Kaiphas« einen Klaps an die Nase erhalten. Inzwischen hatte Johansen sich auf die Beine gearbeitet und, als ich schoß, seine Büchse ergriffen, die aus dem Loche des Kajaks herausragte. Der einzige angerichtete Schaden bestand darin, daß der Bär Johansen etwas Schmutz von der rechten Backe abgekratzt, sodaß man dort eine weißen Streifen sah, und ihm eine leichte Verletzung an der einen Hand zugefügt hatte; »Kaiphas« hatte ebenfalls eine Schramme an der Nase.

Kaum war der Bär gefallen, als wir in geringer Entfernung noch zwei andere über einen Eishaufen gucken sahen; es waren die Jungen, die natürlich den Erfolg der mütterlichen Jagd sehen wollten. Es waren zwei große Junge. Ich hielt es nicht für der Mühe werth, ihnen eine Patrone zu opfern; aber Johansen meinte, daß das Fleisch junger Bären einen viel zartern Geschmack habe als dasjenige alter Thiere. Er wolle einen schießen, sagte er, und rannte davon; mittlerweile hatten sich die jungen Bären auf die Socken gemacht. Doch kamen sie etwas später wieder zurück, und wir hörten sie noch in weiter Entfernung nach der Mutter brüllen.

Johansen sandte ihnen eine Kugel nach, doch war die Distanz zu groß, sodaß er nur eins der Jungen verwundete.

Unter fürchterlichem Gebrüll machte es sich wieder davon, Johansen hinterher. Doch gab er die Jagd bald auf, da sie zu lang zu werden versprach. Während wir den Bären in Stücke schnitten, kamen die Jungen auf der andern Seite der Rinne wieder herbei, und die ganze Zeit, die wir dort waren, gingen sie immer um uns herum. Sie brüllten und heulten in einem fort und waren auf den höchsten Eishügeln in der Runde, um nach uns auszuschauen. Als wir die Hunde tüchtig gefüttert und selbst etwas rohes Fleisch verzehrt, sowie das von den Schinken abgeschnittene Fleisch in den Kajaks verstaut hatten, fuhren wir endlich über die Rinne und setzten unsern Weg fort. [...]

Mittwoch, 7. August. Endlich befinden wir uns in der Nähe des Landes, endlich liegt das Treibeis hinter uns und vor uns offenes Wasser, offen hoffentlich bis zu Ende. Gestern war der wichtige Tag. Als wir vorgestern Abend aus dem Zelte krochen, glaubten wir beide, daß wir uns dem Rande des Gletschers näher als je befänden. Mit neuem Muthe und in der schwachen Hoffnung, das Land an diesem Tage zu erreichen, machten wir uns wieder auf den Weg. Und doch wagten wir nicht daran zu denken, daß unser Leben auf dem Treibeise seinem Ende schon so nahe sei. Nachdem wir fünf Monate darauf herumgewandert waren und so viele Enttäuschungen erfahren hatten, waren wir auf einen Fehlschlag unserer Hoffnung nur zu wohl vorbereitet. Wir glaubten jedoch, daß das Eis weiterhin sich besser anließe, waren aber noch nicht weit gekommen, als wir an breite Rinnen voll von Schlamm und häßlichem, unebenem Eis, Hügeln und Thälern und tiefem Schnee mit Wasser gelangten, wo wir bis an die Hüften einsanken. Nach ein paar solchen Rinnen besserte es sich ein wenig, und wir kamen wieder auf flaches Eis. Nachdem wir eine Strecke darauf zurückgelegt hatten, war es augenfällig, wieviel näher wir dem Rande des Gletschers waren. Er konnte unmöglich mehr weit entfernt sein. Da kam Leben in uns! Wir spannten uns eifrig wieder vor die Schlitten, nahmen einen Anlauf, und fort ging es durch Schnee und Wasser, über Hügel und Ketten. Es ging wie im Fluge; was fragten wir danach, wenn wir bis hoch über unsere Pelzgamaschen ins Wasser sanken, sodaß sowol sie wie unsere Komager voll liefen und das Wasser in ihnen bei jedem Schritte wie in einer Pumpe auf- und niederging! Was machte das aus, wenn wir nur weiter kamen!

Bald darauf hatten wir Ebenen erreicht, wo wir rascher und immer rascher vorwärts kamen. Wir wateten durch Tümpel, sodaß das Wasser nach alle Seiten spritzte. Immer näher kamen wir, und an dem dunklen Wasserreflex vor uns, der fortwährend höher stieg, bemerkten wir, wie wir uns dem offenen Wasser näherten. Wir nahmen jetzt nicht einmal von Bären Notiz, obwol viele in der Nähe zu sein schienen, da alte und neue Fährten kreuz und quer liefen. Ein Bär hatte sogar, während wir schliefen, das Zelt inspicirt, und an der neuen Fährte sahen wir, daß er mit dem Winde im Lee von uns herangekommen war. Wir hatten jetzt keine Verwendung für Bären, wir hatten genug zu essen. Bald konnten wir das offene Wasser unter der Gletscherwand sehen und immer schneller schritten wir aus. Während ich dahinrannte, dachte ich an den Zug der Zehntausend durch Asien, als die Soldaten Xenophon's nach einjährigem Kampfe gegen überlegene Streitkräfte endlich von einem

Berge herab das Meer sahen und riefen: »Thalatta! Thalatta!« Wol war dieses Meer uns nach unserm monatelangen Umhertreiben auf dem endlosen weißen Treibeise ebenso willkommen.

Endlich stand ich am Rande des Eises. Vor mir lag die dunkle Meeresfläche mit weißen, treibenden Eisschollen; weit in der Ferne stieg die Gletscherwand jäh aus dem Wasser auf; das Ganze lag in düsterer nebelhafter Beleuchtung. Freude sprang uns bei diesem Anblick im Herzen auf, aber in Worten konnten wir ihr keinen Ausdruck geben. Hinter uns lagen nun alle unsere Sorgen, vor uns der Wasserweg in die Heimat, Licht und Luft entgegen! Ich winkte Johansen, der eine kleine Strecke zurück war, mit dem Hute, und er schwenkte den seinigen zur Antwort und schrie aus Leibeskräften: »Hurrah!« Ein solches Ereigniß mußte gefeiert werden, und wir thaten es, indem jeder von uns ein Stück Chocolade verzehrte.

Während wir noch standen und auf das Wasser blickten, tauchte der Kopf eines großen Seehundes auf, verschwand aber wieder in aller Stille; bald zeigten sich jedoch noch mehrere. Es war uns beruhigend, zu wissen, daß wir jede Minute uns so viel zu essen verschaffen können, wie wir wollen.

Nun kam die Auftakelung der Kajaks für die Seefahrt. Natürlich wäre es besser gewesen, wenn wir einzeln gerudert wären; allein mit den langen, großen Schlitten an Deck war dies nicht leicht, auch wagte ich nicht, sie zurückzulassen, da wir noch gute Verwendung für sie haben konnten. Für den Augenblick war daher nichts weiter zu machen, als die beiden Kajaks nebeneinander zu befestigen, sie mit den

Schneeschuhen unter den Strippen zu versteifen und die Schlitten quer darüber zu legen, den einen vorn, den andern hinten.

Traurig war es, daß wir nicht daran denken konnten, unsere beiden letzten Hunde mitzunehmen; aber wahrscheinlich würden wir keine weitere Verwendung mehr für sie haben, und es würde sich nicht haben machen lassen, sie an Deck der Kajaks mitzuführen. Es that uns leid, uns von ihnen zu trennen; wir hatten die beiden Ueberlebenden sehr liebgewonnen. Armer »Suggen«, wie rührend schlau war er, und wie stolz und schön war »Kaiphas« bis zuletzt gegangen. Treu und ausdauernd waren sie uns auf der ganzen Reise gefolgt, und nun, als bessere Zeiten gekommen waren, mußten sie dem Leben Valet sagen. Sie in derselben Weise wie die andern tödten wollten wir nicht; wir opferten daher eine Patrone für jeden. Johansen erschoß meinen Hund hinter einem Hügel, ich den seinen; es war eine harte Aufgabe.

Nun waren wir zum Aufbruch bereit. Es war wirklich ein Vergnügen, die Kajaks über das Wasser tanzen zu lassen und die kleine Wellen an den Seiten plätschern zu hören. Seit zwei Jahren hatten wir eine solche Wasserfläche nicht mehr vor uns gesehen. Wir waren noch nicht weit gefahren, als wir den Wind so günstig fanden, daß wir ihn ausnutzen konnten, weshalb wir ein Segel auf unsere Flotille setzten. Bequem glitten wir vor dem Winde dem Lande zu, nach welchem wir uns die vielen Monate gesehnt hatten. Welche Veränderung, nachdem wir uns den Weg Fuß für Fuß, ja Zoll für Zoll auf dem Eise hatten erkämpfen müssen! Der Nebel hatte uns das Land eine Zeit lang verborgen, doch jetzt theilte er sich, und wir sahen den Gletscher gerade vor uns steil aufsteigen. In demselben Augenblick brach die Sonne durch; ich kann mich kaum eines schönern Morgens erinnern. Bald waren wir beim Gletscher, wo wir das Segel herablassen und westwärts rudern mußten, der Eiswand entlang, die 16–20 Meter hoch war und an welcher eine Landung unmöglich schien. Es war, als ob in dem Gletscher wenig Bewegung sei; das Wasser hatte sich am Fuße einen Weg tief ausgewaschen; Geräusch von fallenden Eisstücken oder Krachen von Spalten, wie man es bei großen Gletschern in der Regel hört, war nicht zu vernehmen. Er war auch auf der Oberfläche ganz eben; Spalten waren nicht zu bemerken. An der ganzen Höhe der Wand sah man ungewöhnlich scharf markirte Jahresschichten.

Bald entdeckten wir, daß die Gezeitenströmung mit großer Geschwindigkeit an der Gletscherwand entlang nach Westen setzte, und mit ihr kamen wir rasch weiter. Dagegen war es nicht leicht, einen Lagerplatz zu finden, sodaß wir schließlich gezwungen waren, auf einer treibenden Scholle Aufenthalt zu nehmen. Es war aber herrlich, sich zur Ruhe zu legen in dem Bewußtsein, nicht zu weitern Qualen im Treibeis aufstehen zu müssen.

Als wir uns heute Morgen erhoben, fanden wir das Eis rund um uns herum zusammengepackt, und ich weiß noch nicht, wie wir aus demselben herauskommen werden, hinaus in das offene Wasser im Westen von uns.

[Fridtjof Nansen (1898): In Nacht und Eis. Die norwegische Polarexpedition 1893–1896. Zweiter Band. F. A. Brockhaus, Leipzig. Anonymer Übersetzer.]

Fürst Scipione Borghese
1871–1925
Luigi Barzini
1874–1947

Mit 45 Pferdestärken von Peking nach Paris

Noch heute gilt das Rennen Peking–Paris als das größte automobile Abenteuer der Geschichte. Als Sieger erreichten Fürst Scipione Borghese, sein Chauffeur Ettore Guizzardi und der Journalist Luigi Barzini im August 1907 das Ziel. Hinter ihnen lagen mehr als 15 000 Kilometer Strecke durch häufig unbekannte Regionen, über schier unüberwindliche Pässe und instabile Brücken, durch Wüsten und Sümpfe. Nicht selten musste die zwei Tonnen schwere rote »Itala« von Ochsen und Kamelen aus dem Schlamm gezogen werden.

Das Jahr 1907 ist noch jung, ebenso das Automobil als Fortbewegungsmittel. Die Erfindung der »Motorkutsche« durch Carl Benz ist gerade einmal zwanzig Jahre her. Es ist also äußerst erstaunlich, dass die Redakteure der Tageszeitung »Le Matin« am 31. Januar 1907 die bemerkenswert selbstbewusste Meldung absetzen, die ein gutes halbes Jahr lang die ganze Welt elektrisieren sollte: »*Was heutzutage bewiesen werden muss, ist, dass ein Mann mit einem Auto in der Lage ist, alles zu tun und überall hinzugelangen. Gibt es irgendjemanden, der diesen Sommer das Unterfangen in Angriff nehmen möchte, mit dem Automobil von Peking nach Paris zu fahren?*«

Und es ist ebenso erstaunlich, dass sage und schreibe 40 Männer der Tageszeitung auf diese doch recht ungewöhnliche Anfrage in etwa mit dem Wortlaut »Ja, selbstverständlich! Wann geht es los?« antworten und sich voller Begeisterung zu dem »Rennen«, wie man die waghalsige Unternehmung nun allgemein nennt, anmelden. Doch im Laufe der weiteren Monate wird schnell klar, dass etliche der zum Start angemeldeten Fahrer die Rallye nicht realisieren können. Zum Schluss bleiben nur noch fünf Teams übrig. Als nun auch die Zeitungsmacher begreifen, welche Schwierigkeiten, Strapazen und Gefahren für Leib und Leben mit der Umsetzung einer solchen Aktion zur Stärkung des Glaubens an den Fortschritt verbunden sind, ist man kurz davor, das ganze Unternehmen abzusagen. Doch einer macht da nicht mit! Fürst Scipione Borghese, Abkömmling der berühmt-berüchtigten und seit dem Jahr 1238 nachweisbaren Patrizierfamilie aus Siena, die einst (1605–1621) den Papst stellte und die weltberühmte »Villa Borghese« in Rom erbauen ließ, lässt verkünden, er werde auf jeden Fall am 10. Juni 1907 von Peking aus gen Paris aufbrechen – ob mit oder ohne Tageszeitungsausschreibung. Gemeinsam mit vier anderen abenteuerlustigen Automobilisten lässt er seinen knallroten Wagen vom Fabrikat »Itala« nach Peking verschiffen. Der Journalist, der das italienische Team begleitet, ist kein Geringerer als Luigi Barzini vom Corriere della Sera, ehemaliger Kriegsberichterstatter, der zur Zeit des Boxeraufstands aus China so lebensnah berichtet hat, dass seine Reportagen im ganzen Land verschlungen wurden wie ein Fortsetzungsroman. Der Dritte im Bunde ist der Bedienstete Ettore Guizzardi – Mechaniker und Borgheses Chauffeur! Ganz wie im »richtigen Leben« hat der Fürst den Plan, dass es auch auf der Strecke von Peking nach Paris im Prinzip so laufen soll wie immer: Der Fürst sagt, wo es langgeht, und Ettore

Borghese, Barzini und Guizzardi bei ihrer Ankunft in Berlin (1907)

fährt ihn dann dorthin. Zugegeben: Diesmal verlangt selbst die Angabe, wo es langgeht, eine veritable Meisterleistung. Denn über weite Abschnitte der Route existieren keine Straßen, auch keine Reitwege, oft nicht einmal Trampelpfade. Wie plant man also ohne die Möglichkeiten heutiger GPS-Navigation, ohne Wegweiser und über weite Strecken ohne genaue Landkarten eine 16 000 Kilometer lange Autofahrt? Fürst Borghese sucht die Antwort dort, wo nach dem alten Sprichwort das Glück zu finden ist: auf dem Rücken der Pferde. Er reitet schwierige Streckenverläufe vorher ab und erkundet das Terrain. Doch Glück braucht der Mann wirklich. Denn die Steppen und Wüsten der Mongolei zum Beispiel lässt er bei seinen Erkundungen »links liegen«. Irgendwie wird man da schon durchkommen. In der Wüste ist es ja schließlich kein Problem, einfach schnurstracks geradeaus zu fahren. Und bei dem sparsamen Benzinverbrauch der »Itala« von umgerechnet 33 Litern auf hundert Kilometer – was ist da schon die Wüste Gobi!?
Nun fällt es aus heutiger Sicht leicht, darüber Scherze zu machen, doch zwei Dinge sollte man nicht außer Acht lassen: Die »Itala« war zu ihrer Zeit ein »automobiler Modellathlet« und den anderen teilnehmenden Fabrikaten (Contal, Spyker sowie zwei De-Dion-Bouton) himmelhoch überlegen. Die anderen Teilnehmer hatten allein aus technischer Sicht von Beginn an nicht den Hauch einer Chance. Und außerdem war Fürst Borghese weitaus gewissenhafter in seiner Vorbereitung als alle anderen Starter. Er lässt sein Auto technisch modifizieren, lässt Karosserie und Reifen verstärken und die Benzin- und Öltanks erheblich vergrößern. Außerdem scheint er – so Barzini in seinem 1908 erschienenen Reisebericht – über die bemerkenswerte und sehr hilfreiche Fähigkeit eines fotografischen Gedächtnisses zu verfügen, die es ihm ermöglicht, einmal gesehene Wegmarken

sofort wiederzuerkennen. Trotzdem sind die Beschwernisse beträchtlich, und die Technik erweist sich als anfälliger, als Borghese es angenommen hatte. Dazu kommt die schon damals allfällige Bürokratie: Das Abwickeln der für die zahlreichen Grenzübertritte notwendigen Formalitäten dauert länger als geplant.

Auch kuriose Auswüchse der »modernen Zeiten« kommen in Barzinis Bericht zur Sprache. So kommt man zum Beispiel in den Weiten der mongolischen Steppe an einer Telegrafenstation vorbei, deren Telegrafist noch nie eine Nachricht verschickt oder empfangen hat und noch nicht einmal weiß, ob seine Station überhaupt ans Telegrafennetz angeschlossen ist.

Neben vielen, vielen Autopannen und Momenten, in denen trotz vergrößerten Tanks der Sprit dennoch ausgeht, sind es vor allem zwei Begebenheiten, die das Unternehmen an den Rand des Scheiterns bringen. Beide Ereignisse sind in den Auszügen aus den Reiseberichten im original Barzini-Ton nachzulesen. Geradezu bizarr erscheint vor allem jener Vorfall, als man mit der »Itala« in ein Sumpfgebiet gerät. Der Wagen bleibt stecken und droht, im Morast zu versinken – und mit ihm der begehrte Rennsieg. Fürst Borghese, der das Auto offenbar selbst gelenkt hat, zeigt sich – wie häufig – von seiner halsstarrigen Seite. Erst versucht er, aus der »Itala« rauszuholen, was drin ist, nur, um festzustellen, dass er damit den Karren noch tiefer in den Dreck fährt. Schließlich gibt er überraschenderweise tief resigniert auf und erklärt das ganze Rennen für beendet. Mitreisende mögen sich jetzt bitte zur Teestunde im Sumpf einfinden. Als wäre diese Szenerie nicht schon merkwürdig genug, tauchen nun Reiter am Horizont auf. Sie entpuppen sich als mongolische Nomaden, die nach viel Feilscherei und einigem Palaver tatsächlich das Unmögliche schaffen: Sie ziehen den tonnenschweren

Wagen aus dem moorigen Untergrund. Die Reise kann weitergehen. Noch einmal wird es brenzlig: Beim Überfahren einer wackligen Holzbrücke, die über einen Fluss führt, bricht diese ein und begräbt Mensch und Material unter sich. Wie durch ein Wunder bleiben nicht nur die Reiseteilnehmer unverletzt, sondern auch die tapfere »Itala« erweist sich als schier unverwüstlich. Sie ist nach einigen einfachen Reparaturen vor Ort relativ schnell wieder einsatzbereit.

Nach vielen Strapazen und noch mehr Pannen erreichen Borghese, Barzini und Guizzardi nach genau neunzig Tagen schließlich das angestrebte Ziel: Paris! Schon Hunderte Kilometer vor dem Ankunftsort finden sich Schaulustige an den Straßen ein und jubeln dem Fürsten zu, der ab sofort das Steuer nicht mehr aus der Hand gibt. Das Eintreffen in Paris wird zum Siegestaumel! Die Straßen sind so voller Menschen, dass Barzini schreibt, man habe Angst, dass man versehentlich Zuschauer überfahre. Die Polizei bemüht sich vergeblich, die Massen zurückzuhalten – ein Spektakel, mit dem man aus heutiger Sicht vielleicht am ehesten die umjubelten Bergankünfte der »Tour de France« assoziiert. Es geht am Eiffelturm vorbei und über die »Place de la République« bis hin zum endgültigen Ziel der Fahrt: dem Redaktionsbüro des »Le Matin«. Dort angekommen, wird das Trio frenetisch gefeiert. Der Preis für die Erinnerungskarte zur Ankunft fällt jedoch schon kurz danach von vier auf nur einen Sou. Barzini dazu: »*Welch ernste Mahnung liegt in dieser Preisherabsetzung! […] Unsere Popularität war in zwei Stunden um volle 75 Prozent gesunken. Sic transit …*«

[18. März 1907, Mailand. Der Beginn eines Abenteuers] Am 18. März 1907 mittags, einem für mich denkwürdigen Datum, saß ich in Mailand an meinem Schreibtisch, vertieft in das Studium des nordamerikanischen Eisenbahnwesens. Damals widmete ich mich mit Feuereifer den Eisenbahnproblemen; ich schrieb und sprach darüber und weidete mich an heimischen und ausländischen Reglements und Fahrplänen. Plötzlich riß mich ein langes Klingeln des Telephons, das auf meinem Arbeitstisch steht, mit Gewalt aus den Eisenbahnnetzen der Vereinigten Staaten. [...]

Bedurfte die Zeitung ihres »Spezialberichterstatters«? War irgendwo Krieg ausgebrochen? Nein, selbst Venezuela erfreute sich seit acht Tagen vollkommener Ruhe. Eine Revolution? Auch nicht; es war zu kalt dazu – Revolutionen beginnen in der schönen Jahreszeit; sie sprießen mit den Blumen hervor; erst Ende April erhalten die Redaktionen die erste Nachricht von dem regelmäßigen Wiedererwachen des Freiheitssinnes unter den Völkern; sie besteht aus dem bekannten Telegramm: »Eine bulgarische (oder griechische) Bande hat die Einwohner eines griechischen (oder bulgarischen) Dorfes niedergemacht usw.« War ein unvorhergesehenes Unglück geschehen? Die Unglücksfälle binden sich an keine Jahreszeit ...

Ich war im Irrtum, in meinem Berufseifer überall Unheil zu Wittern. Es hatte sich auf keiner von beiden Hemisphären etwas Ernstes zugetragen. Als ich, bis oben voll von berechtigter Neugier, das Bureau betrat, das das Gehirn unserer Zeitung darstellt, fand ich den Chefredakteur ganz ruhig und heiter. Er reichte mir eine Nummer des Pariser »Matin«, zeigte mir auf der ersten Seite unter einer Überschrift in Riesenbuchstaben einige Zeilen und fragte:

»Was denken Sie darüber?«

Ich schaute hin und las folgende überraschende Einladung:

»Wer ist bereit, in diesem Sommer von Peking nach Paris im Automobil zu fahren?« [...]

Wir verwandten einige Minuten auf das Durchblättern der folgenden Nummern des »Matin«, um einige weitere Mitteilungen über die abenteuerliche Reise zu suchen. Zustimmungsschreiben füllten Spalten über Spalten; es waren Briefe, die eine allzu rasch entflammte Begeisterung bekundeten, als daß sie von langer Dauer hätte sein können. Einer jedoch unter vielen fesselte unsere Aufmerksamkeit, weil er von einem Italiener herrührte und kurz und kühl war wie eine Empfangsbescheinigung. Er lautete:

»Ich beteilige mich an der Wettfahrt Peking–Paris mit meinem Automobil ›Itala‹. Wäre Ihnen dankbar, wenn Sie mir möglichst bald alle Einzelheiten mitteilten, um meine Vorbereitungen danach treffen zu können.

Fürst Scipione Borghese.« [...]

[März 1907, Paris. Die Ausrüstung der Wettfahrt]
Fürst Borghese hatte in sechs Tagen 500 Kilometer zu Pferd zurückgelegt, alle Wege, die nach Kalgan führten, untersucht und ihre Breite mit Hilfe eines Bambusstabes von der Breite des Automobils gemessen. Die Fürstin Anna Maria, seine Gemahlin, hatte ihn in Gesellschaft einer befreundeten Dame auf seinem beschwerlichen Ritte begleitet, und die beiden Damen, die ebenfalls mit Bambusmeßstäben versehen waren, hatten wie gewöhnliche Feldmesser bei der Feststellung der schmalsten Stelle mitgewirkt. Der Fürst kehrte nach Peking zurück mit einer vollständigen topographischen Karte im Kopfe.

Er besitzt ein staunenswertes Gedächtnis. In diesem bleibt alles, was die Augen gesehen und die Ohren gehört haben, wie auf einer photographischen Platte haften. Namen, Daten, Redewendungen der orientalischen Sprachen, die schwierigst zu behaltenden Dinge bleiben in diesem eisernen Gedächtnis eingegraben. Don Scipione macht nie Aufzeichnungen; er hat es nicht nötig. Sein Gehirn behält und verzeichnet alles. Von einer Straße, die er vor zehn Jahren zum erstenmal zurückgelegt hat, vermag er zu sagen: »Bei dem und dem Kilometerstein steht der und der Baum.« Reist er in unbekannten Ländern, zu Pferd oder im Automobil, so zieht er des Morgens vor dem Aufbruch vom Halteplatz die Karten zu Rate, und selten braucht er sie später noch einmal nachzusehen; er erinnert sich der Kreuzwege, der Himmelsrichtungen, der Entfernungen, der Namen der Gegenden und nennt sie seinen Reisegefährten, als wäre er ein Führer. [...]

Wir begrüßten uns, als hätten wir uns von jeher gekannt. Ein Handschlag, und wir begannen von der Fahrt zu sprechen. Wie war er auf den Gedanken gekommen, daran teilzunehmen? Sehr einfach. Alle drei bis vier Jahre unternimmt er eine große Reise, und dieses Jahr hatte er sich entschlossen, gerade nach Peking zu gehen, das er noch nie besucht hatte und wo ein Bruder von ihm, Don Livio, als Geschäftsträger an der Spitze der italienischen Gesandtschaft steht. Und da las er eines Morgens in Rom, während er beim Frühstück die Zeitungen durchblätterte, im »Matin« von der seltsamen Herausforderung. Sie schien geradezu auf ihn gemünzt zu sein. Unverzüglich telegraphierte er an die Automobilfabrik »Itala« und fragte an, ob sie geneigt wäre, ihm eine Maschine für diese Fahrt zu liefern, für die er die ganze Organisation, die Ausführung und die Kosten übernehmen wolle. Die Antwort lautete natürlich bejahend, und nun meldete er dem »Matin« seine Beteiligung. Sofort begann er die Vorbereitungen. [...]

Die vom Fürsten gewählte Maschine gehörte dem gewöhnlichen italienischen Typus von 35–50 Pferdekräften an. Am Motor und am Chassis waren keine Veränderungen angebracht; nur waren die Ecken des Rahmens und die Federn verstärkt worden, und die Maschine war auf höhere und stärkere Räder montiert worden als gewöhnlich. Um ihnen eine größere Widerstandsfähigkeit gegen das Einsinken zu geben, wurden die Räder mit Pneumatiks von größtem Durchmesser aus der Fabrik von Pirelli in Mailand versehen. Der Fürst hielt darauf, daß alles an dem Automobil italienischer Herkunft sei. Die Karosserie bestand aus zwei Vordersitzen für den Fürsten und den Chauffeur und einem Hintersitze für mich. Zu den Seiten meines Sitzes waren zwei lange zylindrische Behälter für das Benzin angebracht, jeder zu 200 Liter Inhalt, die mit eisernen Ringen befestigt waren. Hinter dem Sitze befand sich ein Kasten, ähnlich dem Protzkasten der Artillerie, zur Aufbewahrung der Werkzeuge und Ersatzstücke. Auf dem Kasten war ein dritter zylindrischer Behälter zur Aufnahme des Wassers angebracht. Das Gepäck mußte mit Stricken auf dem Kasten und dem Wasserbehälter festgeschnürt werden. Der Raummangel und die Notwendigkeit, den hinteren Teil des Automobils, der schon an sich zu schwer war, nicht übermäßig zu belasten, nötigten uns, das Gepäck auf das unentbehrlichste Mindestmaß zu beschränken, auf etwa 15 Kilo pro Person.

Unter meinem Sitze war ein 100 Liter fassender Ölbehälter angebracht, von dem ein mit einem Hahn versehenes Ausflußrohr nach außen führte. Unter den Vordersitzen befand sich eine große Kiste zur Aufnahme des Mundvorrates, der zum großen Teil aus Büchsenfleisch aus Chicago bestand. Eine Eigentümlichkeit des Automobils waren die Schutzwände, bestehend aus vier langen, festen, eisenbeschlagenen und an den Tritten mit einem Scharnier befestigten Brettern, die leicht abgenommen werden konnten und gleichzeitig dazu bestimmt waren, beim Passieren von Wasserläufen, sowie in sumpfigem oder sandigem Gelände als Brücken zu dienen. Im ganzen hatte unser Fahrzeug, das keinem der sonst bekannten Automobile glich, ein seltsames und furchtbares Aussehen. Es machte den Eindruck eines gepanzerten Wagens, eines Kriegswerkzeuges. Infolge der großen Benzinbehälter konnte es allerdings auch einen harmloseren Eindruck machen, indem es ein wenig an einen etwas komplizierten Sprengwagen erinnerte.

Zur Ergänzung der Vorräte während der Fahrt hatte der Fürst der russischen Firma Nobel den Auftrag gegeben, auf der Strecke Kiachta–Moskau in der Entfernung von etwa 250 Kilometern voneinander Depots anzulegen. Das Benzin und das Öl, das wir mit uns führen konnten, reichte für 1000 Kilometer aus, was genügte, uns eine gewisse Freiheit in unserem Reiseplan zu sichern. Das Haus Nobel ist Eigentümer fast aller sibirischen Petroleumquellen; es besitzt in jeder Stadt Sibiriens große Niederlagen und Raffinerieanlagen; es hat stets seine Spezialwaggons auf allen Eisenbahnlinien rollen und ganze Karawanen von Wagen auf allen Straßen. Die Firma interessierte sich lebhaft für den Versuch einer Durchquerung Sibiriens mittels des Automobils, an die sich in Zukunft eine Entwicklung des Automobilwesens in jenen Landstrichen und ein Verbrauch ihres Benzins knüpfen konnte. Niemand hätte also besser als Nobel unseren Versorgungsdienst organisieren können, für den die Arbeit seit März im Gange war. [...]

In den ersten Tagen des April waren der Fürst, Ettore und die »Itala« reisefertig und konnten Italien verlassen. Sie begaben sich in Neapel an Bord eines der Dampfer des Norddeutschen Lloyd, der einen vierzehntägigen Dienst nach dem äußersten Osten unterhält. Am Abend vor der Abfahrt befanden sich das Automobil und der Chauffeur bereits in Neapel.

Der Fürst war noch in Rom geblieben, um die letzten Abschiedsbesuche und die letzten Geschäfte zu erledigen, als ihm ein Telegramm aus Paris zuging, das ihn in äußerstes Erstaunen versetzte.

In Paris hatte die Verpflichtung, 2000 Franken einzuzahlen, die Schar der Teilnehmer erheblich gelichtet. Mehrere Unterschriften waren nur dem berechtigten Wunsche zu verdanken gewesen, den Namen des Teilnehmers in den Zeitungen gedruckt zu sehen. Sich bei einer Wettfahrt Peking–Paris Mitbewerber zu nennen und nennen zu lassen, war eine genügende Reklame; mehr zu tun, wäre des Guten zuviel gewesen. Die Übrigbleibenden, die Treuen fühlten sich entmutigt. Bei den langen Diskussionen stellten sich neue Schwierigkeiten heraus, tauchten neue Probleme auf. Man braucht in der Tat ein Projekt nur zu diskutieren, um es schließlich absurd zu finden; das Wesen der Diskussion besteht in den Einwänden. Die Begeisterung stärkt sich am Handeln, verschwindet aber beim Reden. Das Wort ist zu vernünftig, es sieht alle Hindernisse, alle Widerwärtigkeiten voraus, es ist pessimistisch. Würde jeder Held gezwungen, die tapfere Tat, die er sich zu vollführen anschickt, auch nur eine Minute lang zu diskutieren, so gäbe es kein Heldentum mehr. [...]

[Frühsommer 1907, Innere Mongolei. Merkwürdige Verhandlungen im Sumpf] Um 2 Uhr nachmittags gelangten wir auf eine grüne Ebene, die mit Sträuchern und hohem Grase bewachsen war; im ersten Augenblick bemerkten wir nicht, daß sie eine Sumpfvegetation trug. Wir nahmen an, daß der Fluß Chara-gol nicht mehr allzu weit entfernt sein könne. Vor uns erhoben sich die ersten Gipfel der Argalberge. Mit einem Male sahen wir, daß die Straße verlassen war. Wir hatten kaum Zeit, rasch ein Wort zu wechseln, als das Automobil schon versank und plötzlich stillstand. Es war mit großer Geschwindigkeit in einen Sumpf gefahren, dessen von der Sonne ausgetrocknete Decke ganz den Anschein festen Erdreiches bot. Diesmal hatte sich die Maschine nach rechts geneigt.

Wir sprangen zur Erde und stellten eine seltsame Erscheinung fest, die uns sofort allen Mut benahm: der Boden schwankte unter unseren Füßen! Es war, als schritten wir über Korkstücke, die auf dem Wasser schwammen. Die Decke gab nach, ohne zu zerreißen; sie senkte sich unter dem Drucke des Fußes und erhob sich wieder, sobald der Fuß weggenommen war. Das Gelände machte den Eindruck einer weiten Kautschukfläche. Es war klar, daß sich unter einer dünnen Oberfläche tiefes Wasser befand; wir glaubten über einem abgrundtiefen Sumpfe zu wandeln. Wir wollten den Boden untersuchen und stießen den Spatenstiel hinein; wie in Wasser glitt der lange Stab hinab. Schrecken erfaßte uns, denn wir sahen ein, daß diese morastige Masse das Automobil verschlingen müsse, wenn es uns nicht gelänge, es sofort in Sicherheit zu bringen!

Wir blickten uns um. Wir waren allein, Die Ebene, schweigsam und heiß, lag öde vor uns. Wir begannen zu arbeiten, aber mit der Angst im Herzen, daß es vergebliche Mühe sein werde.

Wir erfüllten nur eine Pflicht; wir wollten nicht ohne Kampf unterliegen. So schickten wir uns an, unsere Maschine mit allen Kräften dem morastigen Abgrunde streitig zu machen, aber ohne Aussicht auf Erfolg, wie jemand, der dem Tode das Leben eines teuern, aber rettungslos verlorenen Wesens abzuringen versucht. Wir arbeiteten, um uns selbst zu betrügen, um uns der Illusion hinzugeben, als könnten wir etwas nützen, und wußten sehr wohl, daß wir drei allein nichts ausrichten konnten. Ortschaften gab es nicht in der Nähe, wo wir hätten um Hilfe bitten, von wo wir Arbeiter, Maschinen, Werkzeuge hätten holen können.

»Wenn wir doch ein Pferd fänden!« sagte Don Scipione.

»Wenn wir ein Pferd fänden, so würde ich nach Urga reiten, würde in der Nacht dort eintreffen und morgen abend wäre ich mit Leuten wieder zurück!«

Es war zu spät! Morgen abend würde die Maschine schon versunken sein!

»Diesmal ist es vorbei!« rief der Fürst wiederholt, er, der sonst bei keiner Gelegenheit den Mut verlor. »Jetzt ist es vorbei! Als wir heute morgen das erstemal einsanken, war ich überzeugt, daß wir sie herausgraben würden, aber jetzt …!«

Wir sahen uns in Gedanken schon auf dem langen Fußmarsche nach Kiachta über das Chara-gol-Gebirge hinweg, mit einem Sacke auf dem Rücken, schweigend wie Kriegsgefangene, die erfüllt sind von dem Gedanken an eine verlorene Schlacht.

Die Benutzung der Winden würde kein anderes Ergebnis zur Folge gehabt haben, als diese selbst in den Boden versinken zu lassen und die dünne feste Erdschicht, die das Automobil noch hielt, zu zerstören. Das Versinken setzte sich langsam, aber unabwendbar fort.

Der Rand des rechten Hinterrades verschwand zuerst. Die Achsen, der Benzinbehälter, das Differenzialwerk versanken immer tiefer in den Morast. Die Tritte, die sich zuerst 20 Zentimeter über dem Fußboden befanden, waren nach wenigen Minuten in gleicher Höhe mit ihm. Die Maschine sank unmerklich. Wir empfanden die Angst des Schiffbrüchigen beim Todeskampfe seines Schiffes. Mit Fiebereile machten wir uns daran, den Wagen zu entlasten. Wir nahmen das Gepäck ab, den Werkzeugkasten, die Ersatzpneumatiks, und warfen alles bunt durcheinander auf den Rasen. Dann gab es nichts mehr zu tun, und wir blieben unbeweglich stehen, verzweifelnd nach einem Rettungsmittel suchend.

»Wir wollen uns Tee kochen«, sagte der Fürst nach langem Schweigen.

Diese wenigen Worte bedeuteten nichts anderes, als daß wir die Rettung aufgaben. Tee bereiten hieß, das Automobil sich selbst überlassen, unsere Bemühungen für zwecklos erklären. [...]

Schließlich beschlossen wir zu handeln. Einer von uns sollte bei dem Automobil ein Lager aufschlagen und zurückbleiben, die beiden andern sollten sich auf die Straße nach Urga machen, Leute, Hölzer, Pferde holen und möglichst bald wieder zurückkehren. Auf die Ankunft einer Karawane hofften wir nicht; die Straße war verlassen.

Aber siehe da! In diesem Augenblick zeigte sich zwischen den hohen Sträuchern in weiter Ferne doch eine Karawane! Eine Reihe mit Pferden bespannter Wagen, und über den Pferden erkannten wir die »Duga«, den charakteristischen Holzbogen des russischen Pferdegeschirrs. Es war eine Reihe Telegas.

»Russen, es sind Russen!« rief ich und stürzte mit Windeseile auf sie zu, indem ich über die Sträucher sprang, in den Morast versank, den Leuten zurief und lebhaft mit den Armen gestikulierte, um mich bemerkbar zu machen.

Russen erschienen uns in diesem Augenblicke beinahe als Landsleute. Mitten in der Mongolei fühlten wir uns mit ihnen stammverwandt und eng verbunden. Ihr Erscheinen bedeutete unsere Rettung. Als ich in ihrer Nähe angelangt war, bemerkte ich, daß auf den Telegas Leute saßen, die zwar ähnlich wie Russen gekleidet waren, aber mongolische Gesichtszüge hatten: es waren Burjaten. Ich befand mich einem burjatischen Stamme gegenüber, der mit Frauen und Kindern auf der Wanderung begriffen war. Der Anführer ritt voran; er war mit einem roten Hemd bekleidet und trug auf dem Kopfe eine Mütze von tatarischem Schnitt. Er hatte kein allzu vertrauenerweckendes Gesicht. Ich bat ihn, mir zu folgen, und er tat dies, nachdem er seinem Stamme befohlen hatte, haltzumachen.

Er sprach etwas russisch. Er bemerkte das Automobil und fragte:

»Wieviel wiegt das Dings da?«

»120 Pud (2000 Kilogramm). Du erhältst eine gute Belohnung, wenn es dir gelingt, den Wagen herauszuziehen. Bist du einverstanden?«

Der Burjatenführer sann einige Augenblicke nach und antwortete: »Ja, ich bin einverstanden.«

»Gut. Dann führe deine Leute und deine Pferde her.«

Er kehrte zu den Telegas zurück und ließ sie sich uns auf einige hundert Meter nähern. Die Frauen stiegen ab, suchten Brennmaterial und zündeten Feuer an. Aber die Pferde wurden nicht abgespannt, und die Männer kamen nicht. Wir brannten vor Ungeduld. Nach einer halben Stunde kehrte der Führer zurück, und zwar allein.

»Nun?« fragte ihn der Fürst. »Wie stehts? Wann machst du dich an die Arbeit?«

Der Burjate zeigte keine sonderliche Eile, sondern fragte:

»Bist du bereit, mir 50 Rubel zu geben?«

»Erst ziehst du den Wagen dort heraus, dann gebe ich dir 50 Rubel.«

Der Mann begab sich zu seinem Stamme zurück. Die Pferde blieben nach wie vor angespannt, und die Männer blieben neben den Wagen stehen. Ihr Verhalten begann uns aufzufallen.

Währenddessen kam eine Anzahl Mongolen auf ihren kleinen Pferden im Galopp angesprengt. Sie kamen wer weiß woher! Ihr Geierauge hatte von fern einen ungewohnten Gegenstand in der Steppe erspäht, und sie waren herbeigeeilt, um sich ihn in der Nähe zu betrachten. Bald fanden wir uns von einer aufgeregten Menge umringt, die uns unter lebhaftem Gespräch beobachtete. Der Burjate, davon vielleicht beunruhigt, näherte sich uns zum dritten Male, noch immer allein.

»Nun, wann gehst du denn an die Arbeit? Du hast 50 Rubel verlangt, und ich gebe dir 50 Rubel. Aber beeile dich. Hole deine Leute her!«

Der Führer schüttelte den Kopf.

»Du willst nicht?« fragte ihn der Fürst.

»Nein.«

»Und warum nicht?«

»Es geht nicht. Es ist unmöglich.«

Und er entfernte sich. [...]

Die Mongolen, die um uns herumstanden, hatten eins begriffen: daß wir Geld anboten, wenn man uns Hilfe leistete. Das Wort »Rubel« hat einen Kurs, der viel weiter reicht als der der Münze. Nun machten sie sich sofort an die Arbeit, indem sie versuchten, das Automobil mit der Kraft ihrer Arme herauszuziehen. Wir fühlten uns durch diese guten Absichten wie neubelebt. Es waren Balken nötig. Ich weiß nicht, welche unüberwindliche Beredsamkeit wir in unsere Gebärden legten; Tatsache ist, daß wir imstande waren, durch eine wunderbare Mimik Balken zu beschreiben. Und wir fanden volles Verständnis dafür. Drei von unseren neuen Freunden sprangen in den Sattel und sprengten in Karriere davon, um nach einer halben Stunde wieder zu erscheinen und einige an ihren Sätteln befestigte lange, dünne Balken hinter sich her zu schleppen. Wir hätten sie umarmen mögen!«

Jetzt ging es mit Begeisterung an die Arbeit. Um die Maschine noch mehr zu entlasten, nahmen wir die Karosserie ab, die wir mit Hilfe der Mongolen auf den Rasen niederlegten. Aus den Balken stellten wir unsere einfache

Hebevorrichtung her. Wir mußten vorsichtig zu Werke gehen, weil das Gelände unter dem Gewicht der Hebel nachzugeben drohte und die Balken, die schon etwas gar zu alt waren, krachten, so daß wir fürchteten, sie würden brechen. Aber das Automobil hob sich doch allmählich wieder; unter die Räder legten wir große Holzscheite, die mit Hilfe einer Axt von einem Balken abgehauen worden waren. Es war eine langsame, geduldheischende Arbeit. Drei Stunden vergingen, ehe wir die Maschine so weit hatten, daß sie aus der tiefen Höhlung herausgezogen werden konnte. Wir befestigten die Seile an dem hinteren Teil des Gestelles und versuchten mit vereinten Kräften zu ziehen. Aber alle Mühe war vergebens.

Ochsen, waren Ochsen da? Nachdem wir durch die Gebärdensprache Balken beschrieben hatten, war es uns ein leichtes, Ochsen zu verlangen. Es wurde eine Herde herbeigeholt, die einige Kilometer von uns weidete. Die Länge der Seile gestattete aber nicht, die vier Ochsen zugleich anzuspannen. Die armen Tiere zogen und zogen, aber es gelang ihnen ebensowenig als uns das Automobil zu bewegen. Wir sahen jedoch ein, daß, wenn die vier Ochsen gleichzeitig eine Kraftanstrengung machen könnten, sie Erfolg haben würden. Angetrieben zogen sie nur einer nach dem andern. Wie sollten wir die Ochsen von dem Vorteile gemeinsamen Zusammenwirkens überzeugen? Da kam uns eine geniale Idee: setzen wir den Motor in Bewegung!

Der Erfolg war vollständig. Bei dem unvermuteten Getöse stemmten die vier erschreckten Ochsen ihre Füße genau gleichzeitig ein und senkten brüllend die dicken gehörnten Köpfe in so entschlossener Fluchtbewegung, daß das Automobil schwankte! Ettore, der auf die Maschine gestiegen war, drückte das Pedal des Akzelerators herunter, der Lärm wurde betäubend und ging in ein fürchterliches Heulen über. Die vier Tiere zitterten vor Schreck und zogen mit verzweifelter Kraftanstrengung an – mit einem Male bewegte sich die Maschine mit einem Ruck aus dem Loche! Es war ein Augenblick größter Freude!

Die Karosserie wurde in wenigen Minuten wieder an Ort und Stelle gebracht, das Gepäck, die Ersatzreifen, die Vorräte und die Werkzeuge mit fröhlicher Geschäftigkeit wieder aufgeladen. Eine halbe Stunde später waren wir zur Abfahrt bereit. Die Mongolen erhielten in freigebiger Weise eine große Menge Rubel und begrüßten diese Gabe mit Ausrufen der Begeisterung und mit Gebärden überströmender Freundschaft. [...]

[10. August 1907, Paris. Triumphale Rückkehr] Wir fahren im langsamsten Schritt, aus Furcht, es könne sich ein Unglück ereignen. Die Räder des Automobils streifen die Beine der Leute. Auf dem Boulevard Bonne Nouvelle dauert die Kundgebung in ungeschwächter Stärke fort: Händeklatschen erbraust von allen Seiten, und das Wort Borghese in Verbindung mit *»vive«* und *»bravo«* bildet den gesamten Wortschatz der Bevölkerung!

Auf dem Boulevard Poisonnière erblicken wir Scharen von Schutzleuten und Abteilungen der *Garde républicaine,* die die Straße bis zu einem auffallenden, rot angestrichenen und mit Fahnen geschmückten Palast absperren. Es ist das Bureau des »Matin« – unser Ziel!

Die Wettfahrt naht dem Ende. –

Die Mannschaften der *Garde républicaine* sprengen auf ihren Pferden daher und führen rasche Evolutionen aus, um den Platz von der Menge zu säubern, der sofort von einer Menge Photographen wieder besetzt wird. Auch diese machen ihre Evolutionen, um die besten Standorte zu wählen, wobei sie gleichzeitig den Hufen der Pferde ausweichen müssen. Einige nehmen die Ankunftsszene kinematographisch auf, mit ernster Miene drehen sie die Kurbeln ihrer Apparate und rufen uns zu, daß ihnen die Kehle bersten möchte: »Sehen Sie aufs Objektiv!«

Das Automobil wendet langsam nach den Angaben eines Mitglieds des Komitees der Fahrt und springt gewandt auf das Trottoir vor dem Eingange des »Matin«.

Der Fürst bremst. Das Automobil hält. Die Fahrt ist zu Ende!

Dieser Augenblick ist für uns von unaussprechlicher Feierlichkeit.

Die Ovation der Menge ist laut. Wir bleiben auf unseren Plätzen sitzen, verwirrt, betäubt. [...]

»Kommen Sie! Kommen Sie!« ruft man uns von der Tür des »Matin« aus zu.

Wie aus einem Traume erwachend, springe ich zu Erde. Ein Ruf der Begeisterung braust wie ein Orkan vorüber. Ich fühle mich umarmt und geküßt und erkenne in der freudig erregten Persönlichkeit, die mich auf diese Weise empfängt, den würdevollen Portier des »Matin«, der seine Bewegung nicht beherrschen konnte und nun davonstürzt.

Unter betäubendem Lärm werden wir in das Innere des Palastes gezogen. Eine Kapelle spielt die italienische Nationalhymne. Ich sehe Kollegen und Freunde wieder und drücke ihnen die Hände, ohne eines Wortes mächtig zu sein. Ich weiß nicht, wie es kommt: ich habe beide Arme voll Rosensträuße. Die Menge draußen tost, und ihr gewittergleiches Toben übertönt zuweilen die Klänge der Musik. Das Volk verlangt *»le prince«* zu sehen. Der Fürst wird auf einen Balkon geschoben, verbeugt sich und dankt, einen großen Blumenstrauß graziös in der Hand haltend. Es werden Champagnerflaschen entkorkt, Reden gehalten, Trinksprüche ausgebracht. Wir werden bei Magnesiumlicht mit und ohne Blumen photographiert …

Und was dann geschehen ist, ich weiß es nicht. Ich habe mich still entfernt und habe das Glück genossen, mich unbekannt unter der Menge zu verlieren, den Fürsten allein den Leiden der Popularität überlassend! –

Einige Stunden später verkauften die Camelots auf den Boulevards, die ihr gewohntes Aussehen wiedergewonnen hatten, noch die Erinnerungskarte, aber sie riefen: *»Le prince Borghèse, un sou!«*

Nicht mehr vier Sous, sondern nur noch einen! Welch ernste Mahnung liegt in dieser Preisherabsetzung! Die Stimme des Schicksals kann auch aus dem Munde eines Camelots erklingen. Unsere Popularität war in zwei Stunden um volle 75 Prozent gesunken.

Sic transit …

[Luigi Barzini (1908): Peking–Paris im Automobil. F. A. Brockhaus, Leipzig. Anonyme, zeitgenössische Übersetzung.]

Heinrich Barth
1821–1865

Abd el-Kerim – »Ungläubiger« in Timbuktu

In einer Zeit, in der Deutschland nach Kolonialgebieten Ausschau zu halten begann, hat sich einer der größten Afrikaforscher aller Zeiten für die Selbstbestimmung Nordafrikas eingesetzt. Bis heute genießt Heinrich Barth internationale Anerkennung. Rund 18000 Kilometer legte er zu Fuß, zu Pferd oder auf dem Kamel zurück.

Am 16. Februar 1821 wird in Hamburg Heinrich Barth geboren. Familie Barth gehört zu den wohlhabenden Kaufmannsfamilien der Hansestadt, doch das war nicht immer so. Heinrichs Vater Johann Christoph Heinrich Barth war der Sprössling eines armen thüringischen Bauern. Erst 1801 war er nach Hamburg umgezogen, um das Fleischerhandwerk zu erlernen. Doch bald hatte er festgestellt, dass das große Geld im Überseehandel steckt. Und so wurde er als Kaufmann begütert und angesehen.

Der in diesen gutbürgerlichen Verhältnissen aufgezogene Heinrich erweist sich schon bald als aufgewecktes Kerlchen. Mit elf Jahren besucht er das Johanneum in Hamburg, eine 1529 gegründete, traditionsreiche »Gelehrtenschule«. Spielen und Herumtollen sind nicht Heinrichs Welt. Vielmehr interessiert ihn das Bücherlesen. Vor allem die antiken Schriftsteller, ihre Dramen und Komödien haben es ihm angetan. Außerdem erweist er sich als großes Sprachen-

talent: Mit 14 Jahren spricht er bereits fließend Englisch. Angeblich lernt er auch schon in diesen jungen Jahren – allein mithilfe von Lehrbüchern – heimlich Arabisch.
In der Schule sind die Geisteswissenschaften und die schönen Künste das Metier des Jungen. Er geht vollkommen in seinen Studien der klassischen Antike auf. Naturwissenschaften und Geografie interessieren ihn zunächst wenig. Doch über die Lektüre der griechischen und römischen Klassiker erwacht in ihm die Faszination für den Mittelmeerraum, in dessen Geschichte und Landeskunde er sich nun mehr und mehr vertieft.
1839 beginnt Barth ein Universitätsstudium in Berlin und ist sich nun gar nicht mehr so sicher, ob er sich weiter ausschließlich mit der Altertumsforschung auseinandersetzen soll oder ob nicht doch die Historische Geografie seinen Interessen näher kommt. Er studiert beide Fächer. Die geografische Neugierde wird angefacht durch den großen Geografen Carl Ritter, der den jungen Barth unter seine Fittiche nimmt. Auf einer Art »Grand Tour« reist Barth von Sommer 1840 bis Mai 1841 allein durch Italien bis nach Sizilien. Dabei entwickelt er die Disziplin des akribisch beobachtenden Tagebuchschreibers, die später zu einer wahren Obsession werden wird: Nichts wird ausgelassen, selbst scheinbar nebensächliche Begebenheiten werden niedergeschrieben. Von beinahe jedem Landstrich, durch den er kommt, notiert er wesentliche Charakteristika und Besonderheiten.
Nach der Rückkehr promoviert Barth im Sommer 1844 mit einer Arbeit über die Handelsbeziehungen im östlichen Mediterran. Seine Prüfer sind der Geograf Carl Ritter und der Philologe und Altertumsforscher August Boeckh. Von nun an werden Altphilologie und Geografie für Barth untrennbar zusammengehören.

Ansicht der Stadt Timbuktu um 1825

Zu Beginn des Jahres 1845 folgt eine weitere Mittelmeerrundreise, die Barths Vater finanziert. Die Reise tritt der junge Wissenschaftler zu Fuß an: Er hat den Plan, das Mittelmeer, dessen einheitsstiftende Wirkung er zunehmend erkennt und rühmt, möglichst vollständig zu umwandern. Das Unterfangen misslingt zwar, doch er gelangt über Südspanien, Malta und die Levante erstmals nach Nordafrika – in den Teil der Welt, der sein späteres Schaffen über alle Maßen prägen wird. Beim ersten Mal bleibt er nicht lange; er reist weiter über Zypern und Griechenland bis nach Konstantinopel, dem heutigen Istanbul, wo er seine Reise abbricht und per Schiff nach Deutschland zurückkehrt. Der nach dieser Reise entstandene Bericht »Wanderungen durch die Küstenländer des Mittelmeers« füllt zwei Bände. Mangels Nachfrage erscheint aber nur der erste; dieser allerdings wird 1848 als Habilitationsschrift anerkannt, und Barth bietet an der Universität in Berlin Vorlesungen über die Geografie des nördlichen Afrika an. Das Interesse an Barths Vorlesungen ist jedoch so schwach, dass der junge Dozent die Veranstaltungsreihe noch im laufenden Semester abbrechen muss.

In dieser trostlosen Situation kommt ihm – noch immer überzeugt von den Qualitäten seines Schützlings – sein alter Mentor Carl Ritter zu Hilfe. Er schlägt Barth die Beteiligung an einer britischen Zentralafrika-Expedition vor, die der Missionar und Abolitionist James Richardson zu der Zeit plant. Hauptziele sind die Abschaffung des Sklavenhandels und die Aufnahme von Handelsbeziehungen zum Sudan. Barth ist zunächst nicht begeistert. Der grundlegende Expeditionsplan mutet ihn zu wenig wissenschaftlich an. Doch schließlich sagt er seine Teilnahme zu und trifft am 18. Januar 1850 in Begleitung des Hamburger Geologen Adolf Overweg in Tripolis ein. Ende März geht die große Reise los. Barth und

Overweg starten kurz vor Richardson, der ihnen etwas später in den Sudan folgt. Sie verfehlen dabei die übliche Route und landen in einem trockenen, bislang unerforschten Teil der Hammada, des ödesten, felsigen Abschnitts der Sahara. Nach längeren Aufenthalten in den heute libyschen Städten Mursuk und Ghat erreichen alle zusammen schließlich das Felsmassiv Idinen. Barth ist fasziniert von dem Gebirgszug und beschließt eine Erkundung auf eigene Faust. Er verirrt sich und entkommt in der irrsinnigen Hitze der Felswüste nur knapp dem Tod durch Verdursten. Auszüge aus der Beschreibung dieser spektakulären Etappe seiner Reise – erschienen im Rahmen des fünf Bände umfassenden Berichts »*Reisen und Entdeckungen in Nord- und Central-Afrika*« – wurden als Originalton für den vorliegenden Band ausgewählt.
Barth überlebt das Abenteuer zwar nur knapp, doch er ist bald wieder auf den Beinen und die Expedition kann fortgesetzt werden. In der Nähe des Aïr-Gebirges, mitten in der Sahara im heutigen Niger, trennen sich die Wege der drei Forscher – »*wegen des schlechten Zustands unserer Finanzen*«, heißt es in der späteren Reisebeschreibung: »*[...] damit ein Jeder einzeln versuchen möchte, was er allein in bescheidenster Weise, und ohne Aufsehen zu erregen, ausrichten könne, bis neuer Zuschuß aus der Heimath angekommen wäre.*« Man sollte sich in dem Zusammenhang vor Augen führen, dass die drei Christen im Inneren der von muslimischen Nomaden beherrschten Sahara stets als Einheimische getarnt unterwegs sein mussten. Wäre man ihnen auf die Schliche gekommen, wäre die Gefahr groß gewesen, dass man sie als »Ungläubige« hingerichtet hätte. Und so zieht Richardson in Richtung Tschadsee, Barth stößt bis ins nördliche Nigeria vor, und Overweg erkundet die Städte im Gebiet des heutigen Niger. In Kuka wollen sich

die Männer wieder zusammenfinden. Dort, in der Zentrale des Reiches Kanem-Bornu, erfreut sich Barth der Zuneigung des Sultans und macht mit der sogenannten »Königschronik« eine für die Afrikaforschung bedeutende Entdeckung. Richardson wird auf dem Weg nach Kuka fieberkrank und stirbt – nur sechs Tagereisen von Kuka entfernt. Overweg erreicht zwar den Treffpunkt, doch hat auch ihn das Tropenfieber schwer in Mitleidenschaft gezogen. In äußerst mitfühlender Weise beschreibt Heinrich Barth in seinem Reisetagebuch den nun anbrechenden Leidensweg Overwegs. Nach dem Tod des Freundes nimmt Heinrich Barth seinen verwegensten Plan in Angriff: Er will das sagenumwobene Timbuktu erreichen. Als Barth am 7. September 1853 schließlich in Timbuktu eintrifft, erweist sich die Stadt als besonders konservativ muslimisch geprägt. Schnell verbreiten sich Gerüchte, ein »Ungläubiger« sei in die Festung vorgedrungen, und es wird emsig nach dem mysteriösen Unbekannten gefahndet. Hätte man Barth gefunden, wäre das sein sicherer Tod gewesen. Dieser hingegen genießt unter dem Namen Abd el-Kerim und in der Verkleidung eines arabischen Gelehrten höchstes Ansehen und bleibt über ein halbes Jahr in der Wüstenstadt, bis es im März 1854 schließlich wirklich »zu heiß« für ihn wird.
Nach der Rückkehr aus Afrika lässt sich Barth zunächst in London nieder und verfasst dort sein fünfbändiges Mammutwerk über die erfolgreich beendete Expedition. 1859 kehrt er mit großen Hoffnungen auf Hochachtung und Respekt nach Berlin zurück, doch in Deutschland weiß man sein Werk nicht zu würdigen. Vielmehr verübelt man ihm, dass er vehement für die Selbstbestimmung Nordafrikas eintritt und nicht die kolonialen Ziele unterstützt. Erst 1863 erhält er eine unbesoldete Professur und damit einhergehend auch ein wenig wissenschaftliche Anerkennung. Er tritt

noch insgesamt sechs Mittelmeerreisen an und plant eine umfassende Länderkunde über die komplette Mediterranregion. Nach einer mehrwöchigen Reise durch Südosteuropa plagen ihn plötzlich heftige Magenschmerzen. Nach nur zwei Tagen im Krankenbett stirbt er. Eine spätere Autopsie fördert zutage, dass er einem Magendurchbruch erlag – ausgelöst vermutlich durch eine schlecht verheilte Schussverletzung, die er sich während seines Aufenthalts in Nordafrika zugezogen hatte.

[14. Juli 1850, Felsmassiv Idinen, heutiges Libyen. Dem Tode nahe] Am folgenden Tage [...] zogen wir in südlicher Richtung in dem breiten nackten Thale Tanessof entlang. Nur selten ward die Einförmigkeit der Landschaft durch wenige Talhabäume und Ethelbüsche oder durch spärlichen Graswuchs unterbrochen. Vor unseren Augen lag fortwährend der phantastisch gestaltete Kamm des geheimnißvollen Berges Idinen, welchen die Eingebornen gewöhnlich Kasr-Djenun (d. i. Palast der Geister) nennen. Aus dem breiten Thale steigt schroff die hufeisenförmig gebildete Bergwand empor, deren Höhe einem künstlich errichteten Gebäude von kolossalen Mauern und Thürmen gleicht. Die Tuareg glauben ernstlich, daß der Berg der Aufenthaltsort von Geistern sei, und halten eine Besteigung desselben für Frevel. Als Richardson auf seiner früheren Reise bei dem Versuch einer solchen Besteigung fast das Leben verlor, waren sie fest überzeugt, daß er von neckischen Dämonen irregeleitet worden sei; und dieser Aberglaube sollte jetzt eine neue Bestätigung erhalten. Trotz oder vielleicht mehr noch in Folge der Warnungen unserer Freunde aus Rhat, welche uns davon abhalten wollten, unser Leben bei einem frevelhaften Besuch dieser Wohnung böser Geister zu wagen, beschlossen Overweg und ich, den Berg genauer zu untersuchen und zu besteigen. Das war nun kein eigensinniges Vorhaben, sondern ich war fest überzeugt, daß hier ein Platz alterthümlicher Gottesverehrung sei und daß ich merkwürdige Skulpturen oder Inschriften finden würde; Overweg wollte die geognostische Struktur des Berges studiren. Als wir am Nachmittag in der Nähe des Brunnens Tahala unser Lager aufschlugen, war es zu spät, den Berg noch zu ersteigen. Ich legte mich daher in den Schatten eines schönen Talhabaumes und zeichnete die vorstehende Skizze der wunderbar gebildeten Bergwand; dann begab ich mich zur Ruhe und träumte von den Entdeckungen des folgenden Tages.

Mein »dies ater« brach an. Schon früh am Morgen des 15. Juli waren wir zum Marsche bereit. Vergeblich wandten wir uns noch einmal an Hatita und Uteti, um einen Führer zu erhalten; ihre religiösen Skrupel waren nicht zu überwinden. Es ward ausgemacht, daß unsere Karawane bis zum nächsten Brunnen weiter ziehen sollte; dahin hoffte ich, vom Berge zurückkehrend, meinen Weg zu finden. So machte ich mich allein auf, mit einem kleinen Wasserschlauch auf dem Rücken und mit etwas trockenem Zwieback und einigen Datteln versehen. Overweg folgte später, ohne daß ich es wußte, mit einem Diener, den ihm Richardson nachgeschickt hatte.

Im Anfange ging Alles gut, obwohl der Weg, zuerst über Sandhügel und dann über eine große nackte, mit schwarzen Kieselsteinen bedeckte Ebene führend, äußerst beschwerlich war. Dann durchschnitt ich den Anfang eines reich mit

Gras überwachsenen Rinnsals, welches sich durch die Sandhügel nach der Thalsohle hinschlängelte. Hier scheuchte ich einige Antilopen von der von den Arabern »mohor« genannten Art von ihrem Lager auf; aber wahrscheinlich um ihre Jungen besorgt, blieben diese Thiere bald stehen und wedelten, mich ansehend, mit den Schwänzen. Unterdeß verfolgte ich meinen Weg über den schwarzen steinigen Boden und fing schon an, den entkräftenden Einfluß der Sonnenhitze zu fühlen. Auch erwies sich die Entfernung des Berges vom Lager viel bedeutender, als ich gedacht hatte. Ich hatte die Hufeisenform des Berges aus der Ferne nicht erkannt, und jetzt zeigte es sich, daß der mittlere Theil, der am leichtesten zu ersteigen schien und dem ich deshalb meine Schritte zugelenkt hatte, der entfernteste war. Ich änderte deshalb meine Richtung nach Osten, aber hier traf ich auf ein noch größeres Hinderniß. Denn als ich hier die Abdachung hinanstieg, stieß ich plötzlich auf eine breite, tief eingerissene Schlucht, welche mich vom Kamme trennte. Nur mit dem Aufwand aller meiner Energie konnte ich die Kluft hinunter und an der anderen Seite wieder hinaufsteigen.

In einem Zustande gänzlicher Erschöpfung erreichte ich endlich den engen, mauerähnlichen Kamm auf der Höhe des hufeisenförmig sich krümmenden Bergrückens. Ich sah, daß diese Bergmasse im Allgemeinen aus horizontalen Schichten von Mergel und im unteren Theile aus Kalkstein besteht. Am Abhange entwickelte sich ein wildes Meer herabgefallener Felsmassen. Von den geträumten Inschriften oder Skulpturen war eben so wenig etwas zu sehen, wie von den im Gehirn unserer Tuareg-Freunde spukenden zauberhaften Palmhainen. Unbefriedigt, erschöpft und ängstlich schaute ich um mich her. Es war 10 Uhr geworden; ich war ohne den geringsten Schutz gegen die immer glühender werdenden Sonnenstrahlen, doch war ich genöthigt, auf meiner hohen Warte mich niederzulegen; aber die Ruhe, ohne Schatten und ohne einen stärkenden Imbiß, war nicht erfrischend. Meine Schwäche gestattete mir nicht, einen Bissen von dem trockenen Zwieback oder eine Dattel zu verzehren, und bei meinem geringen Wasservorrath durfte ich meinen brennenden Durst nur ungenügend stillen. Getrieben von der Besorgniß, die Karawane möchte in der Meinung, daß ich schon vorausgegangen sei, ihren Weg am Nachmittag fortsetzen, ermannte ich mich endlich, um wo möglich das Lager zu erreichen. Ich stieg in die nackte Kluft hinunter, um, ihrem Laufe folgend, in die Ebene zu gelangen und den Brunnen aufzusuchen. Die Hitze war furchtbar, und vom Durst gequält nahm ich den geringen Vorrath von Wasser, der mir übrig geblieben, mit einem Male zu mir. Ich glaubte mich so besser zu erquicken, als wenn ich das Wasser in kleinen, ungenügenden Zügen verbrauchte. Das war etwa um Mittag. Ich fand jedoch bald, daß der Trunk bloßen Wassers mich keineswegs gestärkt habe.

Endlich hatte ich die breite Thalsohle erreicht und warf noch einmal einen Blick auf die großartige, wild zerrissene Berghöhe. Als ich dann wieder an meinen Pfad dachte, ward ich an meiner Richtung irre. Mit Mühe erstieg ich einen kleinen Sandhügel, um eine Aussicht über das Thal zu gewinnen; aber kein lebendes Wesen und kein Zelt war zu sehen. Ich feuerte eine Pistole als Signal ab; keine Antwort erfolgte. Der starke Ostwind, der gerade wehte, mochte den Schall nach der Wüste geführt haben. Mit großer Anstrengung schleppte ich mich über den in Hügeln aufgehäuften Sand etwas weiter; ich erklomm eine andere Anhöhe und that einen zweiten Schuß, aber ich wartete eben so vergeblich auf Antwort. Ich vermuthete nun, daß unsere Gesellschaft noch zurück sein möchte, und hielt mich unglücklicherweise mehr ostwärts. Als ich mich nach einiger Zeit umschaute, erblickte ich mit unaussprechlicher Freude in geringer Entfernung kleine runde Hütten, die sich an Ethelbäume anlehnten und mit langem Grase gedeckt waren. Im höchsten Jubel eilte ich ihnen zu, aber sie waren verlassen; weder ein lebendes Wesen war zu sehen, noch ein Tropfen Wasser zu finden.

Meine Kraft hatte mich jetzt völlig verlassen. Ich setzte mich nieder, vor mir die volle Aussicht auf das breite Thal. Noch hoffte ich, bald unsere Karawane zu erblicken, ja einen Augenblick glaubte ich, in der Ferne einen Zug Kameele vorüberziehen zu sehen. Aber es war eine Täuschung, wie denn nichts in der Welt so voll täuschender Gebilde ist, als die von der Sonnengluth erhitzten Thäler und Flächen der Wüste. Dies haben auch die Araber von aller Zeit her empfunden und deshalb die Wüste mit Geistern erfüllt, die den einsamen, genossenlosen Wanderer irre machen und seitabwärts leiten. Ich erhob mich endlich wieder, war aber so schwach, daß ich mich kaum auf den Füßen erhalten konnte. Die Sonne neigte sich zum Untergang und ich mußte sehen, wo ich die Nacht zubringen könnte. Es blieb mir die Wahl zwischen einer der Hütten oder einem Ethelbaume, den ich in geringer Entfernung erblickte, und der eine Zeit lang meine durstige Phantasie als Brunnenschwengel getäuscht hatte. Ich wählte den Baum und mit ungeheurer Anstrengung schleppte ich mich hin. Ich gedachte, ein Feuer anzuzünden, um meinen Gefährten ein weithin sichtbares Signal zu geben; aber es fehlte mir die Kraft, auch nur ein wenig Holz zusammenzusuchen. Ich fühlte, wie ein Fieber sich meiner bemächtigte. Fast bewußtlos legte ich mich nieder.

Nach einer Rast von etwa zwei Stunden, als es völlig dunkel geworden war, erhob ich mich und schaute um mich. Mit unbeschreiblicher Freude erblickte ich in südwestlicher Richtung, abwärts im Thale, ein großes Feuer. Dies war in der That das Zeichen meiner mich suchenden Freunde. Hoffnung belebte mich von Neuem. Mich hoch emporrichtend feuerte ich eine Pistole ab. Mit fester Zuversicht folgte ich dem gewaltigen Schalle, wie er das Thal hinab der Flamme zurollte. Ich horchte, horchte lange. Alles blieb todtenstill. Nur die Flamme schlug hoch zum Himmel auf, als ein Zeichen unerreichbarer Hülfe. Nach langer Pause feuerte ich ein zweites Mal, aber auch jetzt kam keine Antwort. In mein Schicksal ergeben legte ich mich wieder nieder. Schlaflos und in heftigem Fieber warf ich mich auf dem Boden umher und erwartete den nächsten Tag halb sehnsüchtig, halb mit Furcht.

Endlich wich die Finsterniß und Zwielicht trat ein. Alles war Ruhe und Stille. Ich versuchte noch einmal, meinen Freunden ein Zeichen zu geben. Mit Aufbietung aller meiner Kräfte lud ich die Pistole mit einem gewaltigen Schuß. Ich feuerte einmal, zweimal; ich glaubte, der Schall hätte die Todten erwecken können, so mächtig rollte er das Thal hinab; aber keine Antwort traf mein Ohr.

Die Sonne stieg empor und ich sah ihr mit Furcht und Schrecken entgegen. Mit der zunehmenden Hitze ward mein Zustand immer unerträglicher. Der Baum, unter dem ich lag, war alt, mit großen, dicken Aesten, aber ohne ein einziges Blatt. Ich kroch umher, jeden Augenblick meine Lage verändernd, um den geringen Schatten zu genießen, den die laublosen Aeste warfen. Um Mittag wich auch der letzte Schattenstreifen; es blieb nicht einmal genug, um mein fieberkrankes Haupt zu schützen. Der Durst quälte mich so unsäglich, daß ich an meinem Blute sog. Endlich ward ich besinnungslos und verfiel in eine Art von wahnsinniger Träumerei. Erst als die Sonne sich hinter die Berge senkte, kam ich wieder zum Bewußtsein. Ich raffte mich auf, um noch einen schwachen, trüben Blick über die Ebene zu werfen. Da traf plötzlich der Schrei eines Kameeles mein Ohr – der klangreichste Ton, den ich je gehört! Ich erhob mich etwas vom Boden und sah in geringer Entfernung einen Targi, der, nach allen Seiten umherspähend, langsam dahin ritt. Ich hatte eben noch Kraft genug, mit schwacher Stimme »aman, aman« – »Wasser, Wasser« – zu rufen. Mit Entzücken hörte ich die bejahende Antwort »iwua, iwua«. In wenigen Augenblicken saß mein Retter an meiner Seite, wusch und besprengte meinen Kopf, während ich unwillkührlich in ein oft wiederholtes »el hamdu lillahi, el hamdu lillahi« ausbrach.

Im Lager war unterdessen Alles in großer Angst und Bewegung gewesen. Overweg hatte Tags zuvor einen anderen Weg genommen und war um fünf Uhr Nachmittags allein zurückgekehrt. Noch denselben Abend machte er sich mit mehreren Leuten auf, um mich zu suchen, kam aber um Mitternacht zurück, ohne eine Spur gefunden zu haben. Am andern Morgen wurden zwei Abtheilungen ausgesendet, von denen die eine meine Fußspuren in nördlicher Richtung entdeckte. Dies war deshalb wichtig, weil man nun die Gewißheit hatte, daß ich nicht nach Rhat vorausgegangen sei. Zwar hatte man wenig Hoffnung, mich noch lebend zu finden; denn die Eingebornen behaupteten, Niemand könne länger als zwölf Stunden leben, wenn er sich während der Sommerhitze in der Wüste verirre. Doch wollte man nichts unversucht lassen, und so ward eine Belohnung von 50 Dollars für den ausgesetzt, der mich finden würde. Ein Targi, auf seinem Kameel die Ebene am Abhange des Berges durchstreifend, folgte den gefundenen Fußspuren, ließ sie nicht aus dem Auge, und als er sie endlich auf hartem Felsboden verloren, aber doch gewiß war, daß ich in der Nähe sein müßte, stachelte er sein Kameel zum Schreien, um mich, wenn ich noch am Leben wäre, zu ermuntern.

Vorsichtig reichte er mir einen Trunk, aber in meinem fieberhaften Zustand fand ich das Wasser gallenbitter; dann hob er mich auf sein Kameel und eilte mit mir zu den Zelten. Die Freude des Wiedersehens war außerordentlich groß und ich dankte meinen Freunden herzlich für die Mühe und Sorge, die sie um meinetwillen gehabt hatten. Anfänglich indeß konnte ich nur wenig und undeutlich sprechen und während der nächsten drei Tage war ich fast unfähig, etwas zu essen.

Jedoch meine kräftige Konstitution bewährte sich auch hier; schon am nächsten Tage (17. Juli) war ich wieder im Stande, die Anstrengung des Marsches zu ertragen.[…]

[Heinrich Barth (1857): Reisen und Entdeckungen in Nord- und Central-Africa. Erster Band. Verlag von Justus Perthes, Gotha.]

[Freitag, 20. August 1852, Kuka im Bornu-Land, heutiger Tschad. Krankheit und Tod eines Freundes] Ich hatte einen Mann vorausgeschickt, um dem Vezier und Herrn Dr. Overweg meine Ankunft anzuzeigen; dann hatten wir bei einer der vielen stehenden Lachen eine kurze Zeit Halt gemacht und waren eben im Begriff, wieder zu Pferde zu steigen, als mein Freund dahergalopirt kam. Unser Wiedersehn war beiderseitig ein höchst freudiges, da wir diesmal viel länger von einander getrennt gewesen waren, als je vorher; auch hatte man in Kúkaua sehr beunruhigende Nachrichten über meinen Empfang in Baghírmi erhalten. – Herr Dr. Overweg hatte inzwischen eine sehr interessante Reise nach dem südwestlichen Gebirgslande von Bornu ausgeführt und war bereits vor 2 Monaten von dort zurückgekehrt; aber ich war höchst erstaunt, dass er ungeachtet dieser langen Ruhe viel schwächer und erschöpfter aussah, als ich je früher bemerkt hatte. Er theilte mir mit, dass er seit seiner Rückkehr viel gekränkelt habe und sich auch jetzt noch nicht hergestellt fühle, beschrieb mir aber auf die lebhafteste und aufmunterndste Weise die Mittel, welche zu unserer Verfügung gestellt worden waren, und mit den kühnsten Entwürfen für die Zukunft betraten wir die Stadt. Hier fand ich mich nun, wieder in den Besitz meiner alten Wohnung gelangt, von Genüssen umgeben, denen ich während des letzten Halbjahres fast entfremdet worden war, – wie Kaffee und Thee mit Milch und Zucker. [...]

[Montag, 23. August 1852] Ich habe bereits bemerkt, dass ich durch das erschöpfte Aussehen meines Genossen überrascht wurde, als ich denselben bei meiner Rückkehr vor dem Thore der Hauptstadt traf; tief betrübte es mich nun, den ersten Eindruck durch fernere Beobachtungen bestätigt zu finden. Da er sich nach einer kleinen Luftveränderung sehnte, es auch unserem Zwecke, der Erforschung des Tsād, ganz entsprach, den Zustand des Komádugu in dieser Jahreszeit zu beobachten, während grössere Unternehmungen gegenwärtig nicht möglich waren, so kamen wir überein, dass er einen kleinen Ausflug nach dem unteren Theile des Flusses machen sollte. Demgemäss reiste er am 29sten August in Gesellschaft eines Edelmannes zweiten Ranges – »kókana« – nach A'djiri ab, welche Ortschaft, unweit westlich vom Gau Dūtschi gelegen, jenem Edelmanne gehörte.

Ich begleitete ihn bis zur Dorfschaft Dáu-erghū und wir trennten uns mit der Zuversicht, dass ihm der Ausflug recht zuträglich sein würde. Herr Dr. Overweg fand auch viele Unterhaltung an dem reichen Pflanzenwuchs des Komádugu, welcher um diese Jahreszeit, während des Steigens des Flusses, in voller Kraft stand. Er erfuhr durch Erkundigung bei den Eingeborenen die sehr interessante Thatsache, dass der Komádugu, welcher während der trockenen Jahreszeit aus einer Reihe von einzelnen Pfützen besteht, am 21sten oder 22sten Juli einen ununterbrochenen, ostwärts dem Tsād zuziehenden Strom zu bilden anfängt und dann 7 Monate lang, also bis Mitte Februars, zu fliessen fortfährt; im Monat November fängt er an, über seine Ufer auszutreten. Aber so sehr sich auch mein Freund für die ihn umgebenden Gegenstände interessirte, so musste er sich doch für deren aufmerksame Beobachtung nicht stark genug gefühlt haben; denn die von ihm auf diesem Ausfluge verzeichneten

Bemerkungen sind äusserst kurz und unbefriedigend, während es von Wichtigkeit gewesen sein würde, hätte er den Lauf des Flusses mit einiger Genauigkeit aufnehmen können. Bei so geschwächtem Zustande beging er die Unbedachtsamkeit, den letzten Tagesmarsch seiner Rückreise nach Kúkaua, am 13ten September, zu sehr zu beeilen, und ich bemerkte mit Bedauern, als wir zusammen zu Abend assen, dass ihm der Appetit fast gänzlich fehlte.

Mit der Unzuträglichkeit des Klima's während des Monats September vollkommen bekannt, kamen wir beide überein, uns so viel wie möglich Bewegung und täglich einen kleinen Ritt zu machen. Wir verabredeten demgemäss auf Sonntag den 19ten September einen Besuch in Dáu-erghū; aber unglücklicherweise verhinderte uns ein Geschäft, das wir zu erledigen hatten, früh am Morgen aufzubrechen. Da nun mein Freund an jenem Tage starkes Kopfweh hatte, so schlug ich vor, unseren Ausflug auf einen anderen Tag zu verschieben; er meinte jedoch, dass ihn die freie Luft stärken würde. Wir brachen daher während der Tageshitze auf; doch schien die Sonne nicht sehr hell und Herr Dr. Overweg verfehlte nicht, sich den Kopf so viel wie möglich gegen die Sonnenstrahlen zu schützen.

Nachdem wir uns im Schatten eines herrlichen Hadjilīdj erholt hatten, hielt sich Herr Dr. Overweg für stark genug, jagen gehn zu können, und war so unvorsichtig, dass er sich bei der Verfolgung eines Wasservogels in tiefes Wasser begab und, ohne auch nur ein Wort davon zu sagen, den ganzen Tag über in seinen nassen Kleidern blieb. Ich hatte keine Ahnung davon, bis er nach unserer Rückkehr in die Stadt spät am Abend seine Kleider am Feuer trocknete.

Obgleich er den ganzen Tag über in Bewegung gewesen, vermochte er doch nicht, unser einfaches Abendessen zu geniessen, er klagte jedoch nicht. Am folgenden Morgen aber fühlte er sich so schwach, dass er nicht vom Lager aufzustehn vermochte. Anstatt nun ein schweisstreibendes Mittel zu nehmen, wie ich ihm ernstlich rieth, war er so eigensinnig, gar keine Arznei brauchen zu wollen, so dass seine Krankheit mit beunruhigender Schnelligkeit zunahm und am folgenden Tage seine Zunge wie gelähmt und seine Aussprache ganz undeutlich, ja rein unverständlich war. Er wurde sich nun selbst der Gefahr bewusst, in der er sich befand, und erklärte, er werde in der Stadt nicht genesen können, er müsse durchaus eine Luftveränderung haben, und hege die Hoffnung, dass er, wenn ich ihn nach Máduári schaffen könnte, bei unserem Freunde, dem Kaschélla Fūgo 'Ali, bald wieder hergestellt werden würde.

Es war eine schwierige Aufgabe, meinen kranken Genossen nach dem gewünschten Orte zu bringen, welcher über 8 Meilen von Kúkaua entfernt ist. Obgleich er die Reise am Donnerstag Morgen antrat, vermochte er doch nicht seinen Bestimmungsort vor Freitag früh zu erreichen. Ich machte Fūgo 'Ali ein Geschenk, damit er ihn sorgfältig pflege, ordnete das sonst noch Erforderliche an und kehrte alsdann nach der Stadt zurück, um meine Depeschen zu schliessen; aber noch am selbigen Abend kam einer von den Dienern, die ich bei Herrn Dr. Overweg zurückgelassen hatte, mit der Nachricht zu mir, dass es viel schlimmer mit dem Kranken gehe und dass sie nicht ein einziges Wort von ihm verstehen könnten.

Ich stieg alsbald zu Pferde und fand, in Máduári angekommen, meinen Genossen im beklagenswerthesten

Zustande im Hofraume liegen, da er sich hartnäckig geweigert hatte, in der Hütte zu schlafen. Er war in kaltem Schweisse gebadet und hatte alle Decken von sich geworfen. Er erkannte mich nicht und wollte weder mir, noch sonst Jemand gestatten, ihn zuzudecken. Sobald Delirium eintrat, murmelte er fortwährend ganz unverständliche Worte, in welchen ein Gewirre von allen Begebenheiten seines Lebens enthalten zu sein schien, sprang wiederholt rasend von seinem Lager auf und rannte mit solcher Wuth gegen die Bäume und das Feuer, dass vier Männer ihn kaum zurückzuhalten vermochten.

Gegen Morgen wurde er endlich ruhiger und hielt sich still auf seinem Lager, ohne dass ich bemerkte, wie seine Kraft schon ganz gebrochen sei. In der Hoffnung, er habe die Krisis überstanden, glaubte ich, nach der Stadt zurückkehren zu können. Ich fragte ihn, ob er etwas Besonderes wünsche, und er deutete an, er habe mir etwas zu sagen; es war mir aber unmöglich, ihn zu verstehen. Aus dem, was sich bald ereignete, kann ich nur den Schluss ziehen, er habe mir im Bewusstsein des nahen Todes seine Familie empfehlen wollen.

Am Sonntag Morgen sehr früh kam Herrn Dr. Overweg's erster Diener mit der Nachricht zu mir, dass der Zustand meines Freundes höchst bedenklich sei und dass er nicht ein Wort mehr gesprochen, seitdem ich ihn verlassen habe, sondern regungslos daliege. Ich ritt unverzüglich nach Máduári, aber ehe ich noch das Dorf erreichte, kam mir ein Bruder Fūgo 'Ali's entgegen und erklärte mir mit Thränen in den Augen, unser Freund sei verschieden. Mit Tagesanbruch, während einige Regentropfen fielen, hatte sich sein Geist nach kurzem Kampfe vom Körper gelöst.

Am Nachmittag legte ich ihn in sein Grab; es war im Schatten eines schönen Hadjilīdj gegraben und gegen Raubthiere wohlgeschützt. So starb mein einziger Freund und Gefährte im 30sten Jahre seines Lebens, in der Blüthe der Jugend. Es war ihm nicht beschieden, seine Reisen zu vollenden und glücklich heimzukehren; aber er fand einen höchst ehrenvollen Tod im Dienste der Wissenschaft. Es ist in der That ein bemerkenswerther Umstand, dass er seine Grabstelle selbst bestimmte, genau am Rande jenes See's, durch dessen Beschiffung er seinem Namen ewige Berühmtheit verschafft hat. Sicher war es ein Vorgefühl des herannahenden Todes, dass ihn die unwiderstehliche Sehnsucht nach dieser Stelle erfasste, wo er dicht an der Seite des Bootes starb, in dem er seine Reise gemacht hatte. Viele Einwohner des Dorfes, denen er während seines wiederholten hiesigen Aufenthaltes wohlbekannt geworden war, beklagten bitter seinen Tod, und sie werden gewiss des »Tabïb«, wie er genannt wurde, noch lange gedenken. [...]

[Montag, 20. Dezember 1852, Wuschek im Bornu-Land. Ein mysteriöses Haus] Als wir Wūschek verliessen, gaben wir unserem Marsch eine südsüdwestliche, hart am Sporn der Gebirgskette entlang gehende Richtung, worauf wir mehrere Einsenkungen passirten. Eine von diesen enthielt eine sehr üppige Baumwollenpflanzung, sorgfältig umzäunt mit der hier »mágarā« genannten Euphorbiacea, die ich schon bei früherer Gelegenheit beschrieben habe. Das Land besteht im Allgemeinen aus einem gewellten sandigen Boden, der sich bis an den Fuss der Bergkette zu erstrecken scheint und mit hohem Rohr bewachsen ist.

Nach Westen zu war unsere Aussicht auch heute wegen des ganz unreinen Himmels sehr beschränkt.

Wir liessen dann ein kleines Dorf Namens Gédiō, in einem Winkel des Gebirgsabfalles erbaut, liegen und betraten eine gewellte, Nōgo genannte Ebene, die nach Westen offen, aber nach Osten von einem Amphitheater niedriger Hügel begrenzt und dicht mit Gras und Pfriemenkraut bewachsen war; hierauf folgte Untergebüsch kleiner Mimosen und weiterhin, als wir an die Hügel auf der anderen Seite der Ebene heranrückten, zahlreiche Gruppen von »abíssga« (Capparis sodata). [...]

Nachdem wir die Ebene durchschnitten hatten, sahen wir wiederum den Gebirgszug zu unserer Linken und gewannen einen Blick auf Gábatā, die alte Residenz der Múniōma's, die in einer Bucht oder einem von den Höhlen gebildeten Amphitheater liegt, aber gegenwärtig weiter nichts enthält, als einen Haufen unansehnlicher Ruinen, nach der Seite des Weges zu umschlossen von einem Wall aus Feldsteinen und nicht, wie man dies ganz ausschliesslich bei Befestigungen der gegenwärtigen Zeit sieht, aus unhaltbarem Thon; jetzt ist auch diese Ummauerung im Verfall. Aber im innersten Winkel der Einbucht sieht man am Fusse der Berghöhen ein Steinhaus, und dieses erregt allerdings grosses Interesse; denn es bestand die alte Landessitte, dass jeder Múniōma sich bei seinem Regierungsantritt 7 Tage lang in dieses Haus, dem eine grosse Heiligkeit zugeschrieben wird, zurückziehen musste. Es war meine Absicht gewesen, diese Stätte zu besuchen; aber Kō-sso hatte mich dringend gebeten, von diesem heillosen Vorhaben abzusehen, da der Ort, wie er behauptete, von Geistern bewohnt sei. Es war in dieser Hinsicht höchst merkwürdig und erinnerte mich an mein Schicksal beim verhexten Geisterberg Idinen, dass mich ein plötzliches Unwohlsein gerade in dem Augenblick, wo ich mich diesem Orte näherte, thatsächlich daran verhinderte, mein Vorhaben auszuführen. Noch merkwürdiger aber ist der Umstand, dass gerade an dem Tage, wo ich diese Zeilen schreibe, die Nachricht über Dar-Fōr und Egypten kommt, dass der unglückliche Dr. Vogel vom Sultan von Wádáï eben aus dem Grunde hingerichtet worden sei, weil er die heilige Hütte besucht hätte, welche auf dem Gipfel der über dem Palaste von Wāra emporragenden Felshöhen liegt, und in die sich der Herrscher jenes Landes bei seinem Regierungsantritt ebenfalls auf 7 Tage zurückziehen muss. – Die Eingeborenen behaupteten, dass es hier Höhlen gäbe, die von dem Steinhause in das Innere des Felsens führten. Unser Weg ward hier überaus interessant und belebt; denn der zu unserer Linken befindliche Abhang der Höhen entwickelte eine höchst anmuthige Mannichfaltigkeit der Gestaltung, und zu unserer Rechten hatten wir einen schönen Hain prächtiger Bäume und wohlbebauter Felder. So erreichten wir um 3 Uhr Nachmittags den in einer Einbucht der Berge gelegenen Brunnen, hatten aber grosse Schwierigkeit, einen von Erdameisen leidlich freien Lagerplatz zu finden. Ich fühlte mich hier so schwach, dass ich mich weder um die Ruinen des fürstlichen Gábatā mit seinen Geisterhöhlen, noch um sonst irgend etwas bekümmerte, als die tiefste Ruhe.

[Heinrich Barth (1860): Reisen und Entdeckungen in Nord- und Central-Afrika. Zweiter Band. Verlag von Justus Perthes. Gotha.]

Ludwig Leichhardt
1813–1848(?)

Der Outback-Pionier

1848 macht sich eine Expedition auf, um das australische Outback zu erforschen: vier gefahrenerprobte Forscher, zwei einheimische Aborigines und eine Karawane aus Maultieren, Ochsen und Pferden. Angeführt wird der Trupp von dem Deutschen Ludwig Leichhardt. Doch alles, was von ihnen übrig bleibt, ist (vermutlich) ein Drei-Penny-Stück.

Ludwig Leichhardt wird am 23. Oktober 1813 im brandenburgischen Trebatsch bei Cottbus geboren. Der Vater, ein Torfstecher, bringt nur ein karges Gehalt nach Hause. Dort warten auf ihn seine Frau und acht Kinder. Ludwig ist der Sechstgeborene. Er ist oft krank, taugt in den Augen seines Vaters nicht zum körperlichen Arbeiten und interessiert sich sowieso mehr für Bücher, vor allem für solche, in denen von fremden Ländern berichtet wird. Nach dem Besuch des Gymnasiums in Cottbus kann er es kaum erwarten, 1831 mit dem Studium der Philologie zu beginnen. Doch erfüllt dieses Studium nicht seine Erwartungen. Um sich intensiver der Naturkunde widmen zu können, und womöglich auch, um mehr Abstand von der Familie zu gewinnen, wechselt er 1833 an die Georg-August-Universität nach Göttingen. Hier macht er die Bekanntschaft mit einem Studenten aus England; John Nicholson ist sein Name. Als akuter Geldmangel dazu führt, dass Leichhardt schon ein Jahr später nach Berlin zurückziehen muss, gibt ihm John die Adresse seines

Bruders William, der dort studiert. In Berlin angekommen, stellt sich Ludwig diesem gleich vor. Er und William, von Leichhardt fortan »Will« genannt, werden sofort gute Freunde und teilen sich eine »Studentenbude«. Die Freundschaft geht so weit, dass die beiden gemeinsame Studienreisen durch Europa unternehmen, stets mit Botanisiertrommel und Bestimmungsbüchern im Gepäck. Finanziert wird Leichhardt dabei letztlich von Wills Vater, der über die Tatsache, dass sein Sohn durch Europa reist, um sich zu bilden, höchst erfreut ist. – Dass er dabei auch den Sohn eines brandenburgischen Torfstechers mit durchfüttern muss, begeistert ihn dagegen weniger. Leichhardts Eltern sind entsetzt darüber, dass der begabte Sohn, der mittlerweile zur »Hoffnung der Familie« aufgestiegen ist, sich zunehmend von den »vernünftigen« Studienfächern entfernt und stattdessen mit seinem Freund in fremden Ländern nach seltenen Blümchen sucht. Doch Leichhardt ficht das alles nicht an. Zu Besuch bei den Nicholsons in England schreibt er 1837 nach Hause: »*[...] dass Europa uns nicht genügen wird. Wir haben den Plan, entweder nach Nordafrika, nach Ostindien oder nach Australien zu gehen.*«
Doch es sollte noch einige Jahre dauern, bevor der Plan zur Tat wird. Erst einmal wird in Paris weiter Biologie studiert. Immer mehr wächst Leichhardts Faszination für den Südkontinent, und so konzentriert er sich nun ganz darauf, möglichst viel über die australische Fauna und Flora in Erfahrung zu bringen. 1841 steht ein aufregender Termin an: Leichhardt hat eine »Audienz« bei *der* Koryphäe unter den Entdeckern seiner Zeit: Er besucht Alexander von Humboldt. Von ihm will er erfahren, wie man eine Expedition in der Wildnis angeht. Doch der Altmeister nimmt den mageren blonden Studenten wohl nicht ernst. Die Besprechung dauert nur zehn Minuten. Es ist nicht anzunehmen, dass

Die Illustration von 1879 vereint die wichtigsten Entdecker Australiens, darunter (an der linken Seite hervorgehoben) auch Ludwig Leichhardt.

Leichhardt dabei viel zum Reden, geschweige denn zum Fragen kam. Also planen Nicholson und Leichhardt, auf eigene Faust nach Australien aufzubrechen. In letzter Minute jedoch lässt sich William von seinem Vater noch umstimmen und sagt das Unternehmen ab. Die bereits gekaufte Kleidung und Ausrüstung überlässt er seinem Freund Ludwig, der im August 1841 tatsächlich Paris in Richtung London verlässt, um von dort nach Australien weiterzureisen.
Die Kolonisierungsgeschichte des Kontinents ist zu Leichhardts Zeit noch jung: Erst 1770 hatte James Cook die Ostküste Australiens für England »in Besitz genommen«, und 1788 waren die ersten Siedler in Australien gelandet: Sträflinge. Als der Deutsche im Februar 1842 in Sydney ankommt, weiß man gerade einmal seit etwa 40 Jahren über den ungefähren Verlauf der Küstenlinie Australiens Bescheid. Einige fruchtbare Gegenden rund um die Kolonien sind bekannt, doch auf Landkarten verbleibt im Inneren des riesigen Kontinents ein großer weißer Fleck. Und genau den gedenkt Leichhardt mit Inhalt zu füllen.
Der Royal Geographical Society in London hatte er seine Pläne bereits per Brief erläutert, nun macht er dasselbe bei einschlägigen Adressen in Sydney, so zum Beispiel im Hause des Generalfeldvermessers Sir Thomas Mitchell. Doch Leichhardt blitzt ab: Woher sind Sie? Aus Deutschland. Aha. Was haben Sie bisher geleistet? Botanische Studien in Frankreich, England und Italien. Aha. Sie brauchen Geld für eine Expedition ... – *wohin???* Kein Interesse, danke!
Leichhardt gibt nicht auf. Nach einigen Erkundungstrips in Ostaustralien schreibt er seiner Mutter, er sei bereits »*zu einem ziemlich guten Buschmann*« geworden – doch er hat selbst keine Ahnung, ob das wirklich stimmt. Am 30. September 1844 bricht Leichhardt dann zu einer wahren Wahn-

sinnstour auf. Neun Begleiter, die er für sich gewinnen konnte, 16 Lastochsen, 17 Pferde und vier Hunde setzen sich vom ostaustralischen Jimbour (bei Brisbane) aus in Bewegung in Richtung Nordwesten. Das Ziel: die Erforschung und Beschreibung des Landesinneren und das Aufspüren verwertbarer Fauna und Flora. Als Proviant haben die Männer rund 600 Kilogramm Mehl, 100 Kilogramm Zucker, 40 Kilogramm Tee und 10 Kilo Gelatine im Gepäck. Mit wissenschaftlichen Instrumenten ist man ähnlich lückenhaft bestückt. Um Wild zu schießen oder um sich gegen möglicherweise feindlich gesinnte Aborigines zu wehren, wurden noch 13 Kilogramm Schießpulver und acht Beutel Gewehrkugeln eingesteckt. Alle Expeditionsteilnehmer sind absolut unerfahrene Schützen. Und so sieht sich so manches Karnickel buchstäblich einem Kugelhagel gegenüber – um letztendlich doch zu entwischen. Einmal trifft der Trupp auf Aborigines. Um die »Wilden« in Schach zu halten, ballert Leichhardt auf einen mit Vögeln voll besetzten Baum, trifft aber kein einziges Tier. Die Aborigines brechen in lautes Gelächter aus.

Die Expedition schleppt sich durch Sumpfgebiete und ödeste Wüsten, hat Probleme mit aggressiven Ameisen und störrischen Ochsen, und die Vorräte gehen auch viel schneller zur Neige als angenommen. Am 28. Juni 1845 kommt es zu einem dramatischen Zwischenfall, von dem der Auszug aus Leichhardts Reisebericht im Originalton berichtet. Bei einer Rast wird das Lager von Aborigines überfallen. Einer der Expeditionsteilnehmer, Gilbert, wird getötet, zwei weitere werden schwer verletzt. Die Verwundeten schleppen sich weiter durch den australischen Busch. Sie ziehen durch Landschaften, in denen es über viele Kilometer hin nur Salzwasser gibt; die Pferde ertrinken und die Hunde sterben. Wie durch ein Wunder erreicht das Team am 14. Dezember

1845 schließlich doch noch das lang ersehnte Ziel Port Essington. Jetzt sind Leichhardt und seine Leute – von denen angenommen worden war, dass sie längst tot seien – international gefeierte Helden. Der deutsche Forscher schreibt nun seinen einzigen vollendeten Reisebericht »Journal of an Overland Expedition in Australia«.
Für Leichhardt ist die ganze Unternehmung lediglich der Auftakt zum ganz großen Abenteuer: Er will Australien von Ost nach West durchqueren. Das Unterfangen misslingt: Schwere Regenfälle, glühende Hitze, Fieber und Streit stoppen die zweite Reise bereits nach 800 Kilometern – geplant war eine Strecke von fast 8.000 Kilometern! Leichhardt ist damit zum Objekt von Hohn und Spott geworden. Alle, die ihm bei der ersten Reise ihre Unterstützung versagten, fühlen sich bestätigt, zumal Anekdoten über Leichhardts Führungsschwäche die Runde machen. Doch motivieren ihn auch diesmal die Widerstände umso mehr: Im Februar 1848 bricht Leichhardt erneut auf. Unter den sechs Expeditionsteilnehmern sind zwei Aborigines als Führer und ein weiterer Deutscher namens Adolf Classen. Ansonsten zeigt sich das mittlerweile gewohnte Bild: Maultiere, Pferde, jede Menge Ochsen, Hunde und, als lebender Proviant, eine Schafherde. Aber diesmal kommt keiner zurück. Sechs Männer und Dutzende Tiere sind wie vom Erdboden verschluckt. Suchexpeditionen enden erfolglos.
1873 behauptet ein Pferdedieb, er sei tief im Landesinneren einem verwahrlosten Mann begegnet, der mit einer Aborigine und drei Kindern in der Wildnis lebe. Dieser Mann habe sich als Adolf Classen vorgestellt und gesagt, es sei kurz nach dem Aufbruch zu einer Meuterei gekommen. Leichhardt sei dabei getötet worden, und der Rest des Trupps sei von Aborigines umgebracht worden. Er als Einziger habe sich retten können und wolle nie wieder in die zivi-

lisierte Welt zurück. Die australische Presse greift die mysteriöse Story dankbar auf, zerrt sie immer wieder ans Tageslicht. So lange, bis 1938 endlich ein qualifizierter Suchtrupp ausrückt. Das Ergebnis ist ernüchternd: Gefunden werden ein paar Knochen und Teile von altem Leder. Doch etwas ist merkwürdig: Im Wüstensand mitten im Outback, wo nie zuvor ein Europäer gewesen sein soll, funkelt Metall in der Sonne – es ist ein Drei-Penny-Stück. Kann es Leichhardt gehört haben? Vermutlich wird es keiner je erfahren.

[28. Juni 1845, östliches Australien. Zusammentreffen mit Aborigines] Am Ende unserer Tagereise kamen wir an einer Kette seichter Lagunen vorüber, welche durch einen Kanal in geringer Verbindung standen. Einige davon waren trocken. Da ich befürchtete, wir würden bei Fortsetzung der Reise kein Wasser finden, schlug ich an einer von den Lagunen das Lager auf. Sie enthielt etwas Wasser und war von einem schmalen Gürtel kleiner Theebäume mit steifen, breit lanzettlichen Blättern umgeben. Das Wasser füllte nur den untern Theil des Beckens, weshalb ich unser Gepäck an den obern brachte. Die Herren Roper und Calvert schlugen ihr Zelt in dem Streifen Bäume, mit der Oeffnung gegen das Gepäck hin auf, während Herr Gilbert und Murphy das ihrige unter kleinen Bäumen mit dem Eingange nach dem Lager zu errichteten. Jenes des Herrn Phillips stand wie gewöhnlich von den andern getrennt auf der entgegengesetzten Seite des Wassers. Unser Feuer wurde ausserhalb der Bäume am Ufer angezündet. Brown hatte sechs Laufenten und vier Krieckenten geschossen, welche für uns ein gutes Essen lieferten. Während der Mahlzeit war der Hauptgegenstand unsrer

Unterhaltung die ungefähre Berechnung unsrer Entfernung von der Meeresküste, da wir hier zum ersten Male Stücke zerbrochener Seemuscheln von der Gattung Cytherea fanden. Nach dem Essen zogen sich die Herren Roper und Calvert in ihr Zelt zurück, und Herr Gilbert, John und Brown flochten sich aus Palmblättern Hüte, während ich selbst müssig am Feuer stand, ihnen zusah und mich gelegentlich an ihrer Unterhaltung betheiligte. Herr Gilbert freute sich über die Fortschritte, welche er im Erlernen des Flechtens machte. Als er beinahe eine Elle verfertigt, zog er sich mit John ins Zelt zurück. Dies war gegen 7 Uhr. Ich selbst legte mich wie gewöhnlich auf den Erdboden, ein Stück vom Feuer hin und verfiel in Schlaf, aus welchem ich plötzlich durch lautes Geschrei erweckt wurde. Ich hörte Calvert und Roper Hilfe rufen. Eingeborne hatten uns plötzlich überfallen. Ohne Zweifel hatten sie während des Nachmittags unsere Bewegungen beobachtet, sich die Stellung der verschiedenen Zelte gemerkt, sobald es dunkel geworden war, sich an uns herangeschlichen und einen Hagel von Speren auf die Zelte Calverts, Ropers und Gilberts, einige auf das Phillips, und auch ein oder zwei nach dem Feuer geschleudert. Charley und Brown verlangten Mützen, welche ich ihnen eiligst gab, und schossen, sobald sie mit jenen versehen waren, ihre Gewehre auf den Haufen Eingeborne ab. Diese flohen eiligst, hatten aber Roper und Calvert durch Spere verwundet und mit ihren Waddies heftig geschlagen. Einige der Spere waren mit Widerhaken versehen und konnten nur unter den grössten Schwierigkeiten herausgezogen werden. Ich hatte viele Mühe einen aus dem Arm Ropers zu bringen, an welchem ich die Spitze abbrach. Einen andern musste ich Herrn Calvert aus der Weiche schneiden. John Murphy war es gelungen aus dem Zelte zu entkommen. Sich hinter einem Baum verbergend, von wo aus er auf die Wilden feuerte, verwundete er einen derselben schwer, noch ehe Brown abschoss. Da ich Herrn Gilbert nicht sah, rief ich diesen, wonach mir Charley sagte, unser unglücklicher Gefährte sei nicht mehr! Er war mit dem Gewehre sowie Kugeln und Pulver aus seinem Zelte gekommen, hatte dies Charley gegeben und war unmittelbar darauf todt zusammengesunken. Sobald ich diese betrübende Nachricht erfahren, eilte ich nach der Stelle und fand Charleys Aussage nur zu sehr bestätigt. Gilbert lag in geringer Entfernung vom Feuer auf der Erde. Als ich ihn untersuchte, fand ich bald zu meinem Kummer, dass jedes Zeichen von Leben fehlte. Der Körper war indess noch warm, und ich öffnete daher sowohl die Venen an beiden Armen als auch die Temporalis – jedoch vergebens; sein Leben war erloschen, und er gehörte zu den Todten.

Sobald wir uns vom Schrecke erholt, in welchen wir durch dies unglückliche Ereigniss versetzt worden waren beobachteten wir jede Vorsicht, einem andern Ueberfalle vorzubeugen. Die Nacht hindurch blieben wir wach und löschten das Feuer aus, um den Eingebornen unsern Aufenthaltsort zu verbergen.

Ein heftiger Wind, welcher die Nacht sehr kühl machte, wehte von Süden her. Es war als bliese uns derselbe durch und durch. Unter all diesen Uebelständen, welche uns betrafen, verbrachten wir die lange Nacht in einem Zustande der peinlichsten Ungewissheit über das Schicksal unsrer am Leben gebliebenen Gefährten. Herr Roper hatte drei oder vier Lanzenstiche in die Kopfhaut erhalten. Ein Sper war ihm durch den linken Arm, ein anderer unter dem Jochbeine in die Backe gedrungen, hatte die Augenhöhle getroffen und den Augennerv verletzt, sowie ein dritter in die Lende, abgerechnet einer Menge Schläge auf die Schultern. Herr Calvert hatte einige sehr heftige Waddie-Schläge erhalten, von welchen einer das Nasenbein, einer den Elnbogen und noch ein anderer den Rücken seiner Hand getroffen, wie ihn ausserdem ein Sper mit Widerhaken über der Hüfte und ein gleicher an einem Knie verwundet hatte. Man kann sich darnach leicht denken, dass beide heftige Schmerzen litten und kaum im Stande waren sich zu bewegen. Der Sper, welcher dem armen Gilbert das Leben gekostet hatte, war ihm zwischen dem Schlüsselbeine und dem Halse in die Brust gedrungen, obwohl er nur eine so unbedeutende Wunde gemacht hatte, dass wir sie zuerst gar nicht entdecken konnten. Der Richtung der Wunde nach zu urtheilen, hatte Gilbert den Lanzenstich erhalten, indem er sich gebückt, um das Zelt zu verlassen.

Der Anbruch des nächsten Morgen am 29. war äusserst willkommen. Ich fuhr fort die Wunden meiner Gefährten sorgfältiger zu untersuchen und zu verbinden, als ich es in der Dunkelheit der Nacht hatte thun können.

Des Morgens hörten wir sehr zeitig das Rufen der Eingebornen, welche zu wehklagen schienen, denn einer aus ihrer Mitte war entweder getödtet oder schwer verwundet, wie es die Blutflecken zeigten, welche wir bei ihren Spuren fanden. Sie zogen sich indess sehr bald zurück; denn als ich mich um unsern Haltplatz umsah, bemerkte ich nichts mehr von ihnen. Am Nachmittage beerdigte ich die Leiche unseres unglücklichen Gefährten und hielt die Grabrede der Englischen Kirche über ihn. Ueber dem Grabe wurde später ein grosses Feuer angezündet, um zu verhüten, dass es die Eingebornen entdeckten und die Leiche wieder ausgrüben. Unser Vieh und die Pferde waren glücklicher Weise nicht beunruhigt worden.

Der kalte Südwind hielt den ganzen Tag an. Gegen Nacht legte er sich. Es blieb nun bis zum Morgen des 30. Juni ruhig. Dann erhob sich ein heftiger Ostwind, welcher sich später gegen Nord und Nord – West herumwendete.

Calvert und Roper erholten sich wunderbar schnell, wenn man die schweren Verletzungen, welche sie erhalten hatten, in Betracht zieht; und die Wunden, von welchen ich befürchtete, dass sie sehr gefährlich wären, versprachen bei Geduld und durch Sorgfalt zu heilen. Da es gewagt war, lange an der Stelle zu bleiben, denn die Eingebornen konnten in grösserer Zahl zurückkehren und ihren Angriff sowohl auf uns selbst als auch auf unsere Thiere wiederholen, beschloss ich weiterzugehen und zu versuchen, ob es meine verwundeten Gefährten würden ertragen können, zu Pferde fortgebracht zu werden. In einem solchen Falle, wo das Leben aller gefährdet war, konnten die besonderen Gefühle und Wünsche der Leidenden unmöglich allein berücksichtigt werden. Ich fühlte für ihre Lage das grösste Mitleid, welches man für seine Mitgeschöpfe unter solchen Umständen nur hegen kann; aber auf meine Aufmerksamkeit erhoben sich noch gleiche Ansprüche. Ich musste, abgesehen davon, den Stand der Wunden untersuchen und auf die Folgen des täglichen Reisens, auf die Gesundheit der Leidenden Acht haben, entscheiden, wenn wir die Reise fortsetzen oder etwas Halt machen konnten. Ich hatte Ursach zu erwarten oder war sanguinisch genug zu hoffen, dass, obgleich die jetzigen heftigen Schmerzen sie über meine Anordnungen missgestimmt machten, sie sich doch genöthigt sehen würden, am Ende der Reise bei der Rückerinnerung, jenen Gerechtigkeit wiederfahren zu lassen.

Die beständige Aufmerksamkeit, welche sie erforderten, und die vermehrte Arbeit, welche unsrer geringen Zahl zur Last fiel, hatten mir kaum Zeit gelassen, über den Unglücksfall, welcher uns betroffen, und den unzeitigen Tod unseres unglücklichen Gefährten nachzudenken. Alle Spannkraft unseres Geistes war erregt; wir befanden uns selbst in Gefahr, und es war unbedingt nothwendig, wir mussten jede Sehne anspannen, uns derselben zu entziehen. Ich war dessen gewiss, dass das Werk um so besser gelingen würde, mit je kühlerem Blute wir daran gingen. [...]

[16. Oktober 1845, nordöstliches Australien. Tod des Begleithundes] Wir gingen am Wasser ungefähr vier Meilen längs des Creek hinab, welcher mit Cypressfichten-Dickichten und Theebaum-Busch bedeckt war. Herr Calvert und Charley kehrten unsern Spuren nach zurück, um zu versuchen den armen Hund wiederzufinden. Sie trafen ihn beinahe todt in den tiefen Spuren unseres Viehs ausgestreckt, welche er um ein schattiges Plätzchen zu bekommen, aufgesucht zu haben schien, und brachten ihn ins Lager. Ich tauchte seinen ganzen Körper, den Kopf ausgenommen, in Wasser und liess ihn zur Ader. Er lebte dann noch sechs Stunden, als er anfing dumpf zu bellen und die Beine zu bewegen, wie es die Hunde zu thun pflegen, wenn sie träumen. Es schien, als stürbe er an Gehirnentzündung. [...] Brown war jetzt entweder durch Zufall oder unter dem Einflusse unbewusster melancholischer Gefühle der Gewohnheit verfallen, fast ununterbrochen den Soldaten-Todesmarsch zu pfeifen oder zu singen, was auf mich einen eigenthümlich beklemmenden Eindruck hervorbrachte, so dass ich häufig gezwungen war, ihn zu bitten, etwas Anderes zu singen. [...]

[22. Oktober 1845, nordöstliches Australien. Freund oder Feind?] Wir legten ungefähr sechs Meilen gegen Westen zurück. Dann kamen wir zu einem breiten Creek. welcher uns nöthigte fünf Meilen weit gegen Süden zu gehen um ihn zu kreuzen. Die Gegend bestand aus einer Reihe Buxbaum-Auen, am Flusse liegend, von kahlen Bergen in der Ferne begrenzt, welche jedoch später so nahe an den Fluss herantraten, dass es schwierig wurde, ihm weiter zu folgen. Ungefähr zwei und eine halbe Meile von unserm letzten Lager mussten wir einen Casuarinen-Bach kreuzen, welcher, obgleich sehr unbedeutend, doch so sumpfig war, dass wir uns in grosser Gefahr befanden, wieder zwei Pferde einzubüssen.

In der letzten Nacht hörten wir auf der entgegengesetzten Seite des Flusses das Rufen Eingeborner. Sobald sie uns erblickten, kreuzten sie den Fluss und kamen eilig auf uns zu. Das Abfeuern unserer Gewehre hielt sie jedoch in der gehörigen Entfernung zurück. Einige von uns sahen während der Nachtwachen, wie sie sich auf der andern Seite des Flusses mit brennenden Stöcken hin- und herbewegten. Am andern Morgen kamen drei unerschrocken heran; ich machte ihnen einige Geschenke, wodurch ich sie sehr freundlich stimmte. Es wurden mehr Geschenke ausgetauscht, und darnach luden sie uns dringend ein, sie nach ihrem Lager zu begleiten. Sie sahen sich augenscheinlich getäuscht, als sie bemerkten, dass wir nicht schwimmen konnten. Ich gab ihnen Pferdehufe, aus denen sie mich baten, Fischhaken zu verfertigen. Jedenfalls hatten sie schon zuvor Weisse gesehen oder von ihnen gehört. Vor unsern Pferden und Ochsen zeigten sie grosse Furcht und frugen mich, ob sie beissen könnten. Sie begleiteten mich gleichwohl bis zum Lager, nachdem ich ihre Waffen in meinen Gürtel gesteckt, um gewiss zu sein, von ihnen nicht angegriffen zu werden. Als wir die Reise fortsetzten, folgten sie uns eine weite Strecke und boten Charley und Brown Weiber an, wenn diese mit nach ihrem Lager gehen wollten. Sie waren beschnitten und hatten sich zwei Vorderzähne ausgeschlagen. Auf der Brust hatten sie querlaufende Narben.

Eine grosse Menge fliegender Füchse (Pteropus ....), von denen Brown drei schoss, befanden sich in dem Dikkichte am Flusse.

Die Tage waren sehr heiss bei wolkenlosem Himmel. Des Nachmittags wehte ein heftiger Ostwind. Die Nächte waren kühl und angenehm; jedoch thaute es nicht während derselben. [...]

[23. Oktober 1845, nordöstliches Australien. Ein ungewöhnliches Kennenlernen] An diesem Morgen kamen unsre schwarzen Freunde wieder in unser Lager. Sie zeigten ihre Ankunft durch ein leises Pfeifen an. Wir forderten sie auf näher zu kommen, und da zeigten sich uns einige neue Gesichter. Von drei jungen Leuten hiess einer »Gnangball«, der andere »Odall« und ein Knabe »Nmamball«. Dieselben drei Namen wurden auch noch einigen Andern gegeben und unterschieden wahrscheinlich drei verschiedene Familien oder Stämme. Wir gaben ihnen drei Papierblätter mit Zeichnungen von Känguruhs, Emus und Fischen: Als wir unsere Ochsen beluden, kam ein ganzer Haufe unter fürchterlichem Geschrei herbei. Einer von ihnen tanzte und sprang umher, indem er unaufhörlich schrie und seine Lanze, welche mit einem Büschel Opossumhaaren verziert war, schwang wie ein Tambourmajor. Ich schnallte ihm ein zerrissenes Gurt um den Leib, was ihn wunderbar abzukühlen schien. Als ich aus einem Topf Wasser trank, bot ich es auch meinem Freunde an; er zögerte aber meinem Beispiele zu folgen, bis er sich an einen ältlichen, bärtigen, ernsthaft aussehenden Mann gewendet, der davon kostete, wonach auch mein Freund wagte, von dem Inhalte zu trinken. Als wir aufbrachen, folgten sie uns, indem sie uns durch Zeichen zu verstehen gaben, dass der Weg sehr weit sei, ehe wir wieder zu einem Flusse kämen. Wahrscheinlich vom Hunger genöthigt, kehrten sie nach ihrem Lager zurück, jedoch nicht, ohne dass sie uns nochmals eingeladen, sie dorthin zu begleiten, indem sie uns zu verstehen gaben, dass sie genug zu essen hätten. Indem sie uns verliessen, zeigten sie den Fluss hinab und sprachen wiederholt das Wort: »Aroma!« »Aroma!« aus. […]

[2. Dezember 1845, nördliches Australien. Das Ziel ist nahe] Während wir unsern Ochsen weideten, der nach dem fliessenden Bache zurückgekehrt war, kam aus dem

Walde ein hübscher Eingeborner mit der Leichtigkeit und Grazie eines Apollo, lächelnder Miene und der Sicherheit eines Mannes, dem ein weisses Gesicht etwas vollkommen Bekanntes war, auf uns zu. Er selbst war unbewaffnet; doch hielten sich eine grosse Zahl seiner Gefährten nicht weit hinter ihm, um zu beobachten, was für ein Empfang ihm zu Theil werden würde. Wir nahmen ihn natürlich sehr freundlich auf, und nachdem sich einige junge Männer zu ihm gesellt, hörten wir ihn ganz deutlich die Worte sagen: »Commandant! Kommt her! Sehr gut! Wie heisst Ihr?« Wenn sich meine Leser einen Begriff von meinen Gefühlen während dieser beschwerlichen Reise, wenn sie sich nur von dem zehnten Theile der Schwierigkeiten, mit welchen wir zu kämpfen hatten, eine Vorstellung machen können, werden sie sich leicht denken, welche unbeschreibliche Wirkung diese in Wahrheit magischen Worte auf uns ausübten. Wir waren förmlich elektrisirt – unsere Freude kannte keine Grenzen, und ich hätte die Schwarzen umarmen mögen, die, indem sie uns die Freude äussern sahen, in welche sie uns versetzt, freundlich grinsten und in die lauten Aeusserungen unserer Gefühle einstimmten. Wir machten ihnen verschiedene Geschenke besonders mit Lederriemen und erhielten dagegen eine Menge Büsche aus Gänsefedern von ihnen, welche die Eingebornen zum Verscheuchen der Fliegen gebrauchen. Sie kannten die Weissen von Victoria und nannten sie Balanda, was nichts weiter als »Holländer« bedeutet. Dieser Name wird von den Malayen gebraucht, von welchen er zu ihnen gekommen war. Glücklicher Weise besassen wir eine kleine Wörtersammlung, welche Herr Gilbert bei seinem früheren Aufenthalte in Port Essington zusammengestellt hatte, so dass wir vermochten sie nach Wasser (Obert), nach dem Wege (Allum) und nach Limbo cardja, dem Namen des Hafens, zu fragen. Es lag mir sehr viel daran sie zu veranlassen, dass sie uns als Führer dienten. Die beiden Häuptlinge Eooanberry und Minorelli versprachen es auch uns zu begleiten, änderten aber später ihren Willen. [...]

[17. Dezember 1845, nördliches Australien. Ankunft in Port Essington] Wir brachen mit unserm gefälligen Führer nach dem Ziele unserer Reise auf und setzten unsern Weg gegen Süd-West durch eine hügelige Gegend fort, welche mit Gruppen Levisiona-Palmen, weiter hin mit Seaforthia (der wahren Kohlpalme) vermischt, bestanden war. Ein schöner breiter Creek, welcher eine Kette grosser Wasserhälter bildete, hat eine Richtung gegen Nord-Ost und mündet wahrscheinlich in Bremer's Bay. Wir folgten ihm drei oder vier Meilen weit bis zu seinem Ursprunge. Als wir ihn überschritten, überraschte uns ein sehr schweres Gewitter, wie bisher stets in der Mittagsstunde. Die Seaforthia-Palme trat in immer grösserer Zahl auf, sodass der Wald zuletzt ausschliesslich von ihr, in Bäumen von allen Grössen gebildet wurde. Unser Führer zeigte es uns, wie wir ihre Schossen leicht erhalten könnten, indem man die Blätter und Blattstiele aufschlitzte, und bald ergötzten wir uns an einem köstlichen Gerichte Kohl. Unser Ochs weigerte sich weiter zu gehen. Da ich wusste, dass die Ansiedlung nicht mehr fern war lud ich ihn ab, bedeckte seinen Packsattel nebst der Ladung mit Wachstuch und liess ihn zurück, damit er während des übrigen Theiles des Tages ausruhen könnte, um nachgeholt zu werden. Indem wir uns dem Hafen näherten, wurde die Kohlpalme seltener und verschwand an demselben gänzlich. [...]

Zaserrinde und der hängende Theebaum waren die einzigen nutzbaren Hölzer in der Umgebung der Ansiedlung. Die Cypressfichte (Callilris) könnte jedoch ohne besondere Schwierigkeiten von Mount-Morris-Bay oder Van-Diemens-Golf herbeigeschafft werden. Am Vollir kamen wir auf einen Fahrweg, welcher um den Fuss eines Hügels herumführte. Nachdem wir durch einen Garten mit seinen prächtigen Cocospalmen gekommen waren, lagen die weissen Häuser, eine Reihe Strohhütten und das Haus des Commandanten zur Rechten, von den übrigen getrennt, plötzlich vor uns. Vom Capitain MacArthur, dem Commandanten von Port Essington ebensowohl wie von den andern Beamten wurden wir sehr freundlich aufgenommen und mit der grössten Gefälligkeit und Zuvorkommenheit mit Allem, was wir nur wünschten, unterstützt. Ich war unbeschreiblich froh, mich wieder unter civilisirten Leuten zu befinden. Ich vermochte kaum zu sprechen, denn es war als schwöllen mir die Worte im Munde oder jagten sich einander. Wenn ich nun bedachte, wie schwach die Mittel waren, durch welche mich die Allmacht Gottes in den Stand gesetzt, eine so lange Reise zu vollenden, bebte mir vor Wonne das Herz in dankbarer Erkenntniss von Dessen unendlicher Güte.

[Ludwig Leichhardt (1851): Tagebuch einer Landreise in Australien von Moreton-Bay nach Port Essington während der Jahre 1844 und 1845. Verlag von H. W. Schmidt, Halle. Zeitgenössische Übersetzung aus dem Englischen von Ernst A. Zuchold.]

Ida Pfeiffer
1797–1858

Eine Wienerin entdeckt die Ferne

1797: Geburtsjahr von Heinrich Heine, Franz Schubert und – Ida Pfeiffer. Alle drei haben auf ihre Art und Weise kulturellen Wandel bewirkt. Dabei hat – ganz im Sinne der Romantik – die Naturerfahrung einen hohen Stellenwert. Ida Pfeiffer lieferte neue länder- und völkerkundliche Erkenntnisse und stand in Fachkreisen in hohem Ansehen.

Doch das Wien des Jahres 1797 hat andere Sorgen: Napoleon wütet in Europa. Bald wird er auch in Wien sein, so viel ist sicher. Nur wann? In dieser unsteten Zeit wird in der wohlhabenden Kaufmannsfamilie Reyer das Mädchen Ida geboren. Sie ist das einzige Mädchen unter fünf Brüdern. Der Vater predigt seinen Kindern, dass man ohne Mut, Genügsamkeit und Leidensfähigkeit das Leben nicht meistern könne. Eine Tochter passt nicht in sein Erziehungskonzept, und so wird Ida mit kurzem Haarschnitt und in Hosen groß. Sie erhält dieselbe harte Erziehung wie die Jungs, muss auf vieles verzichten und wird zu körperlicher Ertüchtigung im Freien angehalten. Oft gibt es nur karge Mahlzeiten, und auch Spielzeug ist für die Kinder der Familie Reyer mehr oder weniger ein Fremdwort. Nur Holzgewehre und Blechtrommeln sind erlaubt. Idas Berufswunsch dieser Zeit passt gut ins Bild: Wenn sie groß ist, will sie Offizier werden.

Als sie neun Jahre alt ist, stirbt ihr Vater. Die Mutter übernimmt die Erziehung. Sie möchte, dass Ida Röcke trägt – doch Ida mag Hosen lieber. Sie möchte, dass Ida Klavier spielt – doch Ida will lieber Geige lernen. Vielleicht mag das Mädchen ja nun mit Puppen spielen? Ida bleibt beim Holzgewehr. Sie schneidet sich sogar in die Hand, um nur nicht nähen und stricken lernen zu müssen.

1809 hält Napoleon Wien besetzt. Bei einer Parade des Feldherrn zeigt Ida ihm ihre Rückseite – und kassiert eine Ohrfeige von der Mutter. Sie wird an den Schultern festgehalten, damit der Vorfall sich nicht wiederholt. 1810 wird ein Hauslehrer eingestellt, der Idas Vertrauen gewinnt. Die nunmehr Dreizehnjährige verliebt sich in den jungen Mann und akzeptiert nun auch ihre weibliche Rolle in der Gesellschaft. Sie schreibt: »*Ihm verdanke ich es, dass ich im Verlaufe von drei bis vier Jahren vollkommen zu der Einsicht der Pflichten meines Geschlechtes gelangte.*« Als sie 17 Jahre alt ist, macht ihr der Umschwärmte einen Heiratsantrag. Idas Mutter ist entsetzt: Der Hauslehrer! Das ist keine Partie für ihre Tochter! Sie verbietet jeglichen persönlichen Umgang zwischen den beiden. Der Konflikt eskaliert so weit, dass Ida plötzlich »rätselhaft« erkrankt. Aus heutiger Sicht sprechen die Symptome für eine schwere Depression.

Als sie sich nach Monaten wieder erholt hat, erwartet sie ein weiterer Schicksalsschlag: Sie soll einen fast 30 Jahre älteren Mann heiraten. Sie selbst ist gerade 20 geworden. Der Witwer Dr. Mark Anton Pfeiffer ist zweifellos eine gute Partie. Er ist Rechtsanwalt in Lemberg, vermögend und von einigem gesellschaftlichem Rang. Ida akzeptiert seinen Antrag. Hauptsache weg von zu Hause! Nur, dass Dr. Pfeiffer schon einen erwachsenen Sohn in ihrem Alter hat, daran muss sie sich erst noch gewöhnen.

Und so geht einige Zeit lang alles gut: Dr. Pfeiffer respektiert

Die Aufnahme von Ida Pfeiffer entstand um 1855

den eher ungewöhnlichen Zeitvertreib seiner Frau, die lieber Bücher über ferne Länder liest, als zu häkeln. Doch als gesellschaftlich geachteter Anwalt begeht er einen folgenschweren Fehler: Ohne Rücksicht auf Verluste stellt er in einem Korruptionsprozess österreichische Beamte an den Pranger. Damit hat er praktisch ganz Wien gegen sich: Pfeiffer wird über Nacht zur Unperson, gilt sogar als Landesverräter. Er gerät in finanzielle Schwierigkeiten. Auf der Suche nach Arbeit reist das Ehepaar quer durch Europa: Lemberg, Wien, Lemberg, wieder Wien, Galizien, Schweiz – nirgendwo ist Pfeiffer sicher vor dem Einfluss der üblen Nachrede. Die Familie verarmt zusehends. Ida Pfeiffer und ihr Mann trennen sich. Sie lebt in Wien, er in Lemberg. Den zwei Söhnen, die aus dieser Ehe hervorgehen, kann die alleinerziehende Mutter oft nur Wasser und trockenes Brot zum Essen geben. Sie arbeitet als Haushälterin und Musiklehrerin, doch erst nach dem Tod ihrer wohlhabenden Mutter, im Jahr 1837, wendet sich das Blatt und die drei Pfeiffers sind durch Idas Erbteil über Nacht von den gröbsten finanziellen Nöten befreit. 1838 stirbt Dr. Pfeiffer in Lemberg.
Die Witwe Pfeiffer erzieht ihre Söhne alleine, und als diese erwachsen und beruflich abgesichert sind, erfüllt sie sich einen Lebenstraum: eine Pilgerreise ins Heilige Land. Am 22. März 1842 verlässt sie Wien und lässt sich per Dampfschiff immer weiter nach Osten fahren. Über Konstantinopel (heute: Istanbul) reist sie – teils unter sehr beschwerlichen Bedingungen – weiter durch Syrien und Palästina bis nach Ägypten. Die Aufzeichnungen, die sie unterwegs schreibt, veröffentlicht sie kurz nach ihrer Rückkehr im Dezember 1842. Das Buch »Reise einer Wienerin ins Heilige Land« trifft einen Zeitgeist. Der Bericht, aus dem für dieses Buch eine Passage ausgewählt wurde, hält sich nicht auf mit Längen- und Breitenangaben, stattdessen enthält er viele ein-

drucksvolle Landschaftsbeschreibungen und unterhaltsame Anekdoten. Das Buch verkauft sich gut, und die Autorin beschließt, die Einnahmen aus den Buchverkäufen direkt in eine neue Reise zu investieren. Als Ziel wählt sie das entlegene Island. In Nordskandinavien existiert kaum eine Infrastruktur für Reisende, und so wird auch dieser Trip zum buchtauglichen Abenteuer. Der Erfolg der Bücher hält an, wird eher größer. Die Wiener sind ganz versessen auf die Reiseberichte der ungewöhnlichen Witwe Pfeiffer, die jetzt schon als »Weltenbummlerin« tituliert wird. Ermuntert durch die beiden ersten Expeditionen und mit der finanziellen Rücklage aus den Buchverkäufen nimmt Ida Pfeiffer den Titel, den die Wiener ihr gegeben haben, nun ernst: Sie will tatsächlich einmal um die ganze Welt!

Am 1. Mai 1846 tritt die 49-Jährige die weite Reise über den Atlantik an. Der erste Stopp ist Brasilien, es folgen eine stürmische Kap-Hoorn-Umsegelung und die Landung in Valparaíso. Sie wird der Königin von Tahiti vorgestellt und besichtigt die Teepflanzungen auf Ceylon. In China hält sie sich lange auf und reist weit ins Landesinnere. Es geht weiter nach Indien; sie sieht den Ganges, Benares, Bombay. Im April segelt sie weiter nach Persien und reist über Land bis nach Bagdad. In Arabien wird sie von Räubern bedroht – aber das kennt sie ja schon von ihrer Pilgerreise ins Heilige Land. Und im persischen Täbris wird ihr eine Ehre zuteil, die kein männlicher Entdecker je erlangte: Sie darf den Harem des Vizekönigs besichtigen. Im November 1848 ist sie wieder zurück in Wien. Das Buch, das die Erlebnisse ihrer Weltreise beinhaltet, wird ein Bestseller und auch ins Englische und Französische übersetzt. Überall in Europa hatten die Zeitungen von der ungewöhnlichen Frau berichtet, die alleine die Welt durchquert. Ida Pfeiffer ist plötzlich eine internationale Berühmtheit. Schon bald fragen die Verlage bei ihr an, ob es denn bald wieder eine neue Reise geben werde – und natürlich ein neues Buch. Doch sie winkt ab. Inzwischen ist sie 54 Jahre alt und spielt mit dem Gedanken, ein ruhiges Leben in Wien zu führen und einfach mit dem Ersparten in häuslicher Gemütlichkeit alt zu werden. Doch nach drei Jahren kommt wieder Fernweh auf.

1851 tritt Ida Pfeiffer ihre zweite Weltreise an. Diesmal versichert ihr die österreichische Regierung ihre Unterstützung und untermauert dies mit einer beträchtlichen Geldsumme. Mit dieser diplomatischen und finanziellen Absicherung im Gepäck kommt sie in Kapstadt an, wo sie gleich ein aufwühlendes Erlebnis mit zwei einheimischen Frauen hat. Dieses ist im Originaltext nachzulesen. Eigentlich ist diese Reise gar nicht richtig vorbereitet, und sie überlegt noch im Kapland, ob sie ins Innere Afrikas vorstoßen oder lieber nach Australien segeln soll. Schließlich verwirft sie beide Pläne und reist wieder in das von ihr so geliebte Asien, zunächst nach Singapur. Der Empfehlungsbrief der österreichischen Regierung hilft ihr sehr. Auf Borneo wird sie herzlich von Sir James Brook empfangen – einem raubeinigen Haudegen, dessen »Berufsbild« unscharf zwischen Diplomat und Abenteurer changiert. Mit ihm unternimmt sie einen Ausflug zu den Kopfjägern im Inneren der Insel. Weitere Stationen ihrer Reise sind Java, Sumatra, Celebes und die Molukken. Später geht es über Kalifornien, Ecuador – hier erlebt sie einen Ausbruch des Vulkans Cotopaxi –, Panama bis in die USA. Es braucht nicht erwähnt zu werden, dass auch das auf diese Weltreise folgende Buch wieder ein voller Erfolg wird, und ebenso wenig konnte man zweifeln, dass sich Ida Pfeiffer schon 1856 wieder auf den Weg in die Ferne macht. Doch ihre fünfte Reise wird ihre letzte sein. Auf Madagaskar merkt sie erstmals die Auswirkungen einer ernsthaften Erkrankung. Es ist Leberkrebs. Zudem wird sie von den örtlichen Behörden einer politischen Verschwörung beschuldigt und in einem Schauprozess sogar zum Tode verurteilt. Zwar folgen die baldige Begnadigung und die sofortige Rückreise nach Wien, doch die Strapazen und der Krebs haben sie völlig geschwächt. Ida Pfeiffer stirbt am 27. Oktober 1858 in Wien. Ihr letztes Buch »Reise nach Madagascar« wird posthum erst drei Jahre später veröffentlicht.

[13. Mai 1842, Istanbul. Abenteuerlicher Ausritt nach Brussa] Ich hatte noch nie auf einem Pferde gesessen, und war nahe daran, die Wahrheit zu sagen, doch meine Neugierde, Brussa, die schöne Stadt am Fuße des Olymps, zu sehen – war überwiegend, und ich behauptete ganz kühn, daß ich zu Pferde gewiß nicht zurückbleiben würde.

Am 13. Mai um halb sieben Uhr Morgens fuhren wir auf einem kleinen Dampfschiffe von 40 Pferdekraft von Konstantinopel ab. An den Prinzen- und Hundsinseln vorüber, brausten wir durch das Meer von Marmora, dem schneebedeckten Olymp entgegen, bis wir nach siebenstündiger Fahrt Gemlek erreichten. [...]

Um halb drei Uhr kamen die Pferde. Ich schwang mich ganz beherzt auf meine Rozinante, empfahl mich meinem Schutzgeiste, und nun ging es, zwar noch langsam, aber doch über Stock und Stein. Meine Freude war unbegränzt, als ich mich festsitzend auf dem Pferde fühlte, allein als der Trab anfing, wurde mir ganz kurios zu Muthe, ich konnte mit den Steigbügeln nicht zurecht kommen, bald saßen sie mir auf der Ferse, bald verlor ich sie ganz und kam dadurch in Gefahr, das Gleichgewicht zu verlieren. Ach, daß ich hätte jemand um Rath fragen können! Leider konnte ich es nicht, ohne meine Unkenntniß des Reitens zu verrathen. Ich blieb daher vorsätzlich die Letzte, unter dem Vorwande, daß mein Pferd stützig sei, und nur dann gut gehe, wenn es die andern vor sich habe; die eigentliche Ursache aber war, daß die Herrn meine Manövers nicht sahen, denn alle Augenblicke glaubte ich herabzustürzen. Mit beiden Händen erfaßte ich oft den Sattel und schwankte bald auf die eine, bald auf die andere Seite. Der Galopp, auf den ich mich noch mehr fürchtete, ging zu meiner Verwunderung besser als der Trab. Mein Muth wurde belohnt, und ich erreichte, zwar tüchtig zusammengerüttelt, aber doch ohne Unfall das Ziel unserer Reise. Während der Zeit, als es im Schritte ging, hatte ich auch Muße gehabt, die Gegenden zu betrachten. Die Hälfte des Weges führt von einem Thale in das andere; so oft man einen Hügel erklimmt, hat man vor sich eine beschränkte Aussicht, allein man darf den Kopf nur rückwärts wenden, um einen schönen Überblick über das Marmora-Meer zu haben. Nach einem Ritte von dritthalb Stunden gelangten wir an einen kleinen Chan (Ein Chan ist ein steinernes Gebäude, das einige ganz leere Zimmer enthält, um den Reisenden in Ermanglung der Gasthöfe, Schutz und Schirm gegen Nacht oder Wetter zu gewähren. Gewöhnlich hält sich ein Türke dabei auf, der den Reisenden schwarzen Kaffee servirt.), wo wir ein halbes Stündchen Rast machten. Nicht weit davon erreichten wir den letzten Hügel und das große Thal, an dessen Ende Brussa, an den Olymp sich lehnend, liegt, öffnet sich dem erwartenden Blicke, während man noch immer rückwärts, weit über Berg und Thal hinaus, das vom Horizont begränzte Meer erblickt. – Schön ist diese Ansicht, aber Schöneres sah ich doch schon in der Schweiz.

Den Olivenbaum fand ich überall, hier wie bei Triest oder in Sicilien, häßlich. Sein Stamm ist zerrissen, die Blätter sind schmal und schmutzig grün. Dagegen ist der Maulbeerbaum mit seinem üppig fetten, glänzend grünen Laube eine angenehme Erscheinung. Die Seide ist in diesen Gegenden von vorzüglicher Güte, weßhalb auch die Stoffe von Brussa weit und breit berühmt sind.

Glücklich erreichten wir die Stadt noch vor Sonnenuntergang. Nichts Fataleres kann Einem begegnen, als wenn man eine Stadt im Oriente nach Sonnenuntergang erreicht; da sind die Thore geschlossen, und vergebens würde man sich um Einlaß bemühen.

Wir mußten, um zu dem Gasthofe zu gelangen, beinahe durch die ganze Stadt reiten, wobei wir Gelegenheit hatten zu sehen, daß sie eben so häßlich ist, wie das Innere Konstantinopels. Die Straßen sind enge, die Häuser von Holz, Lehm, manche sogar von Stein erbaut, alle aber haben ein ärmliches und dabei eigenthümliches Ansehen; das erste Stockwerk jedes Hauses nähmlich hat so weit hervorragende Erker, daß selbe mehr als den halben Theil der Gasse einnehmen, und diese dadurch enge und dunkel machen. Auch der Gasthof, in welchem wir abstiegen, sah von Außen nicht sehr einladend aus, wir waren schon sehr wegen des Nachtquartiers in Angst. Allein so erbärmlich das Äußere war, so angenehm fanden wir uns im Innern überrascht. Ein geräumiger netter Hof, in dessen Mitte wir ein Bassin mit hellsprudelndem Wasser, umschattet von mehreren Maulbeerbäumen, erblickten, erregte gleich unsere Aufmerksamkeit. Rings herum befanden sich in zwei Stockwerken große reinliche, ganz einfach eingerichtete Zimmer. Die Kost war gut, und man kredenzte uns sogar eine Flasche vortrefflichen Weines von der untern Region des Olymps.

[28. Mai 1842, nahe Ramla (Israel). Letzter Halt vor Jerusalem] Endlich um Mittag kamen wir an das judäische Gebirge. Hier muß man Abschied nehmen von dem schönen fruchtbaren Thale und von dem herrlichen Wege. Es beginnt die steinige Region, aus der man sich nicht leicht wieder herausarbeitet.

Gleich am Eingange des Gebirges liegt links ein höchst ärmliches Dörfchen, und in dessen Nähe eine Cisterne, an welcher wir Rast machten, um uns und unsere armen Thiere zu tränken. Nur mit vieler Mühe und etwas Geld gelang es uns, ein Bischen Wasser zu erhalten, denn alle Kameele, Esel, Pferde, Ziegen und Schafe von nah und fern waren hier versammelt, und leckten begierig jeden Tropfen dieses Elementes auf. Ich trank hier ein Wasser, so schmutzig, trüb und lau, daß ich wohl nie gedacht hätte, noch froh seyn zu müssen, mit so eklichem Getränke meinen Durst zu stillen. Wir füllten neuerdings unsere ledernen Flaschen, und zogen wohlgemuth den steinigen Pfad entlang, der oft so schmal wurde, daß wir nur mit großer Mühe und vieler Gefahr den uns entgegenkommenden Kameelen ausweichen konnten. Ein Glück, daß meistens einige dieser Thiere Glöckchen an dem Halse tragen, und man bei Zeiten durch den Schall aufmerksam gemacht, Vorkehrungen treffen kann. [...]

Nach einem fünfstündigen unausgesetzten Ritte vom Eingange des Gebirges auf diesem schlechten Wege, ward mir durch die ungewohnte Hitze, und durch den gänzlichen Mangel an Labung und Erholung, plötzlich so übel und schwindlich, daß ich mich auf dem Pferde kaum mehr zu erhalten vermochte. Obwohl wir schon im Ganzen, nämlich von Jaffa his hieher, elf Stunden geritten waren, wollte ich aus Angst, daß Mr. B. mich nicht für schwach und kränklich hielte, und mich am Ende von Jerusalem nicht mehr zurück nach Jaffa nähme, ihm meine Ermüdung und mein Unwohl nicht gestehen. Ich stieg also vom Pferde ehe ich herabfiel, und ging zitternd und schwankend neben her, bis ich mich wieder so viel erholt hatte, um aufsitzen zu können. Mr. B. hatte sich vorgenommen, den Ritt von Jaffa bis Jerusalem, eine Tour von sechszehn Stunden, in einem Zuge zu machen. Er fragte mich zwar, ob ich mich stark genug fühle, dieß auszuhalten; ich wollte aber seine Güte nicht mißbrauchen und versicherte ihn, daß ich schon noch fünf bis sechs Stunden reiten könne. Glücklicherweise befielen ihn kurze Zeit nach diesem Vorschlage dieselben Zustände, die früher mir zu Theil geworden, und nun meinte er, es wäre doch besser, im nächsten Dorfe einige Stunden auszuruhen, da wir ohnehin die Thore von Jerusalem vor Sonnenuntergang nicht mehr erreichen konnten. [...]

[Ida Pfeiffer (1846): Reise einer Wienerin in das Heilige Land. Erster Theil. Verlag von Jakob Dirnböck, Wien.]

[24. Mai 1851, London. Ungemütliche Reise nach Kapstadt] Am 24. Mai Abends begab ich mich an Bord des Schiffes Allanadale von 300 Tonnen Gehalt, Kapitän Brodie.

Zu meinem Erstaunen fand ich Niemanden an Bord als den Kapitän, der mir sagte, daß er der ganzen Mannschaft, bis auf den Matrosenjungen herab, die Erlaubniß gegeben habe, diese Nacht am Lande zuzubringen, und daß er selbst ebenfalls das Schiff verlasse. Ich hätte dasselbe thun können; allein da ich einige Meilen entfernt von London wohnte, so fürchtete ich, mich am folgenden Morgen verspäten zu können. Ich schloß mich in die Kajüte ein, und war für diese Nacht alleinige Herrin des Schiffes. [...]

Ich hatte in diesen wenigen Tagen leider schon hinlänglich Gelegenheit, die Sparsamkeit unseres Kapitäns kennen zu lernen; eine ähnlich schlechte Verpflegung ist mir noch auf keinem Schiffe vorgekommen. Der Steuermann, der, wie es auf den Segelschiffen gebräuchlich ist, die Aufsicht über die Küche führte, und dem ich durchaus nicht nachsagen kann, daß er mit den Vorräthen verschwenderisch umgegangen wäre, wurde gleich zu Anfange seines Amtes entsetzt, und der Kapitän übernahm in eigener Person die Oberleitung. Sein Speisezettel war schnell gemacht: des Morgens leichten, schwarzen Kaffee und ein Stück Salzfleisch, des Abends Salzfleisch und Thee, des Mittags Erbsensuppe und Salzfleisch oder Stockfisch, manchmal Hühner und einen Mehlklumpen mit einigen Rosinen, den er Pudding nannte, – statt des Brotes echten Matrosenzwieback. Eier, Schinken oder Käse mochten ihm als überflüssige Luxusartikel erscheinen, die er wahrscheinlich mitzunehmen vergessen hatte. Der gute Mann soll, wie er mir sagte, nächstens auf einem Ostindienfahrer kommandiren, welche Schiffe zum Theile für Reisende eingerichtet sind. Wehe den Armen, die an seiner Tafel speisen! – Sonst war er indeß ein umsichtiger und sehr ordentlicher Mann.

War die Kost schlecht, so war es die Reisegesellschaft noch

mehr. Zum Glücke bestand sie nur aus einer Person, einem jungen Engländer, der seine Erziehung der Himmel weiß wo erhalten haben mag. Sein liebster Aufenthalt war unter den Matrosen; mit diesen sang, pfiff, schrie und rauchte er um die Wette, und sein größtes Vergnügen war, dem Abschlachten des Geflügels beizuwohnen. Wahrlich, ich bewunderte nie so sehr meine kräftige Natur als auf dieser Reise – die Kost verdarb nicht meine Gesundheit, die Gesellschaft nicht meine Laune. Ich gedachte im voraus des freudigen Augenblickes der Landung, und mit der schönen Zukunft mich tröstend, ertrug ich mit Geduld die traurige Gegenwart. [...]

[11. August 1851, auf dem Atlantik. Ankunft in Kapstadt und erste Gefahren] Am 11. August, Morgens sechs Uhr, nach einer Fahrt von 75 Tagen, fielen endlich die Anker auf der Rhede der Kapstadt. Obwohl ich seit dem 13. Juni (Insel Ferro) kein Land gesehen hatte, so war doch der Eindruck, den der Anblick dieser Stadt auf mich machte, nicht sehr groß. Ich hatte London noch zu frisch im Gedächtnisse, und in Folge dessen erschien mir die Kapstadt wie ein Dorf. Was ihre Lage betrifft, so erinnerte sie mich viel an jene von Valparaiso. Wie letzteres, ist sie von einer baumlosen, mit spärlichem Grün bedeckten Gebirgskette umgeben, in welcher der Tafel-, Löwen- und Teufelsberg die Hauptpunkte bilden. Vom Bord des Schiffes aus entdeckte ich ein einziges Bäumchen und nur wenig grüne Fluren, und dieß war zur Winterszeit, wo Berg und Thal im schönen Kleide prangen. Wie mag es erst im Sommer sein, wenn die glühenden, senkrecht niederfallenden Sonnenstrahlen alles versengen und verbrennen! Kapitän Brodie verließ nach dem

Frühstücke sogleich das Schiff. Er war nicht so freundlich, mich nur mit an's Land zu nehmen, er versagte mir jede Hilfe bei dem ersten Eintritte in die Stadt, eine Gefälligkeit, die mir bisher noch kein Kapitän abgeschlagen hatte, nicht einmal der ungebildete Chinesische Bootführer, der mich von Hong-Kong nach Kanton brachte. Dieser führte mich bis in die Englische Faktorei (drei Meilen weit) und suchte mit mir das Haus auf, in welches ich gewiesen war. Hier mußte ich allein an's Land gehen, mußte allein meinen Weg suchen und mich durchfragen, bis ich zum Hamburger Konsul, Herrn Thalwitzer, gelangte. [...]

Ich brachte in der Kapstadt vier Wochen zu, habe aber des Merkwürdigen nur wenig gesehen. Anfänglich durchstreifte ich häufig die Umgebung, um Insekten zu suchen; es wurde mir jedoch diese Unterhaltung bald durch einen höchst unangenehmen Zufall verleidet. Eines Morgens nämlich, gerade als ich eine kleine Schlange gefangen hatte, kamen zwei Negerinnen auf mich zu, hielten mich an, überschütteten mich mit Schimpfworten, spieen vor mir aus und nannten mich eine Zauberin, die man umbringen sollte. Dieser Auftritt würde für mich wahrscheinlich nicht gut geendet haben, hätte ich nicht zum Glücke in der Ferne einen Mann erblickt, den ich zu Hilfe rief und dessen Erscheinen die beiden Weiber in die Flucht jagte.

Ich erzählte Herrn Thalwitzer diese Begebenheit, die er sogleich bei Gericht anzeigte. Die Weiber wurden alsbald aufgefunden, und es ergab sich bei der Untersuchung, daß sie die Absicht gehabt hatten, mich in ein nahes Gebüsch zu ziehen und meiner Kleidung zu berauben. Ein zehnjähriges Kind, das zufällig in demselben Busche war und sich aus

Angst vor den Weibern unter dem Laube verkroch, hatte Alles gehört und gesehen, daß eine der Megären mit einem Messer bewaffnet war, welches bei der Flucht zu Boden fiel. Das Kind suchte und fand das Messer und brachte es seinen Eltern, die es dem Gerichte übergaben. Bei dem Verhöre diente es als Unterstützung des Beweises, und die beiden Weiber wurden für vier Wochen auf Reiswasser gesetzt – eine gewöhnliche Strafe, die darin besteht, daß man dem Verurtheilten gar keine andere Nahrung gibt. Mir kam diese Züchtigung zu hart vor, und ich bat um einige Linderung, allein vergebens. Man sagte mir, daß die Personen bereits sehr berüchtigt seien und mehr Zeit in, als außer dem Gefängnisse zubrächten.

Ich stellte in Folge dieser Begebenheit meine Spaziergänge zwar nicht ganz ein, beschränkte sie aber auf nähere Orte.

[Januar 1852, Borneo. Schauerlicher Besuch bei einem Eingeborenenstamm] Herr Lee ersuchte den Häuptling, den Schwert-Tanz aufführen zu lassen. Zwei Parangs wurden zu diesem Zwecke kreuzweise auf den Boden gelegt. Die Tänzer waren zwei festlich geschmückte Jünglinge. Sie hatten rothe, schmale Tücher mit Goldbörtchen besetzt, um den Kopf geschlagen und ein langes Stück buntes Zeug, gleich einem Shawl über die Achsel geworfen. Der Tanz war äußerst zierlich und anständig. Hier hatten nicht nur die Hände und Arme, sondern auch die Füße zu thun. Die beiden Tänzer machten hübsche Stellungen und vollführten kunstvolle Bewegungen. Erst tanzten sie einige Minuten um die Schwerter, dann schienen sie sie erheben zu wollen, sprangen aber jedesmal, wie von Entsetzen erfaßt, zurück, bis sie dieselben endlich wirklich erhoben und in der geübtesten Weise kreuzten, gleich den best geschulten Fechtern. – Unstreitig war dies der schönste Tanz, den ich bisher von Wilden hatte aufführen gesehen. Die Musik bestand aus zwei Trommeln und einem Gong.

Denselben Tag besuchte ich noch einen zweiten Stamm, weiter aufwärts an dem Strome. Ich fand alles eben so wie bei dem ersteren; nur sah ich hier zwei erst kürzlich abgeschnittene Menschenköpfe. Es hatte zwar bei dem andern Stamme an diesen gewöhnlichen Trophäen auch nicht gefehlt; sie waren aber schon alt und in vollkommene Todtenschädel verwandelt; diese im Gegentheil erst vor wenigen Tagen erobert, sahen fürchterlich aus. Der Rauch hatte sie kohlschwarz gefärbt, das Fleisch war halb eingetrocknet, die Haut unversehrt. Lippen und Ohren waren ganz zusammengeschrumpft; erstere standen weit von einander, so daß sich das Gebiß in seiner ganzen Häßlichkeit zeigte. Von den noch reich mit Haaren bedeckten Köpfen hatte einer die Augen offen, die ebenfalls halb eingetrocknet, weit in ihre Höhlen zurückgetreten waren. Die Dayaker nahmen die Köpfe aus dem Geflechte, in welchem sie hingen, um sie mir genau zu zeigen – ein fürchterlicher Anblick, den ich nicht leicht vergessen werde.

Sie hauen die Köpfe so knapp am Rumpfe ab, daß man nur auf eine äußerst geübte Hand schließen kann. Das Gehirn wird am Hintertheil des Kopfes herausgenommen.

Als sie die Köpfe in die Hand nahmen, spieen sie ihnen ins Gesicht, die Knaben gaben ihnen Püffe und spieen auf die Erde. Die sonst ruhigen und friedlichen Gesichter nahmen bei dieser Gelegenheit einen starken Ausdruck von Wildheit an.

Ich schauderte, – konnte aber doch nicht umhin zu bedenken, daß wir Europäer nicht besser, ja im Gegentheile schlechter sind als diese verachteten Wilden. Ist nicht jedes Blatt unserer Geschichte voll Schandthaten, Morde und Verräthereien jeder Art? – Was läßt sich vergleichen mit den Religionskriegen in Deutschland und Frankreich, mit der Eroberung Amerikas, mit dem Faustrechte, mit der Inquisition? Und selbst in neueren Zeiten, nachdem wir vielleicht feiner und gebildeter in der äußeren Form, sind wir deshalb weniger grausam? – Nicht eine kleine, elende Hütte, gleich den rohen, unwissenden Dayakern, sondern geräumige Hallen, die größten Paläste, könnten manche berühmte Männer Europa's mit den Köpfen schmücken, die ihren herrschsüchtigen und ehrgeizigen Plänen zum Opfer gefallen sind! Hat Napoleon in seinen Eroberungszügen nicht Millionen geschlachtet? Werden die meisten Kriege aus anderen Ursachen, als aus Habsucht und Raubgier eines Einzelnen unternommen? Wahrlich ich wundere mich, wie wir Europäer es wagen können, Zeter und Wehe über arme Wilde zu schreien, die zwar ihre Feinde umbringen gleich uns, die aber die Entschuldigung für sich haben, daß sie weder Religion noch Bildung besitzen, welche ihnen Sanftmuth, Milde und Abscheu vor Blutvergießen predigen.

In vielen Reisebeschreibungen liest man, daß die Dayaker ihrer Auserwählten die Liebe dadurch beweisen, daß sie ihr einen Menschenkopf zu Füßen legen. Der Reisende, Herr Temmingk, sagt jedoch, dieß sei nicht wahr. Derselben Meinung möchte ich auch beistimmen. Wo sollten alle die

Köpfe hergenommen werden, wenn jeder Jüngling seiner Braut ein derartiges Geschenk machte? Die traurige Sitte des Köpfens scheint vielmehr aus Aberglauben entstanden zu sein. Erkrankt z.B. ein Rajah oder unternimmt er eine Reise zu einem anderen Stamme, so gelobt er und sein Stamm einen Kopf im Falle der Genesung oder der glücklichen Wiederkehr. Stirbt er, so werden auch ein oder zwei Köpfe geopfert. Bei Friedensschlüssen wird ebenfalls von manchen Stämmen von jeder Seite ein Mann geliefert, um geköpft zu werden; bei den meisten jedoch werden Schweine statt der Menschen geopfert.

Ist ein Kopf gelobt, so muß er um jeden Preis herbeigeschafft werden. Gewöhnlich legen sich dann einige Dayaker in einen Hinterhalt. Sie verbergen sich in dem drei bis sechs Fuß hohen Jungle-Grase, oder zwischen Bäumen oder abgehauenen Zweigen, unter dürrem Laube, und harren Tagelang ihres Opfers. Nähert sich ein menschliches Wesen, Mann, Weib oder selbst ein Kind dem Verstecke, so schießen sie erst einen vergifteten Pfeil ab, dann springen sie gleich Tigern auf ihre Beute los. Mit einem einzigen Hiebe trennen sie den Kopf vom Rumpfe. Der Körper wird sorgfältig verborgen, der Kopf aber in ein Körbchen gelegt, welches besonders zu diesem Zwecke bestimmt und mit Menschenhaaren verziert ist.

[Ida Pfeiffer (1856): Meine Zweite Weltreise. Erster Theil. Carl Gerold's Sohn, Wien.]

Carsten Niebuhr
1733–1815

Unterwegs in biblischem Auftrag

Carsten Niebuhr ist eine Entdeckerpersönlichkeit, der von Fachleuten höchste Wertschätzung zuerkannt wurde, die aber trotzdem weitgehend unbekannt geblieben ist. Dabei sollte man ihm gerade in unserer Zeit, in der der Nahe und Mittlere Osten ins Zentrum weltpolitischen Interesses geraten sind, erhöhte Aufmerksamkeit zukommen lassen, denn Niebuhr war ein Pionier der Arabien-Forschung.

Als Carsten Niebuhr am 17. März des Jahres 1733 in Lüdingworth, heute ein Stadtteil von Cuxhaven, geboren wird, besteht kein Zweifel daran, dass er ebenso wie einst seine Vorfahren und Verwandten den elterlichen Bauernhof weiterbetreiben wird. Schließlich entstammt er einer alteingesessenen friesischen Bauernfamilie. Doch Carstens Mutter verstirbt plötzlich, als er noch zu jung ist, um bei den landwirtschaftlichen Arbeiten mithelfen zu können. Der Vater heiratet wieder, und der Junge bekommt – relativ spät – von seiner Stiefmutter ein wenig bäuerliche Grundbildung mit auf den Weg. Auch der Besuch der Lateinschulen in Otterndorf und Altenbruch bringt nicht viel, denn bald nach dem Tod der Mutter verstirbt auch Carstens Vater. Jetzt fehlt das Schulgeld, um den Halbwüchsigen weiter auszubilden.

Carsten kommt zu seinem strengen Onkel, der ihm erst einmal ausreden muss, Organist werden zu wollen. Schließlich ist er ein Bauernjunge, und so soll er sich tunlichst auch verhalten. Die kommenden vier Jahre seines Lebens verbringt der junge Niebuhr quasi als Knecht auf dem Hof des Onkels. Es ist dokumentiert, dass er in dieser Zeit unter dem ewig gleichen Alltagstrott leidet, den er als »öde und leer« empfindet.

Eines Tages muss wegen eines Rechtsstreits ein benachbarter Bauernhof neu vermessen werden. Tagelang sucht man im Land Hadeln nach einem Landvermesser, doch es kann kein geeigneter Mann gefunden werden. Und so stellt sich dieser Mangel für Niebuhr als Chance dar: Es gibt also keinen Landvermesser im ganzen Hadelner Land. So kann er selbst seinen skeptischen Vormund davon überzeugen, dass es doch eine lohnende Sache wäre, wenn er selbst die Messkunst erlernen könnte, um sich danach zum Wohle der ganzen Familie als Landvermesser selbstständig zu machen.

Zur Mitte des Jahres 1755 zieht Niebuhr nach Hamburg und erlernt dort in achtmonatiger geistiger Vorbereitungsarbeit die Grundlagen für den Besuch des Gymnasiums. Man stelle sich vor: Der junge Mann ist bei seiner Einschulung bereits 22 Jahre alt. Nach nur einem Jahr schulischer Ausbildung schickt ihn der Schuldirektor nach Göttingen. Dort . soll er ein Mathematikstudium beginnen. Hat sich Niebuhr als mathematisches Naturgenie entpuppt? Oder hat er innerhalb eines Jahres in erstaunlicher Fleißarbeit tatsächlich die praktische Geometrie so eifrig »gepaukt«, dass ein Studium machbar erschien? Wir wissen es nicht. Tatsache aber ist, dass sich der nunmehr 24-Jährige zur Osterzeit des Jahres 1757 als Student bei der Göttinger Universität einschreibt.

Carsten Niebuhr in der Tracht eines vornehmen Arabers, einem Geschenk des Imam von Sana im Jemen

Nun kommt erneut der Zufall – oder ist es das Schicksal? – ins Spiel: Zum Ende der 1750er-Jahre erforscht der Göttinger Orientalist und Theologe Johann David Michaelis die geografischen Grundlagen des Alten Testaments. In Gesprächen mit dem dänischen Staatsminister Johann Hartwig Ernst von Bernstorff wird der Plan entworfen, qualifizierte Forscher nach Arabien zu schicken, um vor Ort Antworten auf einige der drängendsten Fragen zu finden. Michaelis war vor allem an dem Beleg für den Wahrheitsgehalt des Bibeltextes gelegen, während sich Bernstorff konkrete Landesbeschreibungen und umfassende und gesicherte topografische Vermessungen erhoffte.

Schnell ist ein geeignetes Expeditionsteam gefunden, dem überraschenderweise auch Carsten Niebuhr als Mathematiker und Landvermesser angehören soll. Niebuhr sagt zwar begeistert zu, erbittet aber eine eineinhalbjährige Vorbereitungszeit. Diese Frist wird ihm gewährt, denn eine solche Reise muss schließlich von allen Seiten sorgsam geplant werden. Die Vorbereitungszeit nutzt Niebuhr vor allem zum Studium der Astronomie, was seinen späteren Längengradberechnungen im arabischen Raum sehr zugutekommen sollte. Zudem studiert Niebuhr nun auch die (dürftige) Literatur über den arabischen Raum, nimmt Zeichenunterricht und erlangt grundlegende Kenntnisse in der arabischen Sprache.

Im Januar 1761 wird es dann ernst: Die Expeditionsteilnehmer finden sich in Kopenhagen ein. Sechs Männer schütteln sich am Kai des Hafens die Hand. Neben Niebuhr sind es der schwedische Philologe Friedrich von Haven, der aus Helsinki, dem damaligen Helsingfors, stammende Naturforscher Per Forskål, der dänische Arzt Christian Cramer, der deutsche Maler und Kupferstecher Georg Baurenfeind sowie ein Dragoner mit Namen Berggren, der als Diener an der Reise teilnimmt. Als man in See sticht, ist über das Ziel der Unternehmung – Arabien – fast nichts bekannt, was als gesichert gelten könnte. Zwar gibt es ein paar Werke über

die Arabische Halbinsel, doch sind die Berichte in diesen Büchern meist lückenhaft oder beruhen zu weiten Teilen nur auf Hörensagen. Als verlässlichste Quelle zur Region gilt noch im 18. Jahrhundert nach Christus vor allem die Bibel, deren Inhalte als wortwörtlich und wahr angesehen werden. Große Probleme gibt es allerdings mit den Ortsnamen, die im Zuge der zahlreichen Kopien nicht selten nach landläufiger Einschätzung des Kopisten geändert worden sind. Hauptaufgabe der Expedition soll es also sein, die Orte, die im biblischen Text genannt sind, zu verifizieren und deren Lage geografisch korrekt zu verorten.
Niebuhr setzt dabei ein innovatives Verfahren ein: Er nimmt die Längenberechnung nach Mondabständen vor. Das sind die Abstände, die der Mond zu einem vorab bestimmten Fixstern einnimmt. Bereits auf der Hinreise wird dem jungen Vermesser klar, dass er damit ein revolutionäres Hilfsmittel gefunden hat, das die Genauigkeit seiner Beobachtungen auf ein extrem hohes, man kann sagen bis dato nie da gewesenes Niveau hievt. Niebuhr korrigiert gewissermaßen in Akkordarbeit bislang für zuverlässig gehaltene Seekarten. Die Reise führt über Gibraltar, Marseille, Malta, Smyrna (heute: Izmir) und Konstantinopel (heute: Istanbul) nach Alexandria. Die zunächst kameradschaftliche Stimmung hat sich während der Fahrt sehr verändert: Von Haven will Forskål gar ermorden! Wie es zu diesem überraschenden Stimmungsumschwung kam, kann aus heutiger Sicht kaum mehr nachvollzogen werden, doch hat er Auswirkungen auf den weiteren Reiseverlauf: Der ursprüngliche Expeditionsplan sieht nur einen kurzen Stopp in Ägypten vor. Letztendlich aber bleibt man dort für ein Jahr und geht in dieser Zeit offenbar getrennte Wege. Schließlich, wieder vereint, geht es weiter durch Unterägypten zum Roten Meer, an der Küste Arabiens entlang zum Jemen. Hier verfertigt

Niebuhr eine Karte des Landes, die über 200 Jahre das gültige Navigationsmittel bleiben wird. Und auch weiter ins Landesinnere der arabischen Welt dringt der friesische Forscher vor. Im heute irakischen Basra hat er die Gelegenheit, dem spirituellen Tanz der Derwische beizuwohnen, einem kultischen Ritual, von dem er in der »Beschreibung von Arabien« berichtet. Ein weiterer Auszug aus dem Reisetagebuch zeigt, dass Niebuhr seinen Auftrag sehr umfassend begreift. Er liefert nicht nur äußerst genaue geodätische Berechnungen ab, sondern schreibt vielmehr eine veritable Landeskunde im Stil seiner Zeit, angereichert mit unterhaltsamen Anekdoten, Gedanken zu moralisch-ethischen Fragen und Reflexionen über die Unterschiede zwischen westlicher und »morgenländischer« Lebensart.

Der entfernteste Punkt der Reise wird das indische Bombay. Niebuhr kehrt schließlich nach sage und schreibe sieben Jahren Reise und als einziger Überlebender des Expeditionsteams am 20. November 1767 auf dem Landweg nach Kopenhagen zurück. Von Haven und Forskål starben bereits 1763 an Malaria, Baurenfeind und Berggren überlebten die Seereise nach Indien nicht. Schließlich starb auch Cramer 1764 in Bombay. Die letzten drei Jahre seiner großen Forschungsreise war Niebuhr also allein auf sich gestellt.

Zurück auf dänischem Boden, wird dem Forscher, der zum ersten Mal überhaupt verlässliche Informationen über den Nahen und Mittleren Osten verfasst hat, nicht nur Lob zuteil. Kritik kommt vor allem vom eigentlichen Auftraggeber, dem Göttinger Theologen Michaelis. Dieser hält den eigentlichen Auftrag – die Erbringung von Beweisen für den Wahrheitsgehalt der Bibel – für nicht erbracht.

Doch Carsten Niebuhrs weitere Karriere kennt von nun an nur noch eine Richtung: steil nach oben! Er wird erst zum »Ingenieurkapitän« ernannt, anschließend ist er als Justizrat verzeichnet und schließlich ab 1808 als Etatsrat. Nach einem erfüllten Leben stirbt Niebuhr im Jahre 1815 im Städtchen Meldorf im Dithmarscher Land. Unter den Entdeckern deutscher Zunge ragt er nicht nur wegen seiner bahnbrechenden Berechnungen hervor, sondern auch wegen seiner Haltung gegenüber Menschen fremder Nationalitäten, denen er – ganz im Gegensatz zu vielen seiner Zeitgenossen – in aller Regel unvoreingenommen und mit Respekt begegnete.

[1764, auf Reisen in Arabien. Gedanken über die »Vielweiberei«] Die Vielweiberey ist in den Morgenländern nicht so allgemein, als man vielleicht in Europa glaubet. Denn so sehr auch einige Mohámmedaner diese ihre Freyheit gegen mich gerühmt haben, so haben doch andere, die begütert genug waren mehr als eine Frau haben zu können, mir offenherzig gestanden, daß sie mit mehrern nie so glücklich gelebt haben, als mit einer. Man findet daher im Mittelstande nur wenige die mehr als eine Frau haben, und auch unter den Vornehmen begnügen sich viele lebenslang mit einer. Sie sind nach dem Gesetze verbunden alle ihre Weiber anständig zu unterhalten, und einer jeden wöchentlich einmal beyzuwohnen. Eine Pflicht, die vielen Mohámmedanern zu schwer ist; denn sie heyrathen entweder sehr jung, oder der Vater kauft seinem Sohn eine Sclavinn, um zu verhüten, daß er nicht Bekanntschaft mit liederlichen Weibern suche. Man hat eine Tradition, daß Mohámmed, welcher ein schlechter Naturkündiger gewesen seyn muß, gesagt habe: Eine Mannsperson werde, so wie ein Brunnen, immer ergiebiger, je mehr er gleichsam ausgeschöpft werde. Aber die Mohámmedaner erschöpfen sich doch in ihrer Jugend dergestalt, daß sich oft Leute von dreyßig Jahren bey unserm Arzt über Unvermögen beschwereten. [...]

Es giebt also Mohámmedaner, die mehr als eine Frau haben. Weil nun in den Morgenländern die Anzahl der Manns- und Weibspersonen vermuhtlich ohngefähr gleich ist, so wird ein Europäer noch immer glauben, daß der arme Mohámmedaner keine Frau werde finden können. Indessen bemerkt man doch diesen Mangel nicht. Es scheinet vielmehr, daß ein armer Mohámmedaner mit wenigern Kosten eine Frau erhalten könne, als ein armer Christ in Europa. Z. E. Ein Mulla zu Romahhîe, einer Stadt nicht weit vom Euphrat, hatte vier Frauen, um sich zum theil von selbigen ernähren zu lassen. Ich zweifle nicht, daß eine jede von ihnen nach dem Gesetze leicht eine Ursache hätte finden können, um sich scheiden zu lassen, wenn sie gewußt hätte eine bessere Parthey zu treffen. In den morgenländischen Städten sind auch vielmehr Soldaten und Bediente verheyrathet als in den europäischen. Überdieß alles haben die Mohámmedaner an liederlichen Weibsleuten keinen Mangel. Diese haben in einigen großen Städten so gar Freyheit ihr Handwerk gegen eine gewisse Abgabe an die Obrigkeit öffentlich zu treiben. [...]

[29. August 1765, Basra. Ein Derwisch wird entlarvt] Die Derwische von dem Orden Bedr eddîn feyern in der 12ten Nacht des Rábea el aúal ein sehr großes Fest wegen der Geburt Mohámmeds. Da ich in dieser Stadt unter den Mullâs einen Freund hatte, auf dessen Treue ich mich verlassen konnte, so kleidete ich mich völlig als ein Mohámmedaner, und ging mit ihm in der erwähnten Nacht, von dem 29ten auf den 30ten August 1765 in den Vorhoff der Mosqué, wo die Derwische ihr Schauspiel aufführen wollten. Alles geschah unter freyem Himmel, und auf dem großen Platz brannten nicht mehr als drey große Wachslichter. Die Schechs, und einige Vornehme aus der Stadt saßen oben an in einer Reihe, und unter diesen war besonders der oberste Schech des Ordens merkwürdig. Alle Derwische küßten ihm auf ihren Knien die Hand inwendig und auswendig, und legten sie auf ihren Kopf, um gleichsam den Segen zu empfangen. An beyden Seiten saß eine Menge Derwische und Mullâs, die zum Theil mit agirten, oder nur Zuschauer waren. Ich setzte mich hinter denselben nicht weit von der Thür. Einige lasen, oder vielmehr sangen gewisse Stücke aus dem Korân eins ums andere, bis sich eine Menge Zuschauer versammelt hatte. Einer räucherte, indem er Staub von der Erde aufs Feuer warf, und den Geruch des Weihrauchs hervorbrachte. Hierauf kamen einige Bediente (Tsjaus) in bunten Kleidern, welche mitten auf dem Platz auf und nieder giengen, allerhand lächerliche Stellungen machten, und der Versammlung aus vollem Halse zuriefen, sie sollte Gott fürchten, und sich des Propheten erinnern. Vor dem obersten Schech war eine Menge von den erwähnten kurzen, aber schweren Eisen, die man Dabûs, Derbas oder Dubba nennet, und auch viele andere etwa 2½ Fuß lange dünne Eisen, in die Erde gesteckt. Mehr als zwanzig Derwische sprangen auf einmal auf, und jeder nahm mit vieler Ehrerbietung einen Dabûs. Eine Menge Mullâs und andere Mithelfer, schlugen auf kleine Handtrommeln, und sangen um die Acteurs zu begeistern, oder vielmehr um die Zuschauer zu betäuben. Die Derwische liefen mitten auf dem Platz unordentlich durch einander, und jeder warf sich sein schweres und spitzes Eisen aus allen Kräften ins Auge, und in die Brust, stellte sich dardarauf als wenn er alle Kräfte anwenden müßte, um es wieder heraus zu ziehen, und doch hatte sich keiner verwundet.

Der oberste Schech hätte die Hauptrolle spielen sollen. Weil aber diese für ihn vielleicht zu mühsam war, so mußte einer seiner Schüler seine Stelle vertreten. Dieser warf sich vor seinem Schech auf die Knie, und hielt ein langes Gebet, in welchem er seinen Meister um Hülfe anzurufen schien. Als er ihm hierauf die Hand geküßt, und sie auf seinen Kopf gelegt hatte, sprang er auf, warf seinen Turban von sich, und ließ seine langen Haare los herunterhangen. Er machte allerhand wunderliche Sprünge, als wenn er begeistert, oder vielmehr närrisch wäre. Bisweilen stund er still, und bedeutete den Musikanten welche Lieder, oder welche Töne seine Begeisterung befördern könnten. Endlich ergriff er zehn bis zwölf Stück von den erwähnten langen und dünnen Eisen, und lief damit auf dem ganzen Platz herum. Ich verlor diesen großen Acteur wegen des schrecklichen Getümmels auf eine kurze Zeit aus den Augen. Er hatte sich während der Zeit vier bis fünf Eisen, wie es schien, durch den Leib gebort. Die Musik dauerte beständig fort, und die Derwische machten mit ihrem Dabûs auch noch allerhand Gaukeleien. Einige legten sich auf die Erde, und ließen sich ihr Eisen von einem andern mit einem großen hölzernen Hammer in den Leib schlagen. Bald machten sie der Hauptperson Platz, und diese durchborte sich noch vor unsern Augen mit einer Menge anderer Eisen, wovon einige einen hölzernen Handgriff hatten. Sie drehete sich sehr oft herum, und blieb auch nicht auf einer Stelle. Endlich stieg sie auf das Dach eines niedrigen Gebäudes, an welches man einen langen, oben mit Eisen beschlagenen Stock gestellt hatte. Mit diesem spitzen Eisen durchborte sie noch, wie es schien, ihren ganzen Leib von unten nach oben, bis es zwischen den Schultern wieder zum Vorschein kam, und sie es mit der Hand fassen konnte, und so ließ sie sich gleichsam gespießt auf dem Platz herumtragen. [...]

Wenn man aus diesen Ceremonien der Mönche des Ordens Bedr eddîn, welche bey allen vernünftigen Leuten verhaßt sind, auf den Gottesdienst aller Mohámmedaner schließen wollte, so würde man sich sehr betriegen. Indessen hat man wohl nur gar zu oft aus nicht viel bessern Gründen die Religion der fremden Nationen beurtheilet. Ich wäre bey diesem Schauspiel gerne etwas länger geblieben. Weil ich aber bemerkte, daß einige von den Vornehmen scharf auf mich sahen, so eilte ich mit meinem Freunde eine Versammlung zu verlassen, die, wenn sie mich innerhalb der Mauer einer Mosqué entdeckt hätte, mir sehr ernstlich den Vorschlag ein Mohámmedaner zu werden, hätte thun können.

Mein mohámmedanischer Geistlicher billigte es gar nicht, daß der Korân bey diesen Possen gelesen ward, indessen glaubte er doch, daß die Derwische ihre Künste bloß dadurch, und durch ihr kräftiges Gebet verrichten könnten. Als ich ihm antwortete, daß diese Leute ihren Dabûs nicht ins Auge würfen, sondern nur mit der Hand vor den Kopf schlügen, und die Spitze des Eisens in die Hölung des Auges drückten, ingleichen, daß der große Künstler unter seinen weiten Beinkleidern und dem weiten Hemde, welches die

Morgenländer über die Beinkleider tragen, einen ausgestopften Gurt habe, und daß also die Eisen nicht durch den Leib, sondern nur durch den Gurt giengen, gestand er aufrichtig, daß er wohl einigen Betrug vermuthet hätte, er würde sich aber nicht unterstehen es öffentlich zu sagen, weil er sich dadurch die Feindschaft des ganzen Orden zuziehen könnte. Er erzählte, daß ein Mulla vor wenig Jahren, weil er von den Künsten dieser Derwische etwas frey gesprochen, viele Verdrießlichkeiten gehabt hätte.

Ich hörte daß derselbe Derwisch, welcher bey dem erwähnten Fest die Hauptperson vorstellete, seine Künste auch für Bezahlung in den Häusern der vornehmen Mohámmedaner machte. Ich ließ ihm also einige Tage nachher durch meinen Freund zwey Ducaten bieten, wenn er sich in meinem Hause nur mit einem einzigen Eisen mitten durch den Leib boren wollte. Er nahm mein Anerbieten an, und besuchte mich, zwar nicht als ein Geistlicher, sondern als ein Gaukler. Ich hielt es aber doch nicht für rathsam jemand gegenwärtig seyn zu lassen, außer meinem Mulla und meinen beyden Bedienten, von denen der eine ein Básraner, und also ein Súnnite, und der andere ein Perser, und Schiite war. Der Derwisch erzählte mir vieles von seinen Künsten mit einer so großen Dreistigkeit, daß ich fast glaubte er würde sein Wort halten können. Ich bat ihn zu eilen, und mir die Probe seiner Geschicklichkeit zu zeigen. Er hielt hierauf sein Gebet. Nach Endigung desselben duchborte er seine Zunge und seine Backen mit einigen Nadeln, ohne daß Blut darauffolgte. Mein persischer Bedienter mußte vor ihm niederknien, und, nachdem er diesem ein Glas Wasser zu trinken gegeben, und ein Gebet über ihn hergesagt hatte, so durchborte er auch diesem die Zunge und die Backen. Ich versicherte den Derwisch, daß ich dieses Kunststück auch in Europa gesehen hätte, und bat ihn mir nur dasjenige zu zeigen, was ich eigentlich von ihm zu sehen verlangt hatte. Er wies mir hierauf verschiedene Narben auf seinem Unterleibe. Nun hielt er wieder ein sehr langes Gebet. Darauf setzte er die Spitze des Eisens auf seinen Leib, und das andere Ende gegen die Wand, und rief Gott, und den Stifter seines Ordens den Schech Bedr eddîn mit heller Stimme, und so wunderlichen Geberden um Hülfe an, daß ich fast fürchtete, er würde sichs würklich durch den Leib stoßen. Allein, als ich den Schaden genauer untersuchte, so hatte er nur die Haut an der linken Seite etwa vier bis fünf Fingerbreit durchbort. Sein Vorwand war dieser: er könnte die Stange nicht mitten durch den Leib gehen lassen, weil hierzu das Gebet einer ganzen Versammlung erfordert würde. Er zog hierauf das dünne und spitze Eisen auf einmal wieder heraus, und die Wunde blutete gar nicht. Hierüber machte er auch einige Anmerkungen zum Lobe des Stifters seines Ordens.

Ich hielt es nicht für rathsam, weder etwas gegen die Heiligkeit des Stifters noch der jetztlebenden Mitglieder des Ordens einzuwenden, indessen konnte ich nicht umhin ihn zu versichern, daß auch die Europäer sich mit einem dünnen Eisen durch die Haut stechen könnten, und daß eine solche Wunde sich bey einem jeden gleich zusammenziehen würde, ohne zu bluten. Weil er also wohl merkte, daß ich mit diesem Kunststücke nicht zufrieden war; so erbot er sich, wenn ich es verlangte, sich das Eisen durch den Kopf zu boren. Ich hielt ihn bey seinem Worte. Er durchborte aber auch nur die Haut etwa zwey Fingerbreit, hinten auf dem Kopf. Ich unterhielt ihn mit Fleiß im Gespräch, und das Blut lief ihm auf dem Rücken herunter, weil das Eisen oben länger, und also schwerer war, und die unterste Wunde offen hielt. Kurz, mein Freund, der mohámmedanische Geistliche ward überführt, daß dieser Derwisch ein Betrieger, und kein Heiliger sey. Doch bezahlte ich ihn, und weiß gewiß, daß er für seine zwey Ducaten Schmerzen genug gehabt hat. [...]

[August 1765, Basra. Exotische Hausarzneien] Die Araber wissen sich vieler Hausmittel mit Nutzen zu bedienen. Ich erinnere mich z. E. in der bergigten Gegend von Jemen gesehen zu haben, daß ein Bauer an einen gewissen Baum schlug, und von dem weißen Saft, welcher wie Milch aus der Wunde herauströpfelte, eine gewisse Anzahl Tropfen als ein Purgativ nahm. Es war ihm auch nicht unbekannt, daß eine zu starke Dosis davon ihn tödten würde. Ein Araber in einer Karwâne zwischen Háleb und Básra hatte einen andern mit dem Säbel verwundet. Man schlachtete ein Kameel, legte frisches Fleisch auf die Wunde, und diese soll dadurch wieder geheilt worden seyn. Hierher gehört auch folgende Erzählung, für deren Wahrheit ich eben so wenig als für die Wahrheit der vorhergehenden gut seyn kann. Die Frau eines Türkmannen war vom Kameel gefallen, und hatte das eine Bein verrenkt. Ihr Mann band sie auf einen hungrigen Maulesel fest, und gab dem Thiere darauf viele trockene Gerste, und hernach viel Wasser. Die Gerste fing bald an aufzuquellen, der Leib des Maulesels ward dicker, und die Beine der Frau wurden dadurch so lange gereckt, bis der Mann den Knochen wieder einsetzen konnte. Auf dem Schiffe, mit welchem wir von Dsjidda nach Loheia reiseten, beschwerte sich ein Knabe über Grimmen im Bauch. Sein Herr, der Schiffer, ließ so gleich ein Eisen ins Feuer legen, und brannte ihn so treuherzig damit, daß der Junge, vielleicht weil die lezten Schmerzen empfindlicher waren, als die ersten, nicht mehr über Bauchgrimmen klagte.

In Salmons und von Gochs Staat von Arabien ist bemerkt worden: daß die Araber lieber sterben, als sich ein Clystier setzen lassen. Ich erinnere mich aber, daß unser Arzt sich dieses Mittels bey Vornehmen zu Káhira bedient habe, und glaube nicht daß es alle Araber noch jezt verwerfen. Einer zu Káhira nahm es aber sehr übel, als unser Arzt seiner Frau ein Clystier verordnen wollte. Daß die Mohámmedaner ihren Kranken bisweilen eine Ader öfnen ist bekannt. Elu Baniân zu Mochha verrichtete diese Operation an dem Herrn von Haven mit vieler Geschicklichkeit. Das Schröpfen ist bey den Arabern sehr gemein. Die Werkzeuge, welche sie darzu gebrauchen, sind aber sehr schlecht. Die gemeinen Leute zu Básra und besonders die Hamâls, d.i. Lastträger, zerhacken sich das Fleisch unter der Wade, daß ihnen das Blut an den Beinen herunter strömet, und hiedurch glauben sie stark zu werden. Wenn die Araber einem Mißethäter eine Hand oder einen Fuß abgehauen haben, so stecken sie den Stumpf, wenn ich nicht irre, in gekochtes Öl um das Blut zu stillen.

Die südlichen Araber wollten behaupten, daß das Salben den Leib stärke, und sie, da sie fast nackend gehen, gegen die Hitze der Sonne schütze. Ich selbst habe zu verschiedenenmalen gesehen, daß unsere Matrosen auf dem Schiffe von

Dsjidda nach Loheia, ingleichen die gemeinen Araber in Tehâma, sich deswegen den ganzen Leib mit dem allerschlechtesten Öl bestrichen. Diese lezten aber thaten es vornemlich Abends vor ihren großen Festtagen, vielleicht weil sie darinn eine Zierde suchen. Die lezte Salbung der morgenländischen Christen wird nicht ehe vorgenommen, als bis keine Hofnung zur Genesung ist. Ein griechischer Priester hatte von seinem so genannten heiligen Öl in zwanzig Jahren nicht mehr als ein kleines Gläsgen voll verbraucht; denn, weil sie es sehr theuer von ihren Bischöfen oder Patriarchen kaufen müssen, so gehen sie damit so sparsam um, daß sie jedes mal nur einen kleinen silbernen Stiel in dieses Öl tunken, und nur einen Tropfen auf die Stelle bringen, welche nach ihren Kirchengebräuchen gesalbt werden soll. Diese Salbung wird also die Krankheit wohl nicht heben können. [...]

Auf die 68te Frage des Herrn Michaelis: Ob das Recht der Araber auf die Zähne auch einen solchen Wehrt gesezt habe als Moses? antwortete man mir zu Básra, daß, nach dem Ausspruch der berühmtesten mohámmedanischen Rechtsgelehrten, Auge mit Auge, Zahn mit Zahn, Nase mit Nase, und Ohr mit Ohr bezahlt werden sollen. Man sagte aber auch, daß diese Gesetze nur selten beobachtet würden, und daß alles dieses bey der türkischen Regierung mit Geld abgemacht werden könne. [...]

[Carsten Niebuhr (1772): Beschreibung von Arabien. Hofdruckerey Nicolaus Möller. Kopenhagen.]

Otto von Kotzebue
1787–1846

Der vergessene Weltumsegler

Kinder berühmter Eltern haben es nicht leicht, sich im großen Schatten von Vater oder Mutter selbstbestimmt zu entwickeln. Einerseits genießen sie Privilegien, andererseits stehen sie unter dem Druck, es den Eltern mindestens gleichtun zu müssen. Gelingt das nicht, geraten sie im Angesicht der elterlichen Lebensleistung schnell in Vergessenheit.

Als Otto Jewstafjewitsch von Kotzebue 1787 in Reval (heute Tallinn) geboren wird, ist sein Vater August von Kotzebue bereits ein europaweit gefeierter Dramatiker und ein namhafter Staatsmann. Wenn man nach Ottos Geburtstag sucht, findet man häufig zwei Angaben: den 19. und den 30. Dezember. Das liegt daran, dass Reval im 18. Jahrhundert im Einzugsbereich des alexandrinischen oder koptischen Kalenders liegt, der eine andere Berechnung der Monate zugrunde legt als der heute weltweit meistgenutzte gregorianische Kalender; danach ist Otto von Kotzebue am 30. Dezember auf die Welt gekommen.
Sein Vater August ist einer der einflussreichsten Literaten seiner Zeit, allerdings mit einem ausgeprägten Talent dafür, sich in Schwierigkeiten zu bringen: 1790 erscheint seine Satire »Doctor Bahrdt mit der eisernen Stirn«, in der er berühmte Schriftstellerkollegen zu Hauptdarstellern von

Bordell- und Fäkalszenen macht, womit er einen beachtlichen Skandal auslöst. Sein Ruf ist schwer beschädigt. In den Folgejahren ist er viel unterwegs. Als er im Jahr 1800 nach Reval zurückkommt, wird er als vermeintlicher Jakobiner denunziert, verhaftet und in ein sibirisches Arbeitslager deportiert. Nun schlägt die Stunde von Otto. Weil der Vater für den Sohn eine solide Erziehung wünscht, wird Otto in das Seekadettenkorps der Festung Kronstadt auf der Ostseeinsel Kotlin vor St. Petersburg gegeben.

In den Jahren 1803 bis 1806 ist er – mit der ersten russischen Weltumsegelung – zum ersten Mal auf Weltreise. Als junger Matrose steht er in Diensten des baltischen Kapitäns und späteren Admirals Adam Johann von Krusenstern. Dieser ist durch die zweite Heirat des Vaters quasi sein Stiefonkel. Schnell bemerkt Krusenstern, dass Kotzebue Größeres im Sinn hat: Während die anderen Kadetten schon in ihren Kojen liegen, beschäftigt sich Otto mit astronomischen Messungen und studiert und zeichnet Seekarten. Aus dem ersten Kennenlernen wird bald eine feste Bindung zwischen Mentor und Schüler. Kotzebue bleibt fleißig, steigt schnell auf in der Hierarchie und darf sich bald »Marineleutnant« nennen.

Nun kommt der ehemalige russische Reichskanzler Graf Nikolai Petrowitsch Rumjanzew – von Kotzebue Romanzow genannt – ins Spiel: Rumjanzew, stets ein großer Freund von Entdeckungsreisen, ermuntert Alexander von Humboldt im Jahr 1811 zu einer Sibirienexpedition, zunächst jedoch ergebnislos. Ein Jahr später fällt Napoleon in Russland ein, woraufhin Rumjanzew einen Schlaganfall erleidet und sein Gehör verliert. Er zieht sich aus der Öffentlichkeit zurück, arbeitet aber weiterhin daran, sich mit einer Weltreise seinen Traum zu erfüllen, als »Mäzen« einer bedeutenden Forschungsfahrt in die Geschichtsbücher einzugehen. Als Admiral Kru-

Teilnehmer der ersten Weltumsegelung Kotzebues treffen auf Kamehameha I., den König von Hawaii (zeitgenössische Lithografie nach einem Gemälde von Ludwig Choris)

senstern von dem Plan erfährt, zögert er nicht lange und bringt als Kapitän für die Fahrt seinen Schüler Kotzebue ins Gespräch. Rumjanzew stimmt dem Vorhaben zu, und so

wird Otto von Kotzebue im Alter von achtzehn Jahren zum Befehlshabenden auf einer Weltreise. Für Krusenstern ist vor allem die überzeugende Persönlichkeit Kotzebues ausschlaggebender Grund für diese ungewöhnliche Entscheidung:
»*Der Graf [...] ward gleich bei der ersten Bekanntschaft so sehr von dem enthusiastischen Eifer dieses jungen Mannes für seine Profession ergriffen, daß er kein Bedenken trug, ihm das Commando der Expedition nach der Berings-Straße anzuvertrauen [...].*« Dies nämlich wird Kotzebue als vordringlichste Aufgabe gestellt: Er soll in der nördlichsten Beringsee nach der legendären Nordwestpassage suchen. Mit dem Geld Rumjanzews und unter der Aufsicht Krusensterns wird eigens ein Schiff für das Unterfangen gebaut. Aus handverlesenem schwedischem Fichtenholz entsteht die Brigg »Rurik«, benannt nach einem skandinavischen Fürsten des 9. Jahrhunderts, der als Begründer Russlands gefeiert wird.
Am 30. Juli 1815 geht die Reise von Kronstadt aus los. An Bord befinden sich erlesene Gelehrte, so z. B. Johann Friedrich Eschscholtz, ein Botaniker, der bereits früher als Forscher in Erscheinung getreten war und diesmal auch als Schiffsarzt fungiert. Mit von der Partie ist auch der Dichter und Naturforscher Adelbert von Chamisso, der kurz zuvor sein Hauptwerk »Peter Schlemihls wundersame Geschichte« veröffentlicht hatte, in dem es um einen seltsamen Reisenden geht, der seinen Schatten an den Teufel verkauft und über Umwege zu Siebenmeilenstiefeln gelangt, mit denen er fortan als Naturforscher die Welt erkundet. Als allgemein naturinteressierter »Titulargelehrter« erweist sich Chamisso als wertvolle Unterstützung auf der Reise und – das soll nicht verschwiegen werden – sorgt als Berühmtheit seiner Zeit selbstverständlich für jede Menge Publicity. Und so erweckt die Fahrt der »Rurik« von Beginn an die Aufmerksamkeit halb Europas.

die im Originalton nachzulesende Episode auf St. Helena, wo Kotzebue und einige seiner Mitreisenden Napoleons Domizil »Longwood House« und seiner Grabstätte einen Besuch abstatten. Nach der Rückkehr von dieser dritten Weltreise wird Otto von Kotzebue 1829 zum Kapitän befördert und geht noch im selben Jahr in den Ruhestand. Er führt fortan ein ruhiges, zurückgezogenes Leben und stirbt am 15. Februar 1846 in seiner Heimatstadt Reval.

[1824, Tahiti. Besuch im Inselparadies] Die Wohlgerüche schöner, duftender Blumen erquicken den Wanderer, und eine Menge Vögel von verschiedenen Arten, alle in der tropischen Farbenpracht, ergötzen ihn durch ihren angenehmen Gesang. Obgleich Tahaïti nur 17 Grad vom Aequator entfernt ist, so wird die Hitze doch durch Winde so gemildert, daß selbst Europäer sie sehr erträglich finden. Bougainville fand sie nie über 22, oft aber nur 18 Grad Reaumür. Freilich war es damals gerade Winter. Aber selbst im Januar, der Mitte des Tahaïtischen Sommers, kühlt der alsdann sehr häufig fallende Regen die Atmosphäre sehr ab. Sonst ist die Luft sehr heiter, trocken und vorzüglich gesund. Kranke, die von den Schiffen an das Land gebracht wurden, genasen schnell. Hier fallen keine Mücken, Mosquitos, oder andere plagenden Insecten der Tropenländer beschwerlich; hier hauset kein Raubthier; hier giebt es kein schädliches Gewürm, keine Schlange, und selbst der Scorpion, von dem man eine kleine Art antrifft, hat hier sein Gift verloren. Die einzige Landesplage ist das große Heer von Ratten, die [...] manchmal wohl gar einen schlafenden Tahaïtier anbeißen sollen.

Bougainville sagt: »die Einwohner von Tahaïti bestehen aus zweien, sehr verschiedenen Menschenraçen, die aber in

Sprache und Sitten übereinstimmen und sich ohne Unterschied mit einander zu vermischen scheinen. Die eine, welche die zahlreichere ist, bringt die längsten Männer hervor, gewöhnlich von 6 Fuß und darüber. Ich habe nie wohlgebildetere Leute und vollkommeneres Ebenmas des Gliederbaues gesehen. Nirgends kann man schönere Modelle zur Abbildung eines Mars oder Hercules finden. Nichts unterscheidet ihre Gesichtszüge von denen der Europäer, und wenn sie bekleidet gingen, wenn sie sich weniger der Luft und der brennenden Sonne aussetzten, so würden sie so weiß seyn, als wir. Gemeiniglich ist ihr Haar schwarz (Wallis sah auch blonde, und Banks sogar Albinos). Die andere Raçe ist von mittelmäßiger Größe, hat krauses, hartes Haar und weicht in der Farbe und den Gesichtszügen wenig von den Mulatten ab.

Cook und seine Gefährten glauben den Grund der Verschiedenheit der Tahaïtier darin zu finden, daß die größern, weißern die vornehme Classe ausmachen, Eri genannt (welches ungefähr wie Jeri ausgesprochen wird), daß diese sich der Sonne nicht so aussetzen, als das gemeine Volk, keine schweren Arbeiten verrichten, wie dieses, und ihre Weiber zurückhaltender sind und sich nicht so früh den Ausschweifungen überlassen, als die brauneren Schönen. Wir sind indessen geneigt, mehr Bougainville beizustimmen, und halten die dunklern Tahaïtier für die Ureinwohner, die Jeris aber für spätere Einwanderer, welche jene unterjochten; denn noch bis jetzt sind die Jeris ausschließlich die Grundeigenthümer im Lande, stehen bei dem gemeinen Volke, durch welches sie ihre Felder und Pflanzungen, für einen gewissen Lohn an Früchten, bearbeiten lassen, in großer

Achtung, und der König sowohl als alle Befehlshaber sind aus ihrem Stamme. Diese Einwanderung der Jeris muß aber vor sehr langer Zeit geschehen seyn, da keine Tradition ihrer mehr erwähnt. Daß Sprache und Sitten beider Völkerstämme sich nach und nach ausglichen, ist natürlich. In Betreff der Vermischung beider Raçen hat Bougainville sich jedoch geirrt. Dazu sind die Jeris viel zu stolz, auch wäre dadurch der Unterschied längst verschwunden.

Die Männer beider Raçen, fährt dieser Reisende fort, lassen sich den untern Theil des Bartes wachsen, rasiren ihn aber auf der Oberlippe und den Backen. Einige scheeren sich das Haar kurz ab, Andere binden es oben auf dem Kopfe zusammen. Alle haben die Gewohnheit, es, so wie den Bart, mit Cocosöl einzuschmieren. Man sieht sie oft ohne alle andere Bekleidung, als einen Gürtel um den Leib, der zugleich beweiset, daß sie nicht gänzlich ohne Schaamhaftigkeit sind. Indessen hüllen sich die Vornehmeren gewöhnlich in ein großes Stück Zeugt, welches sie bis auf die Knie herabfallen lassen.

Dieses ist auch gemeiniglich das einzige Kleidungsstück der Weiber, und sie wissen es geschickt genug zu handhaben, um es zugleich als Mittel zum Gefallen anzuwenden. Da die Tahaïtierinnen sich niemals unbedeckt der Sonne aussetzen (versteht sich wohl nur von denen aus der Classe der Jeris, denn die andern sahen wir selbst als Christinnen, bis auf eine kleine Schürze, noch ganz nackt herumwandern) und ein kleiner Hut von Schilf, mit Blumen geschmückt, ihr Gesicht schützt, so sind sie viel weißer als die Männer. Sie haben eine feine Gesichtsbildung; was sie aber vorzüglich auszeichnet, ist die Schönheit ihres Körpers, dessen Formen nicht durch die Tortur europäischer Moden verunstaltet sind. So wie unsere Damen sich die Wangen roth malen, so färben die Tahaïtierinnen den untern Theil ihres Körpers dunkelblau. Das ist Schmuck und Auszeichnung zugleich. Die Männer sind der nämlichen Mode unterworfen (nämlich dem Tattowiren). Ein anderer, beiden Geschlechtern eigener, Gebrauch ist, sich die Ohrläppchen zu durchbohren und aufgereihte Perlen oder allerlei Blumen hinein zu stecken. Die größte Reinlichkeit herrscht bei diesem liebenswürdigen Volke. Sie baden sich unablässig, und essen oder trinken nie, ohne sich vorher und nachher zu waschen.

Mit dieser Schilderung stimmen auch die übrigen Reisenden überein. Bei Allen bemerkt man eine große Vorliebe für diese Schooßkinder der wollüstigen Natur, wie sie Einer nennt. Vorzüglich haben auch die Tahaïtierinnen die Reisenden gefesselt. Alle Weiber auf Tahaïti sind hübsch, und einige sogar sehr schön, sagt Wallis. Die Begleiter Cooks erheben ihre Reize ebenfalls sehr; die hohen, schlanken Gestalten, doch kleiner als die Männer, die angenehme Form der Gesichter, obgleich mehr dem Runden, als dem Oval genähert, die Zartheit der Haut, die, ungeachtet ihrer Bräune, das Erröthen sehen läßt, die Augen voll Ausdruck, bald Feuer blitzend, bald schmachtend in sanften Gefühlen, die kleinen, gleichen und sehr weißen Zähne, und endlich ein unbeschreibliches Lächeln, das den Zauber ihrer lieblichen Züge vollendet, haben vorzüglich den jüngern Forster entzückt. Nur die Nasen dieser Schönen sind gewöhnlich etwas zu platt; doch giebt es auch welche, deren Form Europäerinnen beneiden könnten. [...]

kommt auf die Wahl dessen an, dem in so weiter Ferne Macht anvertraut wird, von wo nur höchst selten die Klage der Unterdrückten zur obersten Behörde gelangen kann. Errero hat sich sogar den Mord englischer und amerikanischer Schiffer zu Schulden kommen lassen, worüber ihre Cameraden, von Manilla aus, die spanische Gerechtigkeit nicht vergeblich anflehten; denn wie ich später erfuhr, war der Befehl zu Errero's Verhaftung bereits gegeben, als er mir in der schönsten Ruhe lustige Lieder, von der Guitarre begleitet, vorsang. Medenilla war wieder zum Gouverneur ernannt, um die von Errero gestifteten Uebel zu heilen.[...]

[1826, auf dem Pazifik. Lichterscheinung im Sturm] Als wir in der Länge von 256° die südliche Breite von 12° erreichten, verwandelte sich, gegen alle Regel in dieser Jahreszeit, der östliche Wind in einen westlichen und ward zu einem starken Sturm. Der ganze Himmel war mit schwarzen Wolken bedeckt, aus denen der Regen gleich Wolkenbrüchen herabfiel. Um Mitternacht, da der Sturm noch heftig wüthete, sahen wir, bei der uns umgebenden vollkommenen Dunkelheit, die Erscheinung, welche unter dem Namen Castor und Pollux bekannt ist, und ihren Grund in der Electricität der Luft hat. Es waren zwei leuchtende Kugeln, von der Größe, wie die Venus uns erscheint, und von eben so hellem Lichte. Sie zeigten sich zwei Mal kurz auf einander an der nämlichen Stelle, einige Zoll unter der äußersten Spitze unserer längsten Segelstange und waren nur einen halben Fuß von einander entfernt. Ihre Erscheinung dauerte jedesmal mehrere Minuten und machte auf die Mannschaft, die sie nicht zu erklären wußte, einen tiefen

Eindruck. Ich muß gestehen, daß sie selbst für mich in der vollkommenen Finsterniß, bei dem heulenden Sturm und dem Toben der Wellen, etwas Schauerliches hatte.

Widrige Winde hielten unsere Fahrt auf. Den 22. Februar passirten wir den Meridian von Isle de France, 340 Meilen von der Insel entfernt. Wir hatten sehr stürmisches Wetter und erfuhren später auf St. Helena von Schiffen, die von Isle de France kamen, daß dort zu derselben Zeit ein zerstörender Orkan gewüthet hatte, wobei mehrere Schiffe, die sich in der Nähe der Insel befunden, großen Schaden gelitten und zum Theil um ihre Masten gekommen waren. Vielleicht wäre es uns auch übel ergangen, wenn wir unsern Weg nur um hundert Meilen näher an Isle de France oder Bourbon vorbeigenommen hätten. Ich muss jeden Seefahrer warnen, sich vom halben Januar bis zum halben März diesen Inseln nicht ohne dringende Nothwendigkeit zu nähern, weil das die Zeit ist, wo die heftigsten Orkane dort wüthen [...].

[1826, St. Helena. Napoleons Gefängnis und Grab]
Dem würdigen Gouverneur von St. Helena, Herrn Brigadier Alexander Wakker, muß ich hier nochmals meinen verbindlichsten Dank sagen, für seine ausgezeichnet freundliche Aufnahme und die fortwährende Bemühung, mir und meinen sämmtlichen Reisegefährten den Aufenthalt auf dieser Insel angenehm zu machen. Er gab Diners und Bälle zu unserer Unterhaltung, und war immer bereit, jeden unserer Wünsche zu erfüllen. Daher erhielten wir auch die, sonst schwer zu erlangende Erlaubniß, das so berühmt gewordene Longwood zu besuchen, wo Napoleon seine glänzende Laufbahn in freudenloser, öder Einsamkeit beschloß.

An einem schönen Morgen traten wir unsere Reise dahin zu Pferde an. Als wir die niedliche Stadt St. James verlassen hatten, die in einer Schlucht zwischen zwei sehr hohen, steilen, von aller Vegetation entblößten Lavafelsen liegt, und durch ihr freundliches Ansehen das Düstere ihrer Umgebung noch auffallender macht, führte uns ein schlangenförmiger, in den Felsen eingehauener Weg die steilen, von Natur unzugänglichen Abhänge hinauf. Dieser Weg, wo man auf einer Seite immer den fast senkrecht aufsteigenden Felsen, und auf der andern einen ebenso hinabsinkenden Abgrund hat, ist sehr schmal und erreicht nur auf einigen Stellen die Breite von drei Faden; aber zur Sicherheit der Reisenden ist er mit einem steinernen Geländer versehen, so daß er nur dann gefährlich wird, wenn sich, wie das bisweilen der Fall ist, große Stücke von den Felsen ablösen und in den Abgrund rollen, da sie denn Alles, was in ihrem Laufe liegt, mit wegreißen.

Nachdem wir mit einiger Anstrengung die höchste Region der Insel erreicht hatten, wo sich die tropische Hitze der niederern Gegend, zu unserer Erquickung, in eine mäßige Temperatur verwandelte und wir eine weite Aussicht hatten, zeigte sich uns das Land ganz anders, als es dem ankommenden Seefahrer erscheint. Dieser sieht nur hohe, schwarze, zackige, öde Felsen, senkrecht aus dem Meer steigend, überall von der furchtbarsten Brandung bespült, so daß nirgends eine Landung ohne die größte Gefahr möglich ist, als auf dem einzigen Punkte bei St. James. Vergebens späht sein Blick nach einem grünen Plätzchen. Hier scheint [...] die Natur selbst St. Helena zum schauerlichen Gefängnis für Staatsverbrecher bestimmt zu haben. [...]

Je näher wir den Grenzen des Bezirkes kamen, in welchem es dem berühmten Gefangenen erlaubt war, sich zu bewegen, je mehr verschwand die Anmuth der Gegend, und je rauher ward das Clima, bis wir uns, ungefähr eine teutsche Meile von der Stadt, auf dem beschriebenen unfruchtbaren Boden befanden. Hier führt ein schmaler Steg den Abhang hinunter in ein kleines, von Hügeln umringtes, kesselförmiges Thal, das, vor dem Winde geschützt, mit seiner hübschen Vegetation einen recht freundlichen Anblick gewährt. »Dort ruhen die Ueberreste Napoleons,« sagte unser Begleiter, den der Gouverneur uns mit gegeben hatte. Wir stiegen ab und traten den Weg zum Grabe zu Fuße an. Ein alter Invalide, dessen einsame Hütte in der Nähe desselben steht, und der es bewacht, kam uns entgegen und führte uns zu dem, von einem niedrigen eisernen Gitter umgebenen, schmucklosen, flachen Leichenstein, den fünf Trauerweiden beschatten, wahrscheinlich von den letzten Anhängern des Unglücklichen gepflanzt. Es ist ein ergreifendes Gefühl, mit dem man an dieses prunklose Grab tritt. Dieser einfache Stein deckt die Hülle dessen, der einst ganz Europa erschütterte und der sein an Thaten überreiches Leben, fern von seinem Vaterlande, auf einem einsamen Felsen, mitten im Ocean, als Gefangener beschloß. Keine Inschrift bezeichnet diesen Leichenstein, jeder kann sich eine nach seinem Urtheil denken. Erst die Nachwelt wird ihm, der so mächtig in das Schicksal von Nationen griff, eine gerechte Grabschrift setzen; wir stehen ihm noch zu nahe. Vielleicht fehlte ihm nichts, um der größte Mann seiner Zeit zu seyn, als – Redlichkeit.

Der Invalide füllte aus einer nahen Quelle eine ganz gemeine irdene Kanne mit schönem klaren Wasser und reichte sie uns mit der Bemerkung, daß Napoleon, bei seinen Spaziergängen hierher, sich mit diesem kalten Wasser aus dem nämlichen Geschirr zu erquicken pflegte. Dieses kleine Thal war der einzige Fleck, wo er gesunde Luft einathmen und sich der Natur erfreuen konnte. Daher besuchte er es oft und äußerte mehrmals, daß er einst hier begraben seyn möchte. So wenig Rücksicht auch sonst auf seine Wünsche genommen ward, so hat man diesen wenigstens erfüllt.

Nachdem wir einige Zeit bei dem merkwürdigsten Denkmal des Wechsels menschlicher Schicksale verweilt und unsere Namen in ein dazu bestimmtes Buch eingetragen hatten, setzten wir uns wieder zu Pferde und ritten nach der Wohnung des verlassenen, alles Einflusses beraubten Gefangenen, der dem ungeachtet selbst hier noch immer den Kaiser spielte und sich von den freiwilligen Gefährten seiner Verbannung Sire und Majestät nennen ließ. Als wir das kleine, niedliche, gartenmäßige Thal im Rücken hatten, nahm das Land wieder seinen unfruchtbaren, wilden Charakter an, und nachdem wir ungefähr eine teutsche Meile in dieser unwirthbaren Gegend, wo keine Blume blüht und kein Vogel singt, zurück gelegt hatten, erblickten wir auf einem der höchsten Hügel eine ganz kahle, kleine Ebene, in deren Mitte ein Häuschen stand, in dichten Nebel gehüllt, so daß es kaum zu bemerken war. Unser Begleiter sagte, das sey Longwood, und das Haus die ehemalige Wohnung Napoleons. Wir hatten es bald erreicht und glaubten es noch so zu finden, wie es bei dem Tode des Bewohners gewesen war. Wie interessant wäre es für jeden Besuchenden gewesen, wenn man dort nichts verändert, nichts weggeräumt hätte. Die englischen Beamten haben das nicht berücksichtigt. Das ärmliche Haus ist in zwei Theile von einander getrennt. Der kleinere Theil, Napoleons Schlafzimmer, ist ein Pferdestall, und der größere ein Magazin zur Aufbewahrung von Schaafsfellen, Fett und anderen Producten der Insel geworden.

Napoleon hatte, wie man uns schon in der Stadt erzählte, neben seiner Wohnung ein kleines Gärtchen angelegt, in welchem er selbst arbeitete, wobei auch die Generalin Bertrand oft behülflich war. Nach vielen vergeblichen Anstrengungen und mancherlei Versuchen gelang es endlich, einige Blumen zu ziehen und sogar junge Eichenbäume zu pflanzen, die fortkamen. Einen von diesem Bäumen hatte Napoleon mit eigener Hand gepflanzt und einen andern Madame Bertrand. Da von dem Garten nichts mehr zu entdecken war, so fragte ich unsern Begleiter, wo er gelegen habe, und mit sarcastischem Lächeln zeigte dieser auf einen wüsten, von Schweinen durchwühlten Platz, indem er sagte: »Hier hat Napoleon ebenso glücklich Blumen gezogen, als er einst Reiche stiftete; sie sind aber auch ebenso schnell wieder verschwunden.« An einem verfallenen Zaune stehen noch einige Eichen. Niemand weiß indessen mehr anzugeben, welche von Napoleon selbst gepflanzt ist.

Noch ward uns ein niedliches Häuschen gezeigt, welches der König für Napoleon hatte aufbauen lassen und das nicht lange vor seinem Tode fertig geworden war. Er wollte es nicht beziehen, obgleich es viel besser und bequemer eingerichtet war, als das, welches er bewohnte. Vielleicht fühlte er schon die Nähe des Todes und machte an das Leben keine Ansprüche mehr. [...]

[Otto von Kotzebue (1830): Neue Reise um die Welt in den Jahren 1823, 24, 25 und 26. Band 2. Verlag von Wilhelm Hoffmann. Weimar.]

Georg Forster
1754–1794

Humanist auf Weltreise

Eine Weltumsegelung: Bis heute bleibt das für viele Menschen ein unerfüllter großer Traum. Forsters Traum aber wurde wahr. Zusammen mit seinem Vater begleitete er James Cook auf dessen zweiter Weltumsegelung.

Am 27. November 1754 wird im Dörfchen Nassenhuben (heute: Mokry Dwór) bei Danzig im Hause des Pfarrers Johann Reinhold Forster dessen erster Sohn Johann Georg Adam geboren. Bis heute zählt Mokry Dwór nur rund 200 Einwohner. Früher wird es nicht viel anders gewesen sein. Der kleine Ort beherbergt mit Johann Reinhold Forster einen gebildeten Mann. Er entstammt einem schottischen Adelsgeschlecht, spricht nicht weniger als 17 Sprachen, hat im Laufe seines Lebens eine umfangreiche Bibliothek zusammengetragen und betätigt sich als Übersetzer von Reisebeschreibungen aus aller Welt. Für wissenschaftliche Bücher versetzt er oft sein letztes Hemd – zum Leidwesen der Familie. Spricht man ihn darauf an, reagiert er streitsüchtig und rechthaberisch. Vor den Launen des gebildeten Geistlichen sind selbst seine Gönner nicht gefeit.
Sohn Georg ist anders: Er ist eher ein sensibles, empfindsames Kind. Früh zeigt sich jedoch eine besondere Begabung für die Naturkunde, die der Vater, der den Jungen selbst unterrichtet, sofort erkennt. Und so begleitet Georg schon im Alter von zehn Jahren den Vater auf einer weiten Reise.

Der lang ersehnte Forschungsauftrag führt Johann Reinhold Forster in die Region am Unterlauf der Wolga. Im Auftrag der russischen Zarin soll er die Möglichkeiten zur weiteren Urbarmachung und Kolonisierung der Region auskundschaften. Georg erweist sich als echte Hilfe bei den Vermessungsarbeiten und Bodenuntersuchungen und erlernt bei dieser Gelegenheit auch die russische Sprache. Unglücklicherweise wird, während sich der Dorfpfarrer von Nassenhuben an der Wolga herumtreibt, statt zu Hause den Gottesdienst zu halten, seine Stelle im Heimatort neu besetzt. Dazu kommt, dass Forster anlässlich der Vorstellung der Ergebnisse seiner Forschungsreise dem Gouverneur von Saratow einmal so richtig die Meinung gesagt hat. Fazit: Forschungsauftrag beendet! Und so steht die Familie vor dem Nichts. Die Bibliothek wird verkauft. Von dem Erlös übersiedelt die Familie 1766 nach England, wo sich der Vater weiter als Übersetzer von Reiseberichten betätigt. Auch Georg trägt nun zum Lebensunterhalt bei. Im Alter von 13 Jahren übersetzt er die »Kurze Russische Geschichte« des berühmten Universalgelehrten Michail Lomonossow. Erstmals wird die gelehrte Gesellschaft auf den jungen Forster aufmerksam.
1772 macht sich Kapitän James Cook – spätestens seit seiner ersten Südseereise 1768–1771 eine »Legende seiner Zeit« – auf, um eine zweite Weltumsegelung in Angriff zu nehmen. Hauptanlass hierfür ist die Beobachtung eines höchst seltenen astronomischen Phänomens: des sogenannten Venustransits, also des Durchgangs des Planeten Venus zwischen Erde und Sonne, der in 243 Jahren nur viermal stattfindet, und zwar jeweils paarweise mit acht Jahren Abstand. An Bord sind also jede Menge Wissenschaftler. Für den Bereich der Naturbeobachtung sind ein Brite und ein Schwede vorgesehen, doch die sind ärgerlich, dass

Cooks Seite und untersagt Johann Reinhold Forster jegliches Veröffentlichungsrecht an einer Beschreibung der getanen Weltumsegelung.
Für Georg Forster gilt dieses Verbot nicht. Er fasst die Gelegenheit beim Schopfe und veröffentlicht 1777 das Buch »A Voyage Round The World«. Der Vater ist verbittert; die Weltöffentlichkeit reißt sich um den jungen Reiseschriftsteller. Erstmals schreibt hier einer nicht nur für die gelehrte Fachwelt. Nein, Forsters Bericht kann jeder verstehen. Zudem sind Georgs Zeichnungen ganz hervorragend.
Der Aufklärer und Dichter Christoph Martin Wieland preist Georg Forsters Werk als das bemerkenswerteste Buch seiner Zeit.
Ein Jahr nach der Veröffentlichung wird Georg Forster – ohne je eine institutionalisierte Schule besucht zu haben – zum Professor ans Kasseler Carolinum berufen. Er erhält quasi über Nacht den wissenschaftlichen Rang, den sich sein Vater stets vergeblich erträumt hatte. Es regnet Ehrenmitgliedschaften wissenschaftlicher Vereinigungen aus ganz Europa. 1784 nimmt er eine Professur in Wilna (heute: Vilnius) an, nicht ohne sich vor der Abreise noch mit Therese Heyne, einem Mädchen aus guter Gesellschaft, zu verloben. An der neu gegründeten polnischen Universität in Wilna ist das Gehalt zwar besser, doch eines hat Georg vom Vater geerbt: Auch er kann nicht mit Geld umgehen und ist oft in Finanznöten. Wilna erweist sich zudem als furchtbare Enttäuschung. In einem Brief schreibt er: »*So gefasst ich auf alles war, erschrak ich doch heftig bei meinem Eintritt in dieses Land. Es war der Verfall, die Unfläterei im moralischen und physischen Verstande, die Halbwildheit und Halbkultur des Volkes [...], die über alle Vorstellungen gingen, die ich mir hatte machen können.*«

1785 geht es zurück nach Deutschland. In Göttingen stellt Forster fest, dass seine Verlobte inzwischen eine Affäre begonnen hat. Forster willigt in eine abenteuerlich anmutende Dreierbeziehung ein und heiratet Therese trotz ihrer weiter andauernden Beziehung zu einem anderen Mann.
1787 erhält er von Katharina II., der Zarin von Russland, den Auftrag, eine russische Expedition in die Südsee vorzubereiten. Nichts lieber als das! Er kündigt seine Professur im verhassten Wilna und reist nach Göttingen, wo er seine Frau und die inzwischen geborene Tochter unterzubringen hofft. Doch wegen des Russisch-Türkischen Kriegs wird die geplante Forschungsreise abgesagt. Forsters Ruhm ist noch immer ungebrochen, und so findet er bereits 1788 eine neue Anstellung als Bibliothekar an der Kurmainzer Universität. Doch auch hier reicht das Geld nicht. Und so klagt Forster einem Brieffreund: »*Den ganzen Winter muss ich kompilieren und übersetzen! Mein Kopf ist leer, ich weiß der Welt nichts Eigenes mehr zu sagen.*«
Im Frühjahr 1790 ergibt sich endlich doch die Möglichkeit zu einer neuen Reise, wenn auch in bescheidenem Maßstab. Forster fährt zusammen mit dem jungen Alexander von Humboldt rheinabwärts und über die Nordsee bis nach England. Das nach dieser Fahrt entstandene Buch »Ansichten vom Niederrhein« sollte das zweite Buch in seinem Leben werden, das man bis heute mit Forsters Namen verbindet. Humboldt ist von dem Mitreisenden so beeindruckt, dass er sich fortan als Forsters Schüler bezeichnet.
Als Letzterer nach Mainz zurückkehrt, befindet sich Therese wieder mitten in einer leidenschaftlichen Affäre mit dem Mainzer Legationssekretär Ferdinand Huber. Diesmal ist die Ehe nicht wieder zu retten. Mainz ist indessen französisch besetzt. 1792 wird Georg Forster Mitglied der Mainzer »Gesellschaft der Freunde der Freiheit und Gleichheit«, die

sich den Idealen der Französischen Revolution verschrieben hat. Er vermerkt: »*Ich habe mich für eine Sache entschieden, der ich meine Privatruhe, meine Studien, mein häusliches Glück, vielleicht meine Gesundheit, mein ganzes Vermögen, vielleicht mein Leben aufopfern muss.*« 1793 reist Georg Forster als Deputierter der Mainzer Revolutionäre nach Paris, um selbst im Rahmen der Revolutionsbewegung aktiv zu sein. Zu dieser Zeit ist er bereits von einer Brustfellentzündung geschwächt. Später treten weitere unklare Symptome hinzu. Forster meint, fast sei es, als wäre er an Skorbut erkrankt. An Land? Undenkbar! Markus Theodor von Haupt, ein nach Paris geflohener Mainzer Schriftsteller, ist der einzige Mensch, der Forster im Leiden seiner letzten Tage begleitet. Am 10. Januar 1794 stirbt Georg Forster in seiner kleinen Pariser Dachwohnung an einer Lungenentzündung.

[29. November 1772, auf dem Weg in die südliche Polarregion. Stürmische Annäherung an die Antarktis] [...] Am 29. ward der Wind, welcher seit den drei vorhergehenden Tagen sehr stürmisch gewesen war, so heftig, daß wir vierundzwanzig Stunden lang nur allein das Focksegel führen konnten. Zugleich ging die See fürchterlich hoch, und brach oft über dem Schiffe. Wer kein Seemann war, wußte sich in diese neue Lage gar nicht zu schicken, und da wir auf der Ueberfahrt von England bis zum Cap ganz besonders gutes Wetter gehabt hatten, so waren auch jetzt noch in keiner Cajüte Anstalten gegen solche Stürme vorgekehrt worden. Das heftige Hin- und Herschwanken des Schiffs richtete daher täglich schreckliche Verwüstungen unter unsern Tassen, Gläsern, Bouteillen, Tischen, Schüsseln und anderm Geschirr an; allein die lustigen Auftritte, welche bei dieser allgemeinen Verwirrung vorfielen, und bei denen man sich des Lachens unmöglich enthalten konnte, machten uns gegen diesen in unsrer Lage unersetzlichen Verlust gelaßner, als wir ohne dies wohl nicht geblieben sein möchten. Das übelste dabei war, daß die Decken und Fußböden in allen Cajüten gar nicht trocken wurden, und das Heulen des Sturms im Tauwerk, das Brausen der Wellen, nebst dem gewaltigen Hin- und Herwerfen des Schiffs, welches fast keine Beschäftigung gestattete, waren neue und fürchterliche Scenen, aber zugleich höchst widrig und höchst unangenehm. Hiezu kam noch, daß, ungeachtet wir uns erst im 42. Grade südlicher Breite befanden, die Luft doch schon sehr kalt und scharf zu werden anfing, gleichwie auch der häufige Regen dem Schiffsvolk den Dienst noch schwerer machte. [...]

Ein Unterofficier, der in dem Vordertheile des Schiffraums schlief, erwachte von ungefähr und hörte Wasser durch seine Schlafstelle rauschen, das gegen seine und seiner Cameraden Kisten heftig anstieß; er sprang sogleich zum Bette heraus und fand sich bis an die Waden im Wasser. Augenblicklich gab er dem Officier auf dem Hinterdecke Nachricht von diesem fürchterlichen Umstande, und in wenig Minuten war im ganzen Schiffe alles wach und in Bewegung. Man fing an zu pumpen und die Officiere redeten den Leuten mit einer ungewohnten und daher bedenklichen Gütlichkeit Muth ein, daß sie nicht nachlassen sollten aus allen Kräften zu arbeiten. Dennoch schien das Wasser überhand zu nehmen. Jedermann war in Furcht und Schrecken und die Dunkelheit der Nacht vergrößerte nur die Abscheulichkeit unsrer Lage. [...]

Die Schöpf- und Ketten-Pumpen wurden in Gang gebracht, und die Leute arbeiteten mit dem lebhaftesten Eifer. Endlich entdeckte man zum großen Glück, daß das Wasser nicht durch ein verborgnes und unzugängliches Leck eindrang, wie Jedermann besorgt hatte, sondern daß es in die Vorrathskammer des Bootsmanns, zu einem Fenster oder Luftloch hereinkam, welches gegen die stürmische See dieser Gegenden nicht fest genug zugemacht und durch die Gewalt der Wellen eingeschlagen worden war. Nunmehr war keine Gefahr weiter dabei, es ward augenblicklich wieder vermacht, und so entkamen wir diesmal ohne andern Schaden, als daß die Kleider und das Gepäck der Matrosen und Officiere von dem eingedrungnen Seewasser ganz durchnäßt worden waren. Es würde uns indessen schwer, wo nicht unmöglich gewesen sein das Schiff über Wasser zu halten, wenn der Unterofficier nicht gleichsam durch eine besondre Schickung erwacht wäre, ehe das Uebel überhand genommen hatte. Alle Gegenwart des Geistes unsrer Officiere würde alsdann, mit sammt dem Muth unsers Schiffsvolks, vergebens gewesen sein, und wir hätten zu Grund und Boden gehen müssen, ohne daß uns wegen der sehr finstern Nacht und stürmenden Wellen von dem andern Schiffe aus die geringste Hülfe hätte geleistet werden können. [...]

[13. März 1774, Osterinsel. Eindrücke einer kargen Exotik] [...] Ungefähr funfzehn Schritte vom Landungsplatze sahen wir eine Mauer von viereckigen, gehauenen Steinen, davon jeder anderthalb bis zwei Fuß lang und einen Fuß breit war. In der Mitte betrug die Höhe ungefähr sieben bis acht Fuß, an beiden Enden aber war sie niedriger und überhaupt ungefähr zwanzig Schritte lang. Das Sonderbarste war die Verbindung dieser Steine, die so künstlich gelegt und so genau in einander gepaßt waren, daß sie ein ungemein dauerhaftes Stück von Architektur ausmachten. Der Stein, woraus sie gehauen, ist nicht sonderlich hart, sondern nur eine schwarzbraune, schwammige, spröde Steinlava. Der Boden lief von der Küste immer bergauf, dergestalt, daß eine zweite Mauer, welche parallel mit dieser und zwölf Schritte weiter hinauf lag, nur zwei bis drei Fuß hoch sein durfte, um in dem Zwischenraum eine Art von Terasse zu formiren, auf welcher das Erdreich eine ebene Fläche ausmachte, die mit Gras bewachsen war. Funfzig Schritt weiter gegen Süden fanden wir einen andern erhabnen Platz, dessen Oberfläche mit eben solchen viereckigen Steinen gepflastert war, als man zum Mauerwerk gebraucht hatte. In der Mitte dieses Platzes stand eine steinerne Säule, aus einem Stück, die eine Menschenfigur, bis auf die Hüften abgebildet, vorstellen sollte und zwanzig Fuß hoch und fünf Fuß dick war. Diese Figur war schlecht gearbeitet und bewies, daß die Bildhauerkunst hier noch in der ersten Kindheit sei. Augen, Nase und Mund waren an dem plumpen, ungestalteten Kopfe kaum angedeutet. Die Ohren waren nach der Landessitte ungeheuer lang und besser als das übrige gearbeitet, ob sich gleich ein europäischer Künstler derselben geschämt haben würde. Den Hals fanden wir unförmig und kurz, Schultern und Arme aber nur wenig angedeutet. Auf dem Kopfe war ein hoher, runder, cylindrischer Stein aufgerichtet, der über fünf Fuß im Durchschnitt und in der Höhe hatte. Dieser Aufsatz, der dem Kopfputze einiger egyptischen Gottheiten gleich sah, bestand aus einer andern Steinart, denn er war von röthlicher Farbe; auch war an dessen beiden Seiten ein Loch zu sehen, als hätte man ihm seine runde Form durch ein Dreh- oder Schleifwerk gegeben. Der Kopf nebst dem Aufsatz machte die Hälfte der ganzen Säule aus, so weit sie über der Erde sichtbar war. Wir merkten übrigens nicht, daß die Insulaner diesen Pfeilern, Säulen oder Statuen einige Verehrung erwiesen hätten; doch mußten sie wenigstens Achtung dafür haben, denn es schien ihnen manchmal ganz unangenehm zu sein, wenn wir über den gepflasterten Fußboden oder das Fußgestell gingen und die Steinart untersuchten, wovon sie gemacht waren. [...]

Bei Untergang der Sonne verließen wir den Wasserplatz und gingen nach der Bucht, wo unser Boot vor Anker lag. Unterwegens kamen wir auf den ebnen Platz, auf welchem die vorbeschriebne Säule aufgerichtet ist. Einige Einwohner, die uns noch begleiteten, winkten uns, daß wir auf dem Grase am Fuße des Piedestals und nicht über das Mauerwerk gehen sollten; da wir uns aber nicht daran kehrten, so hatten sie auch nichts dawider. Wir erkundigten uns bei einigen, die am verständigsten zu sein schienen, was diese Steine zu bedeuten hatten, und so viel wir aus ihrer Antwort schließen und errathen konnten, müssen es Denkmäler ihrer Eriki's oder Könige sein. Also ist das gemauerte Piedestal vermuthlich als der Begräbnißplatz anzusehn, und bei genauerer Untersuchung fanden wir wirklich nicht weit davon eine Menge Menschengebeine, welches dann unsre Vermuthung bestätigte. Die Länge der Knochen paßte zu Körpern mittlerer Länge, und ein Schenkelbein, das wir maßen, kam genau mit dem Maß desselbigen Knochens an einer Person überein, die ungefähr fünf Fuß neun Zoll lang war. An der Westseite der Bucht standen drei Säulen auf einem sehr breiten und erhöhten Postement in einer Reihe aufgerichtet. Diese Reihe nannten die Einwohner Hangaroa. Die vorerwähnte einzelne Säule aber hießen sie Obina. Nahe bei diesen Pfeilern saßen zehn oder zwölf von den Einwohnern um ein kleines Feuer, an welchem sie ein paar Kartoffeln brateten. Dies war ihr Abendessen, und sie boten uns, als wir vorbei gingen, etwas davon an. In einem so armseligen Lande war uns diese Gastfreiheit unerwartet. Man vergleiche sie einmal mit den Gebräuchen der civilisirten Völker, die sich fast aller Empfindungen gegen ihren Nebenmenschen zu entledigen gewußt haben! Uebrigens war es uns sehr angenehm, bei dieser Gelegenheit augenscheinlich überzeugt zu werden, daß die Vermuthung der Holländer, wegen solcher Feuer, ungegründet gewesen, denn wir fanden nicht den mindesten Grund, diese Feuer für eine religiöse Ceremonie anzusehn. Mit einem kleinen Vorrath von Kartoffeln, den wir eingekauft und ungefähr sechs oder sieben bekannten Pflanzen, die wir gesammelt, kehrten wir nun an Bord zurück. Den scorbutischen Patienten bekam unser Spaziergang ungemein wohl und besser denn jedem andern. Ich für meine Person, der ich am Morgen noch geschwollne Beine hatte und kaum darauf stehen konnte, befand mich heute Abend schon weit besser. Die Geschwulst hatte sich etwas gelegt und die Schmerzen waren gänzlich verschwunden. Diese schleunige Besserung mußte ich einzig und allein der Bewegung zuschreiben, vielleicht hatten auch die antiscorbutischen Ausdünstungen des Landes mitgewirkt, denn wie man sagt, sollen die schon allein hinreichend sein, diejenigen wieder gesund zu machen, die sich durch langen Aufenthalt auf der See den Scorbut zugezogen haben.

Früh am folgenden Morgen beorderte Capitain Cook die Lieutenants Pickersgill und Edgecumbe mit einer Partei Seesoldaten und Matrosen, das Innere des Landes zu untersuchen, um wo möglich zu erfahren, ob es in irgend einer andern Gegend besser angebauet und stärker bewohnt wäre, Herr Wales und Hodges, Dr. Sparrmann und mein Vater machten sich mit auf den Weg, so daß das ganze Detaschement aus siebenundzwanzig Mann bestand.

Ich hingegen ging nach dem Frühstück mit Capitain Cook und einigen Officieren ans Ufer, wo wir ungefähr zweihundert Einwohner und unter diesen vierzehn oder funfzehn Weiber, nebst ein paar Kindern, versammelt fanden. Es war uns unmöglich, die Ursache dieser Ungleichheit in der Zahl der beiden Geschlechter zu errathen; da aber alle Weibsleute, die wir bisher gesehen, ungemein freigebig in ihren Gunstbezeugungen waren, so vermuthete ich damals, daß die Verheiratheten und Eingezognern, welche vielleicht die größte Anzahl ausmachten, keinen Gefallen finden möchten, mit uns bekannt zu werden, oder vielleicht durch die Eifersucht der Männer gezwungen würden, in den entfernteren Theilen der Insel zurück zu bleiben. Die wenigen, welche wir hier und da ansichtig wurden, waren die ausschweifendsten Creaturen, die wir je gesehen. Sie schienen über alle Schaam und Schande völlig weg zu sein, und unsre Matrosen thaten auch, als wenn sie nie von so etwas gehört hatten; denn der Schatten der colossalischen Monumente war ihnen in Hinsicht auf ihre Ausschweifungen schon Obdachs genug.

[15. Januar 1774, nahe der Antarktis. Erschwernisse im Eismeer] Am 15. ward der Wind stärker und verwandelte sich bald darauf in einen heftigen Sturm. [...]

Während desselben schlug des Abends um 9 Uhr eine berghohe Welle mitten übers Schiff und füllte die Verdecke mit einer Sündfluth von Wasser. Es stürzte durch alle Oeffnungen über uns herein, löschte die Lichter aus und ließ uns einige Augenblicke lang ungewiß, ob wir nicht ganz überschwemmt schon zu Grunde gingen. In meines Vaters Cajüte floß alles, sogar sein Bette war durchaus naß, unter solchen Umstanden mußte der Rheumatismus freilich heftiger werden, an dem er seit vierzehn Tagen die größten Schmerzen ausstand, sodaß er kein Glied am Leibe rühren konnte. Unsre Lage war nunmehr in der That höchst elend, selbst für diejenigen, die noch gesund waren und den Kranken, die an ihren gelähmten Gliedern beständige Schmerzen litten, war sie im eigentlichsten Verstande unerträglich. Der Ocean um uns her war wüthend und schien über die Keckheit einer Hand voll Menschen, die es mit ihm aufnahmen, ganz erboßt zu sein. Finstre Melancholie zeigte sich auf der Stirn unsrer Reisegefährten und im ganzen Schiff herrschte eine fürchterliche Stille. Die eingesalznen Speisen, unsre tägliche Kost, waren uns allen, sogar denen zum Ekel geworden; die von Kindheit an zur See gefahren. Die Stunde des Essens war uns verhaßt, denn der Geruch der Speisen kam uns nicht sobald unter die Nase, als wirs schon unmöglich fanden, mit einigem Appetit davon zu genießen. Dies alles beweist wohl genugsam, daß diese Reise mit keiner von den vorhergehenden zu vergleichen sei. Wir hatten mit einer Menge von Mühseligkeiten und Gefahren zu kämpfen, die unsern Vorgängern in der Südsee unbekannt geblieben waren, weil sie sich mehrentheils nur innerhalb der Wendezirkel oder doch wenigstens in den besten Gegenden des gemäßigten Himmelsstrichs gehalten hatten. Dort fanden sie immer gelindes Wetter, blieben fast immer im Gesicht des Landes, und dieses war selten so armselig und unfruchtbar, daß es ihnen nicht von Zeit zu Zeit einige Erfrischungen gegeben haben sollte. Solch eine Reise wäre für uns eine Lustreise gewesen; bei der beständigen Unterhaltung mit neuen und größtentheils angenehmen Gegenstanden, würden wir gutes Muths, aufgeweckt und gesund, mit einem Wort glücklich und fröhlich gewesen sein. Aber von alle dem war unsre Reise gerade das Gegentheil. Die Fahrt gegen Süden war ein ewiges und im höchsten Grade langweiliges Einerlei. Eis, Nebel, Stürme und eine ungestüme See, machten finstere Scenen, die selten genug durch einen vorübergehenden Sonnenblick erheitert wurden. Das Klima war kalt und unsere Nahrungsmittel beinahe verdorben und ekelhaft. Kurz wir lebten nur ein Pflanzenleben, verwelkten und wurden gegen alles gleichgültig, was sonst den Geist zu ermuntern pflegt. Unsre Gesundheit, unser Gefühl, unsre Freuden opferten wir der leidigen Ehre auf, einen unbesegelten Strich durchkreuzt zu haben! [...]

Die gemeinen Matrosen waren eben so übel daran als die Officiere; aber aus einer andern Ursache, Ihr Zwieback, der auf Neu-Seeland von neuem gebacken und dann wieder eingepackt worden, war jetzt fast eben so elend als zuvor.

Bei der Musterung, welche man dort damit vorgenommen hatte, war aus allzu großer Sparsamkeit nicht streng genug verfahren und daher manches verdorbne Stück unter dem Eßbaren beibehalten worden! theils lag es an den Fässern; die nicht genugsam durchräuchert und ausgetrocknet waren. Von diesem halb verdorbnen Brod bekamen die Leute, aus ökonomischen Ursachen, nur zwei Drittel der gewöhnlichen Portion; da aber eine volle Portion, selbst wenn sie ganz eßbar ist, ihren Mann kaum sättigt, so war der verminderte Theil verdorbnen Brodes natürlicherweise noch weit weniger hinreichend. Dennoch blieben sie in dieser elenden Lage bis auf diesen Tag, da der erste Unterofficier (Mate) zum Capitain kam und bitterlich klagte, daß er so wenig als seine Leute den Hunger stillen könnte; wobei er zugleich ein Stück von dem verfaulten und stinkenden Zwieback vorzeigte. Auf diese Klage bekamen die Leute endlich ihre volle Portion. Der Capitain besserte sich sowie wir südlich gingen, die rheumatischen Kranken aber blieben alle so schlecht als zuvor.

Am 20. dieses [Monats] trafen wir auf diesem Striche unterm 62. Grade 30 Minuten südlicher Breite die ersten Eisinseln an, doch nahm ihre Anzahl nicht zu als wir weiter nach Süden kamen.

[Georg Forster (1843): Georg Forster's sämmtliche Schriften. Erster Band. F. A. Brockhaus, Leipzig.]

[22. April 1774, Tahiti. Nachdenklichkeit im Inselparadies] Kaum hatten die guten Leute das Schiff vom Lande her wahrgenommen, so kamen auch schon verschiedne Canots, um uns mit Geschenken von Früchten zu bewillkommen. Unter den ersten, die uns an Bord besuchten, waren zwei junge Leute, die dem Range nach etwas mehr als die übrigen sein mußten. Diese baten wir, in die Cajüte zu kommen, und hier wurde sogleich mit Maheinen Bekanntschaft gemacht. Der Landessitte nach mußten sie ihm ein Geschenk von Kleidungsstücken machen. Sie zogen also ihre Oberkleider, die vom feinsten hiesigen Zeuge verfertigt waren, aus und gaben sie ihm anzuziehen. Er hingegen zeigte ihnen seine Merkwürdigkeiten und beschenkte sie mit ein paar rothen Federn, die sie als eine große Seltenheit sehr hoch aufnahmen.

Etwa um 8 Uhr des Morgens ließen wir in Matavai-Bai den Anker fallen, und sogleich war auch eine ganze Flotte von Canots um uns her, in welchen unsre alten Bekannten Fische, Brodfrucht, Äpfel, Cocosnüsse und Pisangs zu Markte brachten und für sehr geringe Preise überließen. Die Fische waren größtentheils sogenannte Dickköpfe (mullets oder mugiles) und Boniten. Sie führten sie uns lebendig in einem Troge zu, der zwischen den doppelten Canots unter dem Wasser befestigt und, damit dieses frei hindurch konnte, vorn und hinten mit einem Flechtwerk von Baumzweigen vermacht war.

Wir ließen nun, wie ehemals, auf der Landspitze Venus wieder einige Zelte aufschlagen, sowohl zum Behuf astronomischer Beobachtungen, als zu Erleichterung des Handels, Holzhauens und Wassereinnehmens. Der Capitain, Dr. Sparrmann und mein Vater gingen ans Land. Ich aber mußte noch an Bord bleiben; denn ich war so matt und elend, daß ich kaum stehen konnte. Indessen machte ich mir die kleine Veränderung, vom Cajütenfenster aus, zu handeln, und brachte auf die Art wenigstens etliche neue Arten Fische an mich, da hingegen jene Herren bei ihrer Zurückkunft nichts neues aufzuweisen hatten. Was sie uns vom Lande erzählten, lautete sehr reizend und vortheilhaft. Sie hatten alles, was sie diesmal gesehen, in weit bessern Umständen gefunden als bei unsrer ersten Anwesenheit; das Grün in voller Pracht, viele Bäume noch mit Früchten beladen, die Bäche wasserreich und eine Menge ganz neuerbauter Häuser. Maheine, der mit ihnen gegangen war, kam die Nacht nicht wieder an Bord. Er hatte sogleich einige von seinen Verwandten angetroffen, vornehmlich eine leibliche Schwester, Namens Tei-oa, die eine der schönsten Frauenspersonen auf der ganzen Insel und an einen großen, ansehnlichen und vornehmen Mann von Raietea, Namens Nuna, verheirathet war. Sein Haus, das sich wegen der ungewöhnlichen Größe vor vielen der übrigen ausnahm, stand ganz nahe bei unsern Zelten; es lag nämlich kaum 200 Schritt jenseit des Flusses. Ehe Maheine ans Land ging, hatte er seine europäische Kleidung abgelegt, und dafür die schönen, neuen Kleider, womit er von seinen Landsleuten beschenkt worden war, angezogen. Die Freude, welche er über diese Vertauschung der Tracht äußerte, bewies, daß ihm seine vaterländische Sitte, doch über alles wohl gefallen müsse. Indessen ist das um so weniger zu verwundern, weil man unter den mehresten Völkern, die noch nicht gehörigermaßen civilisirt sind, besonders aber unter den ganz wilden, dergleichen Beispiele von der Macht der Gewohnheit vielfältig wahrgenommen hat. In der That war es auch ganz natürlich, daß ein Mensch von den Societäts-Inseln (wie z.B. Maheine, der beides kannte) das glückliche Leben, die gesunde Nahrung und die einfache Tracht seiner Landsleute, der beständigen Unruhe, den ekelhaften Speisen und den groben, engen Kleidungen europäischer Seeleute vorziehen mußte. Haben wir doch sogar gesehen, daß Esquimaux mit der größten Begierde in ihr wüstes Vaterland, zu ihren schmierigen Seehundsfellen und zu ihrem ranzigen Thranöle zurückgekehrt sind, unerachtet sie eine Zeit lang die europäische Küche, den europäischen Kleiderprunk und alle Herrlichkeit von London gesehen und genossen hatten!

Was Maheinen betrifft, so fand er in Tahiti alle Glückseligkeit und Freude, die er nur je erwarten konnte; ein jeder begegnete ihm mit außerordentlicher Achtung, und sah ihn in mehr denn einer Absicht als ein rechtes Meerwunder an; man bewirthete ihn mit den ausgesuchtesten Speisen; er bekam verschiedene Kleider geschenkt, und indem er unter den Nymphen des Landes herumschwärmte, fand er nicht selten Gelegenheit, auch jene Art des Vergnügens zu schmecken, die er zur See schlechterdings hatte entbehren müssen. Empfindlich für jede sinnliche Lust, wie alle Kinder der Natur, aber lange des Anblicks seiner hübschen Landsmänninnen beraubt und durch den Umgang mit unsern Seeleuten vielleicht noch etwas mehr als sonst zur Sinnlichkeit gestimmt, mußte ihm die Gelegenheit, sich auch hierin einmal ein gewisses Genüge zu thun, natürlicherweise sehr willkommen sein. Er hatte also von allen Seiten Ursache, sichs auf dieser reizenden Insel ganz wohl gefallen und durch den Umgang mit seinen schönen Landsmänninnen sich fesseln zu lassen. Ueberdem konnte in einem so warmen Klima das Schiff freilich kein angenehmes Nachtquartier für ihn sein; warum hätte er sich in eine enge, vielleicht auch übelriechende Cajüte einsperren sollen, da er am Lande die reinste Luft, den Wohlgeruch der Blumen einathmen konnte und überdies von dem sanften Abendwinde die angenehmste Kühlung zu gewarten hatte? – – So glücklich aber auch, in Rücksicht auf die Umstände, Maheinens Loos am Lande sein mochte, so gab es doch auch an Bord Leute, die sich in ihrer Lage für recht beneidenswert hielten! Gleich am ersten Abend kamen nämlich mehrere Frauenspersonen aufs Schiff, mit welchen die ganze Nacht hindurch alle möglichen Ausschweifungen getrieben wurden. Ich habe schon bei einer andern Gelegenheit angemerkt, daß die hiesigen, liederlichen Weibspersonen von der gemeinsten oder niedrigsten Klasse sind; das bestätigte sich jetzt noch augenscheinlicher, weil diese Personen gerade dieselben waren, die sich bereits bei unserm ersten Aufenthalt zu Tahiti in so ausgelassene Sittenlosigkeiten mit unsern Seeleuten einließen. Dies beweist meines Erachtens offenbar, daß die H…. hier zu Lande ebenfalls eine besondre Klasse ausmachen. Sie ist jedoch bei weitem so zahlreich und das Sittenverderben lange so allgemein nicht als unsre Vorgänger solches vielleicht zu verstehen geben. Mich dünkt, sie haben dabei zu wenig auf Ort und Umstände Rücksicht genommen. Es würde abgeschmackt sein, wenn etwa O-Mai seinen Landsleuten erzählen wollte: in England wisse man wenig oder nichts von Zucht und Ehrbarkeit, weil er dergleichen unter den gefälligen Nymphen in Covent-Garden, Drurylane und im Strande nicht angetroffen.

[Georg Forster (1843): Georg Forster's sämtliche Schriften. Zweiter Band. F. A. Brockhaus, Leipzig.]

Bibliografie

Die für den vorliegenden Band ausgewählten Textpassagen sind den unten aufgeführten Ausgaben entnommen:

Heinrich Barth
Reisen und Entdeckungen in Nord- und Central-Africa. Erster Band (1857). Gotha. Verlag von Justus Perthes.
Reisen und Entdeckungen in Nord- und Central-Africa. Zweiter Band (1860). Gotha. Verlag von Justus Perthes.

Luigi Barzini
Peking–Paris im Automobil (1908). Leipzig. F.A. Brockhaus. Anonyme zeitgenössische Übersetzung.

George Catlin
Adventures of the Ojibbeway and Ioway Indians in England, France and Belgium. Third edition (1852). London. Erschienen im Eigenverlag des Autors.
Letters And Notes on The Manners Custums And Conditions of the North American Indians (1859). Philadelphia. J. W. Bradley.

Hernán Cortés
Die Eroberung von Mexico in Briefen an Kaiser Carl den Fünften. Erster Teil (1793). Bern. Typographische Gesellschaft. Zeitgenössische Übersetzung von Johann Jacob Stapfer.

William Dampier
A New Voyage Round The World (1703). London. James Knapton.

Alexandra David-Néel
Heilige und Hexer (1936). Leipzig. F.A. Brockhaus. Übersetzt aus dem Französischen von Ada Ditzen.

Georg Forster
Georg Forster's sämmtliche Schriften. Erster Band (1843). Leipzig. F. A. Brockhaus

Henry Morton Stanley
Im dunkelsten Afrika. Aufsuchung, Rettung und Rückzug Emin Pascha's, Gouverneur der Aequatorialprovinz. Band 1 (1890). Leipzig. F. A. Brockhaus. Zeitgenössische Übersetzung aus dem Englischen von H. von Wobeser.

Mary Kingsley
Travels in West Africa: Congo Français, Carisco and Cameroons (1897). London, New York. MacMillan & Co.

Ludwig Leichhardt
Tagebuch einer Landreise in Australien von Moreton-Bay nach Port Essington während der Jahre 1844 und 1845 (1851). Halle. Verlag von H. W. Schmidt. Zeitgenössische Übersetzung aus dem Englischen von Ernst A. Zuchold.

Fridtjof Nansen
In Nacht und Eis. Die norwegische Polarexpedition 1893–1896. Zweiter Band (1898). Leipzig. F. A. Brockhaus. Anonymer Übersetzer.

Carsten Niebuhr
Beschreibung von Arabien (1772).Kopenhagen. Hofdruckerey Nicolaus Möller.

Ida Pfeiffer
Reise einer Wienerin in das Heilige Land. Erster Theil (1846). Wien. Verlag von Jakob Dirnböck.
Meine zweite Weltreise. Erster Theil (1856). Wien. Carl Gerold's Sohn.

Robert Falcon Scott
Letzte Fahrt. Scotts Tagebuch. Band 3 aus der Reihe „Reisen und Abenteuer" (1925). Leipzig. F. A. Brockhaus. Anonyme zeitgenössische Übersetzung aus dem Englischen.

Otto von Kotzebue
Neue Reise um die Welt in den Jahren 1823, 24, 25 und 26. Band 2 (1830). Weimar. Verlag von Wilhelm Hoffmann.

Bildquellen

Barth: picture-alliance/kpa photo archive, Frankfurt am Main
Borghese & Barzini: Bildagentur bpk
Catlin: picture-alliance/akg- images, Frankfurt am Main
Cortés: aisa, Archivo iconográfico, Barcelona
Dampier: © DeA Picture Library
David-Néel: www.transenprovence.org/article-27142040.html
Forster: picture-alliance/akg- images, Frankfurt am Main
Kingsley: Academy Chicago Publishers
Leichhardt: picture-alliance/The Print Collector
Nansen: picture-alliance/dpa, Frankfurt am Main
Niebuhr: Bildagentur bpk
Pfeiffer: picture-alliance/akg- images, Frankfurt am Main
Scott: picture-alliance/akg- images, Frankfurt am Main
Stanley: picture-alliance/United Archives, Frankfurt am Main
von Kotzebue: Bridgeman, Berlin

Otto von Kotzebues Reise um die Welt 1823-26
Reiseroute
Ort
heutige Staatsgrenzen in Weiß
0
5000 km
Äquatormaßstab
NÖRDLICH
Nördlicher Polarkreis
Island
Kronstadt
St. Petersburg
Britische Inseln
London
EUROPA
ASIEN
Lissabon
Azoren
Dakar
AFRIKA
Äquator
Sumatra
Java
INDISCHER
OZEAN
Madagaskar
Rio de Janeiro
SÜD-
ATLANTISCHER
OZEAN
Kapstadt
Kap der Guten Hoffnung
AUSTRA
Südlicher Polarkreis
ANTARKTI